教育变革背景下
幼儿教师专业发展路径探索

郑中建　高丹丹　著

吉林大学出版社

·长春·

图书在版编目（CIP）数据

教育变革背景下幼儿教师专业发展路径探索 / 郑中建，高丹丹著 .

— 长春：吉林大学出版社，2022.11

ISBN 978-7-5768-1155-1

Ⅰ . ①教… Ⅱ . ①郑… ②高… Ⅲ . ①幼教人员 – 师资培养 – 研究

Ⅳ . ① G615

中国版本图书馆 CIP 数据核字 (2022) 第 226380 号

教育变革背景下幼儿教师专业发展路径探索

JIAOYU BIANGE BEIJING XIA YOU'ER JIAOSHI ZHUANYE FAZHAN LUJING TANSUO

作　　者	郑中建　高丹丹
策划编辑	邵宇彤
责任编辑	冀　洋
责任校对	杨　平
装帧设计	阅平方
出版发行	吉林大学出版社
社　　址	长春市人民大街 4059 号
邮政编码	130021
发行电话	0431-89580028/29/21
网　　址	http://www.jlup.com.cn
电子邮箱	jdcbs@jlu.edu.cn
印　　刷	定州启航印刷有限公司
开　　本	787mm×1092mm　1/16
印　　张	13.5
字　　数	315 千字
版　　次	2022 年 11 月第 1 版
印　　次	2023 年 1 月第 1 次
书　　号	ISBN 978-7-5768-1155-1
定　　价	84.50 元

序　言

　　随着全球经济一体化和科学技术的迅猛发展，当今世界处于不断的变革当中。社会变革对教育变革产生了巨大的推动力，变革已经成为当代教育最重要的特点之一。学前教育作为整个教育体系的基石，幼儿园内外部也在经历着深刻而迅速的变革。20世纪80年代以来，教师专业化运动蓬勃兴起，教师专业发展成为当今世界教育改革的中心议题之一。同样，幼儿教师的专业发展也成为幼教事业发展的核心问题。世界各国通过多种多样的教师教育方式，投入了巨额的教育资金，以期提高幼儿教师专业发展的水平。

　　教育大计，教师为先。关注教师专业发展、重视师资队伍建设长久以来都是党和国家教育政策的重心和关键。教师专业发展并非一个不证自明的命题，从教师的专职化到教师的专业化，再到教师专业发展，人们对教师专业发展概念本身也经历了层层深入、逐步聚焦的认识过程。当前，伴随着我国学前教育事业的迅猛发展和新时代教师队伍建设改革的全面深化推进，围绕幼儿园教师专业发展的讨论持续升温。在全面提高幼儿园教师质量，建设一支高素质善保教的教师队伍目标指向下，探索教育变革背景下幼儿教师专业发展的路径迫在眉睫。

　　幼儿园教师专业发展有其阶段特殊性和情境复杂性，从概念内涵的探讨到专业素质的解构，从发展阶段的划分到专业标准的制订，涉及幼儿园教师专业发展的研究可谓层出不穷，其成果也逐渐呈现出同质化、低效化趋势，对幼儿园教师专业发展的实际支持渐趋乏力。本书认为教师专业发展是一种教育观念，也是一种价值期待，更是一种制度建构，不仅幼儿园教师专业发展本身是制度性话语构建的结果，且制度对幼儿园教师专业发展的确认和支持更是促使其从理念转变为现实的前提与基础。

　　本书以教育变革背景下幼儿教师专业发展为研究对象，首先介绍了幼儿教师专业发展的相关概念，分析了影响幼儿教师专业发展的因素；其次对幼儿教师专业发展理论与规律进行了研究；再次探索了幼儿教师自主发展的路径；最后从幼儿教师专业发展动力、制度支持体系和幼儿教师文化三个方面提出了支持幼儿教师专业发展的策略。

　　本书共十章，由郑中建、高丹丹共同撰写完成，第一、二、三、四、五、六章和第七章第一、二节由高丹丹撰写，第七章第三节和第八、九、十章由郑中建撰写。

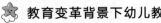

幼儿教师的专业发展不是一蹴而就的事情，需要社会、幼儿园和教师的共同努力。由于时间仓促，书中不足之处在所难免，恳请各位专家、同行、教师给予批评、指正，希望本书涉及的内容能对一线幼儿教师的专业发展有所帮助。

2022 年 4 月

目 录

第一章　教育变革的
时代意蕴

第一节 教育变革的背景

从全球范围看，20 世纪 80 年代以来，无论是发达国家还是发展中国家，都把振兴教育作为国家发展的重要战略，以此提高国家在国际社会的竞争力。作为世界第一大经济体，美国为保持其优势地位，在教育方面加快了改革步伐。美国国家教育优异委员会在 1983 年提交的《国家处在危机之中》的报告中指出："我们的国家正处于危机之中"，为解除这一危机，"教育应该放在国家议事日程的头一项信念行动"。此后，美国政府又推出了多项关于教育的纲领性文件和法令，比较有代表性的有《美国 2000 年教育战略》《不让一个儿童落后法》等。日本、法国、印度等国也纷纷出台政策、议案及法令推动本国教育改革的进程。

中国在走上改革开放道路、全面开展经济体制改革的同时，也着力于教育领域的改革。1985 年颁布的《中共中央关于教育体制改革的决定》中提出，"今后事情成败的一个重要关键在于人才"。1993 年，中共中央、国务院印发了《中国教育改革和发展纲要》，指导 20 世纪 90 年代至 21 世纪初我国教育的改革和发展。为落实此次纲要的精神，教育部于 1998 年颁布了《面向 21 世纪教育振兴行动计划》，确立了"深化教育改革，建立起教育新体制的基本框架，主动适应经济社会发展"。2010 年颁布的《国家中长期教育改革和发展规划纲要（2010～2020 年）》（以下简称《教育规划纲要》），纲要中指出"当今世界正处在大发展、大变革、大调整时期。世界多极化、经济全球化深入发展，科技进步日新月异，人才竞争日趋激烈。我国正处在改革发展的关键阶段……中国未来发展、中华民族伟大复兴，关键靠人才，基础在教育。"同时《教育规划纲要》中还提到，在前所未有的机遇与挑战下，"接受良好教育成为人民群众强烈期盼，深化教育改革成为全社会共同心声"，要"把改革创新作为教育发展的强大动力"。

2018 年 1 月，中共中央、国务院印发《关于全面深化新时代教师队伍建设改革的意见》（中发〔2018〕4 号），明确提出实施教师教育振兴行动计划。要加强教师教育体系建设，加大对师范院校的支持力度，找准教师教育中存在的主要问题，寻求深化教师教育改革的突破口和着力点，不断提高教师培养培训质量。

为进一步完善学前教育公共服务体系，切实办好新时代学前教育，更好实现幼有所育，2018 年中共中央、国务院印发了《关于学前教育深化改革规范发展的若干意见》，对新时代学前教育深化改革规范发展做出重大决策部署，进一步明确了学前教育改革发展的前进方向和重大举措。

为贯彻落实《关于全面深化新时代教师队伍建设改革的意见》（中发〔2018〕4 号），着力推动教师教育振兴发展，努力造就新时代、高素质、专业化、创新型中小学（含幼儿园、特殊教育）教师队伍，为加快实现基础教育现代化提供强有力的师资保障，

2022 年 4 月 2 日，教育部、中央宣传部、中央编办、国家发展改革委、财政部、人力资源社会保障部、住房和城乡建设部、国家乡村振兴局八部门联合印发《新时代基础教育强师计划》（教师〔2022〕6 号）。《新时代基础教育强师计划》目标任务包括两个层面：一是到 2025 年，建成一批国家师范教育基地，形成一批可复制可推广的教师队伍建设改革经验，培养一批硕士层次中小学教师和教育领军人才，完善农村教师培养支持服务体系，为中西部欠发达地区定向培养一批优秀中小学教师，教师培训实现专业化、标准化，教师发展保障有力，教师队伍管理服务水平显著提升。二是到 2035 年，适应教育现代化和建成教育强国要求，构建开放、协同、联动的高水平教师教育体系，建立完善的教师专业发展机制，形成招生、培养、就业、发展一体化的教师人才造就模式，教师队伍分布和结构趋于合理，整体素质和教育教学水平明显提升，尊师重教蔚然成风。

世界各国进行教育变革的热情都十分高涨，因为我们生活的这个世界正在以前所未有的速度发生着变化。正如埃德加·富尔所说："对于教育的实质，教育同人类与人类发展的基本关系，教育同作为社会产物和社会因素的环境的相互作用，等等，我们必须进行深刻的检查和广泛的重新考虑。"总的来说，促动教育发生变革的宏观背景主要包括以下几方面。

一、全球化进程中的社会转型

人类进入 21 世纪后，随着高科技的迅速发展，全球化已成为一个客观进程和必然趋势，世界各国间的联系日趋紧密，相互间的信息沟通、依存性和互动性都在加强。1964 年，加拿大著名传播学家马歇尔·麦克卢汉提出了"地球村"的概念，并断言随着人类传播技术的发展，全球生活将趋于同步化，时空差别不复存在，我们居住的地球将变成一个小小的村落。全球化不仅深刻地改变着生产方式、利益格局和经济秩序，而且深刻地影响着人们的思想观念、生活方式和价值体系，同时也不可避免地影响着世界各国的教育改革。

社会转型是指一种整体的、全面的结构性变迁，具体内容包括社会经济结构、文化形态、价值观念等发生深刻变化。在社会转型时期，人们的行为方式、生活方式、价值体系都会发生明显的变化。"转型意味着旧秩序的打破，同时意味着新秩序的建立，转型在本质上是从一种平衡态过渡到另一种平衡态，就是以不断变革的方式去适应深刻变化了的环境。"虽然各国在社会转型的时间、性质上有所差异，但大多在经历着变化。我国自 20 世纪 70 年代末实行改革开放，在经济体制方面从计划经济转向市场经济，经济增长方式从粗放型转向集约型。社会转型时期的中国在经济方面的变革，也将影响社会的方方面面，引发深层转型，具体表现在：在生存的时间意识上，从重视过去向重视未来转化；在生存方式上，从稳定向发展转化；在生存价值的追求上，从趋同向多元、自主转化。社会转型是教育变革发生的宏观背景，也是教育变革的主要推动力。"旧的教育理论和教育模式受到新的浪潮冲击，难以适应社会变革的挑战已不再发挥作用；教育必须顺应社会的变革，把握变革的方向，寻求重新定位。"社会转型对人才的需求规格发生了变化，我们的教育必须要适应这种新的变化和新的要求。1988年，邓小平同志提出了科学技术是第一生产力，把教育确定为社会发展的战略重点。传统的以应试为基本取向的教育观念和教育制度将受到彻底冲击，传统的学校（幼儿园）的界限将被打破，教育的形式、内容、方法以及师生交往的方式等都将发生根本性的变化。教育将向每一个学习者提供更多的发展可能性，向不同需求的人提供更多选择的可能性，教育将从终身教育的角度进行观念和体制的变革，建立一个终身学习型社会势在必行。

因此，在全球化进程及社会转型的推动下，教育面临的挑战比以往任何时代都严峻，教育必须重新考虑来自社会和个人的需求，教育不再仅仅是知识的学习，教育更要以人为本、促进人的全面发展，为现代社会培养高素质的人才。在此，我们有必要对教育的理念、行为及制度进行反思，重新做出价值判断，积极进行教育变革。

二、信息化社会的到来

伴随着计算机技术的发展和网络的普及，信息对整个社会的影响举足轻重，信息量、信息传播速度以及应用信息的程度都以几何级数的方式在增长。在信息时代，每个人都有能力去获取信息，并自由传递信息，时空不再是信息获取及传递的障碍，这在过去是很难或者不可能做到的，人类进入了以信息管理为主的知识经济时代。

信息化社会的到来也同样影响了教育的方方面面，对教育提出了挑战。信息技术和各种软件不断被应用在课程、教学方面，教育资源的共享打破了空间、地域的限制，教育在存在形式上出现了实体教育与虚拟教育并存的形态。"虚拟世界与现实世界的密切互动，人在虚拟世界的更为自主和主动的存在方式，人际交往平等、沟通密切的关系模式和扁平式的组织结构形态，必将影响现实世界人的存在方式、关系模式和组织形态，从而带来对人的能动性、创造性的进一步解放。"虚拟教育使教育活动在较大程度上脱离物理空间和时间的限制，利用网络即可开展远程教育，且具有教育的终身性、教育资源的丰富性等种种优点，为教育改革带来了机遇和挑战。在知识的来源渠道上，信息技术的广泛应用改变了信息传播的方式。在传统社会，由于信息传播具有单一性、封闭性的特点，年长一代和教育者掌握较多的知识，知识传递呈现出明显的代代相传的"后喻文化"的特点。现代社会，特别是20世纪90年代以来，随着网络时代的到来，人类获取信息的渠道变得丰富多样，而年轻人更因为好奇心和接受力较强，可能更早、更多地获取到某些信息，教师有时则需要向学生求教，即现代社会呈现出"前喻文化"的特点。因此，现代社会中的教师必须根据社会的发展需要，在教育实践活动中，以平等、合作、互助的态度面对学生，不断丰富和完善自己，在向学生传授知识的同时，不断学习新知识，从而实现教学相长。

三、后现代主义哲学思潮的影响

"后现代"作为一种思潮始于20世纪60年代的西方发达国家，其影响现已遍布文学、艺术、社会学、政治学等诸多领域。后现代主义哲学思潮具有怀疑和否定的思维特征，对"现代性"的批判是"后现代"主义的核心和共性。现代哲学构建了主、客体绝对二分、对立的关系模式。德国哲学家胡塞尔认为，单纯的"主体—客体"模式在解释人与自然、人与物的关系时是有效的，但在处理人与人的关系时就遇到了麻烦，因此，应把主体与客体的模式发展成为主体与主体的模式。同时，后现代主义者认为现代主义对知识的客观性、确定性的追寻，导致了知识的权威化及对科学知识的迷信。后现代主义强调奉行一种开放的知识和真理观，认为知识不是静态的，而是动态的，并且不具有完全的确定性，而是生成与建构的"文本"，这是知识的本质。

教育作为人类一种有目的、有组织的行为，始终与人类社会的现代化进程紧密地联系在一起。后现代哲学打破了主客体绝对对立的关系模式，对于在教育中确立平等、民主的师生关系，以及注重调动教育对象的主动性、积极性提供了哲学依据。在教师与学生的"主—主"互动关系，突出了学生在教育过程中的主体地位。教师不再是教学过程的权威，学生是一个独立的、在人格上与教师平等的社会个体。学生与教师之间、学生与学生之间则是一种平等的交往关系，反映的是主体与主体之间的相互尊重、理解、融合的关系。另外，建构主义认为，知识具有生成性，不存在纯粹客观的知识即绝对的真理。在这种知识观的影响下，教学活动成为教师与学生通过对话共同建构知识的过程。在教育过程中，教育对象与教育者共同参与探究和体验，学生可以从自己的角度去重新思考知识，这更突出了学生的主体性地位。后现代主义强调的"非中心化"和多元化，使得我们在确立面向21世纪的教育目标时，不再片面地强调整齐划一，教育目标更要提倡个性发展，尊重学生的个性差异；教育指向不再以单纯的培养学生的知识为宗旨，而要知识、能力和情感态度等方面获得全方位发展；在教育评价中，也逐步从一元化走向多元化。

四、国家对教师提高质量的现实要求

（一）教育高质量发展提出教师培养新要求

我国进入新发展阶段，对教育均衡协调发展提出了更高的要求，要求克服教育发展中长期非均衡高速度增长所形成的种种矛盾，推动教育发展从非均衡向高质量均衡增长转变。这场转变包括发展理念、发展方式、发展路径等方面的根本转变。为此，教育事业的发展要营造新格局、转向新发展阶段，在改革创新中推动教育高质量发展，使教育发展成果更好惠及全体人民，不断满足人民对美好生活的需要。教育发展主旋律的变化给教师发展带来了诸多新的挑战。高水平的教师是实现教育高质量发展的前提和基石，要依照教育高质量发展创新教师培养方式，使他们成为推动教育高质量发展的主体。

1.教师职业呈现出新的特征

随着教育发展进入高质量发展阶段，教育将加速摆脱以往的功利化发展模式，其引发和诱导生命生长的本体功能将得到进一步凸显，教师工作也将进一步回归促进学生发展的初心。教师是引发、促进学生彰显生命力量者，教育高质量发展的内在价值融汇于教师工作过程中，教师工作的本质力量也展现于这个过程中。在教育高质量发展的理念指导下，教师的职能将转向对教育原点的探寻，更加关注生命的生长，教师职业具有了新的时代特征。

教师是拥有强烈生命意识者。促进生命生长是回归教育本质的高质量教育的必然要求。在高质量的目标下，教育所担负的引发、培育人的本质力量的功能将进一步得到彰显，教师工作必然会更加全面地回归到对生命生长的关注上。依照雅斯贝尔斯的观点，生命的唤醒只有通过能够触及生命本质的方式才能实现，如果离开了充满活力的生命的影响和激活，就难以唤醒另一个生命。教师职业以育人为天职，面对的是一个个鲜活的、处于成长之中的生命，教师要通过自己拥有和掌握的各种教育资源、采取专业的策略和方法去唤醒每一个生命。在这一过程中，如果没有自我的生命觉醒，教师职业的功能就难以充分地显现出来。为此，教师对人的成长需要有超乎常人的敏锐而深刻的感悟能力，在与人的沟通和交往过程中，能够充分而得体地运用自己的生命力量去影响他人，进而实现卓越。

教师是拥有鲜明主体间性者。人是社会化的存在，是不断生成中的存在。人的生成性决定了生命的觉醒和对生命的影响是通过主体间关系实现的，为此，教师必须要具有高超的与人沟通和交往的能力，这是其核心的专业能力。只有在与学生深入地交往和沟通中，教师的专业能力才能发挥到极致，对学生发展的影响才能至深、至远。

教师是拥有强大理性精神和浓郁人文情怀者。强大的理性精神和浓郁的人文情怀是教师唤醒生命的精神基础。教师的仁爱之心是建筑在理性的基础之上，由理性支配的情理交融的复合体，它建构了教师的内心世界，使其能够在教育教学活动中秉持公平、公正的理念，设身处地地关注每一位学生在当下情境中的需要，尤其是能够关爱处于不利境地的学生，同时能够及时把人性中美好的一面融汇到教育教学活动中去。

教师是拥有卓越实践智慧者。人是情境性的存在。教育情境瞬息万变，不可能机械地按照既定的路线复演。教育情境的生成性、建构性使得教育活动有了"机"，人的发展也因此有了巨大的可能性。积极创造机会、捕捉机会、借机施教是生成教师工作内在价值的重要条件，也是可资教师工作开发利用的重要教育资源。然而，由于教师工作牵涉的外在因素很多，情境的重要性很容易被其所遮蔽。为了避免这一点，教师就要拥有高超的巧妙摆脱外部因素干扰、及时把握和运用教育情境的智慧和能力，能够把自身学科化的专业能力融汇于其中，以促进学生更好地发展。

教师是拥有高超信息技术教育能力者。在科技高度发达的今天，能够驾轻就熟地使用与教育有关的各种智能技术，有能力获得各种有价值的资源是时代对教师的要求。进入信息化时代，学习成为人的基本生存方式，它将给教师工作带来从原理到方式的革命性变革，需要教师拥有良好的信息技术教育能力，使各种教育资源得以充分地服务于学生的成长。

2.创新教师遴选、培养和评价机制

教育进入高质量发展阶段，对教师提出了更高的要求，需要创新教师培养的理念、途径和方式。在这个过程中，要认识到教师职业对从教者的禀赋的特殊要求，为此，要构建新时代教师教育体系，制定明确的教师职业准入标准，创新教师培养过程，改进和完善教师评价方式。

设定符合教师职业特性的教师职业准入标准。良好的禀赋是成为优秀教师的前提，也是培养好教师的条件。在教育高质量发展阶段，要为像教师这样有更多品格内涵的职业构建出专门化的资格遴选体系和标准，运用科学合理的方法手段把优秀者遴选出来，这是培养具有新时代特征的高水平教师的先决条件。为此，要深入开展教师教育改革和研究，构建适合教师职业特征、能够实现教师终身发展的选拔机制，将有教师潜质者遴选出来，并为其获得适合的专门化的教育创造条件。

创新对有良好教师禀赋者的培养过程。要使师资培养区别于大众化的一般意义的人才培养。要对有良好的教师禀赋者进行高端的专业化培养，充分挖掘他们的潜质，为其成为卓越教师奠定基础。作为有特殊内涵和品格的人群，教师是在教学实践中获得终身发展能力的。为此，要创新教师培养方式，充分体现"实践—反思"模式在教师培养中的内在价值，帮助教师积淀实践智慧。同时，要提高教师的理论素养。教师的实践能力和反思能力不仅仅实现于具体"做"的过程中，更重要的是，它是在高位理论的指导下，有目的、有意识地进行锤炼的结果，这是其拥有反思能力的关键。为此，在加强实践环节教学的同时，也要强化对教育理论的学习，用现代教育理论武装教师的头脑。此外，作为彰显卓越的方式，要着力培养教师的行动能力，使他们能够拥有良好的与人沟通交往的能力，以高超的言说方式去影响他人，促进生命生长。

完善教师评价方式。教师工作的内在价值实现于教育教学过程中，为此，教师评价要摆脱以往技术化、计量化的评价方式，要尊重教师职业的特征，回归教师工作的本性，充分发挥评价的导向和激励功能，激活教师的反思能力，从而使教师工作更加卓越。

（二）建设高质量教师队伍，发展高质量教育

党的十九届五中全会和"十四五"规划提出了"建设高质量教育体系"新的蓝图。高质量教育体系的关键要素和显著特征之一是高质量教师队伍的支撑。2021年3月，习近平总书记在全国政协医药卫生界教育界联组会上强调，"教师是教育工作的中坚力量。有高质量的教师，才会有高质量的教育"。习近平总书记关于教育和教师工作的一系列重要论述是新时代加强教师队伍建设的根本遵循。我们要"学懂、弄通、做实"，加快"建设高质量教师队伍"，当务之急是全力推进教师队伍建设改革重大举措落地、落实。

建设高质量教师队伍，必须从"为党育人，为国育才"的高度，真正落实教师队

伍建设的优先位置。要从战略和全局高度充分认识教师工作的极端重要性，"把教师工作置于教育事业发展的重点支持战略领域"。确立和落实教师队伍建设的"三个优先"：优先谋划教师工作，落实教师队伍建设"一把手负责制"；优先保障教师工作投入，调整教育支出结构，显著增加人的投入；优先满足教师队伍建设需要，确保党和国家关于教师队伍建设重大决策部署落实到位。落实三个"优先"要有真招、实招。当前应当参考国际可比口径，显著改善教师队伍建设的"五个重要参数"：人员投入比、班额、生师比、教职员比和教师薪酬水平。

建设高质量教师队伍，必须遵循教育规律，深化"放管服"改革，破除体制机制性障碍。要落实中央关于放管服改革总体部署。找准当前教师管理体制机制的"痛点"，针对师资配备、人事管理、编制管理、招聘制度、岗位设置、职称评定等实际问题，推进教师管理综合改革，破解发展瓶颈。一要创新教师管理体制机制：由"多头管理"变"集中统筹"。强化教育部门对教师工作的统筹管理职能，中小学教师由县教育局统筹，高校教师由学校统筹。治事用人相统一。明确编制、人社、财政等相关部门支持、服务和监管的具体职责。围绕吸引优秀人才从教的大目标形成合力。二要推进教师编制管理改革：从传统封闭到动态管理、依法管理。建立教师编制管理动态调配机制，全面统筹盘活事业编制存量，优先保障教育发展需要；实行高校学校人员控制总量备案管理，探索解决编制难题，保障教师资源配置，抓紧补充合格师资；加强教职工编制管理，严格执行法定班额和教师编制标准。依法定编、动态核编，规范入编，杜绝有编不补。对确实合格的非在编教师抓紧吸纳补充。警惕出现"第二次民办教师问题"。三要推进"国标、省考、县管、校聘"改革：中小教师从"学校人"到"系统人"。完善教师准入和招聘制度。全面实行教师聘任制。吸引真正适教、乐教的优秀人才加入教师队伍。

建设高质量教师队伍，必须遵循客观规律，努力提高教师地位待遇。要着眼于增强教师职业吸引力的根本举措，吸引更多优才从教。一要进一步界定教师法律地位。依据"公办中小学教师属于国家公职人员"的原则，借鉴国际通例，通过修法将其具体界定为国家教师公务员，凸显教育的公益性原则和教师职业公务性与专业性的双重属性，增强教师的国家意识和使命感。二要"把提高教师地位待遇作为真招实招，增强教师职业吸引力"。保障教师免除后顾之忧，免受各种纷扰，潜心教学科研。三要探索符合教师特点的待遇保障和激励机制。中小学职务制度和工资制度改革，要打破全国事业单位一刀切的困局，充分体现教师职业的特殊性，畅通教师职业发展通道，激活教师队伍活力。

建设高质量教师队伍，必须落实"立德树人"根本要求，全面加强师德、师风建设。要充分发挥教师党支部战斗堡垒作用、党员教师先锋模范作用。实施教师党支部书记"双带头人"培育工程。把党员骨干教师培养成学术带头人，把学术带头人培养成党员专家。要不断提高广大教师的思想政治素质。引导教师加强理想信念教育，坚定"四个自信"。树立正确的历史观、民族观、国家观、文化观。要根本改变单纯业务观点，把师德、师风教育贯穿教师培养、培训全过程和各环节。大力褒奖宣传模范教师，弘扬高尚师德。要健全师德建设的长效机制。建立师德考核负面清单、教师信用记录，完善师德失范惩戒机制。

建设高质量的教师队伍，必须按照教育治理体系现代化的要求，全面深化教师人事制度改革。一要依法落实高校用人自主权。从学校编制、岗位职数、工资管理等切入，推进"放管服"改革，该放的放到位，该管的管到位，该服务的做到位。使高校真正具备用人自主权，自主招聘、评聘、考核，自主确定收入分配。二要实施教师分类管理。结合学校实际，实行长聘—准聘制。建立有效的教师激励和发展机制。三要创新人才引进机制。提高教师的国际化程度。关心解决青年人才的后顾之忧。四要改革"完善教师收入分配激励机制"。薪酬分配和绩效奖励要结合学校实际，让经费为人服务，而不是让人为金钱所驱使。五要严格执行教师准入制度。规范校外兼职，引导人才流动。形成规范有效的退出机制。使有效管理形成闭环系统。六要改革教师评价方式，强化正确的政策导向。坚持分类原则，反对"一刀切"；坚持多元评价，避免单一量化指标机械挂钩；坚持辩证思维，反对绝对化、简单化；坚持破立结合；坚持减负原则，自然简约、管用有效。把老师从繁文缛节中解脱出来，最大限度地解放学术生产力。对基础研究，还要有十年磨一剑的制度安排。

建设高质量教师队伍，必须重视"工作母机"，振兴师范教育。师范教育改革要发扬优势，与时俱进，守正创新。坚持教师教育方向不动摇，体系开放不动摇。一要建设开放稳定的现代师范教育体系。师范院校评估要突出师范特色。提高师范专业差异化生均拨款标准，鼓励办好师范主业。支持综合性大学举办教师教育。鼓励顶尖综合大学毕业生到中小学任教。二要改革教师培养模式。改革招生办法，确保师范生生源质量。师范专业提前批次录取，增加面试环节，鼓励大类招生、二次选拔。强化教学基本功训练。建议制定《师范生实习条例》。鼓励好学生报考师范专业，把好学生培养成好教师，吸引鼓励真正乐教、适教的优秀人才从教。三要实施教师教育振兴行动计划。重点建设教师教育骨干院校。加强教师教育学科建设。实施师范专业认证。扩大教育硕士、教育博士培养规模。积极鼓励支持地方师范院校扩大实施公费师范生教育。加速培养小学全科教师和保教融合的幼儿园教师。四要严格实施教师资格制度。清理各种败事有余的取证助考机构。系统修学教师教育课程和教育实习，必须作为取得教师资格的前置条件。

建设高质量教师队伍，必须适应五育并举的育人要求，全面提升教师素质能力。要适应智能时代教育变革的要求，大幅提升"教师综合素质、专业化水平和创新能力"。提高教师资格法定学历标准，将幼儿园教师学历门槛提升至专科，小学教师学历提升至师范专科和非师范专业本科，初中教师学历提升至本科，普通高中教师学历逐步提升至研究生。要培养学生的核心素养和认知、合作、创新、职业能力等关键能力，教师首先要具备相关素养和能力，还要有跨学科综合的优势与协同创新的素质能力。要完善强化教师培养和发展机制。以更大力度持续实施"国培计划"。全力支持农村教师队伍建设，深入实施乡村教师计划。从根本上解决乡村教师待遇保障机制，使好教师"下得去、留得住、教得好"。

（三）教育现代化对教师素质的新要求

"百年大计，教育为本"，教育乃民族振兴的基石，国家的现代化必先是教育的现代化。1995 年 5 月，中共中央、国务院作出《关于加速科学技术进步的决定》，提出科教兴国战略，党中央一直把教育放在优先发展的战略地位。教师素质是教师在教育教学活动中表现出来的，它决定教育教学的效果，对学生身心发展有着直接而显著的影响，教师素质是实施素质教育的关键。教育者必须先受教育，不但要学专业知识、科学文化知识，还要学育儿知识、实践知识，以持续丰富和提升教师的教书育人的水平。教师是学生增长知识和思想进步的导师，他的一言一行，都会对学生产生影响，一定要在思想上、道德品质上、学风上，全面以身作则，自觉率先垂范，这样才能真正地为人师表。

1. 具备创新教育思想与实践水平

学生的创造性要靠创造型教师来培养。教师的教学理念、教学方法、评价标准、师生关系等都对学生创造力的形成有举足轻重的作用。所以，教师在教育活动中要具备创新教育思想，应该自觉地使用现代教育技术，创设良好的教育环境，保护学生的想象力，为学生提供充分的创新时间和空间，创造性地使用教学原则和规律去挖掘学生的创造潜力，指导学生从接受性学习转变为创新性的学习，培养学生的创新素质，成为培养学生创新思维与水平的现代型教师。

2. 具备良好的职业道德、心理素质和身体素质

培养人的道德修养，塑造良好的心理素质，是未来教育成败的关键。所以，教师首先必须具备高尚的道德、完美的人格、健康的心理，成为学生生活中的朋友和榜样，才能引导学生形成符合时代要求的优秀品格。此外，教育工作是繁重而连续性的劳动，既无上下班的明显界限，又无限定的教育区域范围，这种特定的生活环境及工作的特点，需要教师消耗大量的体力，因而教师必须具有良好的身体素质，否则就难以胜任工作；另一方面，教师良好的身体素质既有利于提升学生的身体素质，又为学生树立了榜样。

3. 具有终身学习的水平

保罗·朗格朗于 20 世纪 60 年代首次提出终身教育这个概念。终身教育概念的出现动摇了长期以来人们把教育看成是仅限于在中小学里和大学里，为年轻人工作准备的一次性的传统教育思想，使人们理解到教育应贯穿人的一生。未来的社会更是一个学习化的社会，为了适合信息时代对教师提出的挑战，教师必须树立终身学习的理念与意识，保持开放的心态，将学校视为自己学习的场所，通过工作与学习的结合，持续地对自身的教育教学实行研究，对自己的知识与经验实行重组，解决自身在教育教学中遇到的问题，持续地再培训自己。具有应用新型学习工具的水平，如远程教学、应用网络等。除了接受业务和教育技术方面的培训外，关键是要转变教育观念，学习现

代教育思想,树立准确的教育观、人生观,提升对现代教育的理解,才能紧跟时代的步伐。

4. 具备多元化的知识结构层次

在实施课程改革、提倡素质教育的今天,教育对教师提出了新的、更高的要求,这就要求教师除了精通专业学科的知识外,还应博"学"多"采",兼容并蓄,广泛涉猎其他专业与门类,了解并掌握多领域的知识,把自己打造成一专多能、一精多通、拥有多元知识结构的"复合型"教师。新世纪的教师,应对生命科学、生物技术、航空航天技术、信息网络技术等尖端科技有一定了解。在教学中,对学生进行熏陶、教育,满足他们多方面的知识需求,引导学生树立崇尚科学、造福人类、实现自身价值的远大理想。

(四)新时代对教师的要求

新时代对教师的要求主要包括坚定理想与信念,不断提升道德情操,掌握扎实的教学知识,永远保持仁爱之心,这些都是新时代对教师的一些基本要求。

1. 坚定理想信念

从古至今,教师都是人类发展的工程师,也是学生个人发展的指明灯,可以说教师的个人素质与品德直接决定着学生的未来,这个一点都不为过。新时代教师要充满理想与信念,同时也要坚定理想信念,在学生心中撒下梦想的种子,这样民族与时代的发展才有希望,国家才能变得更加富强。

2. 不断提高道德情操

教师为学生学习的榜样,也是学生个人道德与品行发展的引路人。教师的言行举止对学生产生很大影响,因此教师要不断提升个人道德情操,提升个人品质与人格素养,这样培养出的学生才能做到自尊、自爱,明礼诚信,尊老爱幼。

3. 掌握扎实的教学知识

"师者,所以传道、授业,解惑也。"新时代社会发展速度越来越快,各种新知识与内容也纷纷涌现,这就要求教师要掌握扎实的教学知识,掌握过硬的专业技能,多抽出时间进行学习,同时也要拥有终身学习的理念。

4. 永远保持仁爱之心

永远保持仁爱之心也是新时代对教师的基本要求。在学习过程中要给予学生更多的关心和爱护,同时也要给予帮助,要与学生进行互动交流,听听学生的真实想法,这样学生才会对教师和教师教的课程感兴趣,最终化为学习动力,学习成绩也能得到快速提升。

第二节　教育变革的基本内涵

从"变革"的词源上看,"变"的意思指性质状态或情形与以前不同,发生更改。

《周易》中就提道："穷则变，变则通，通则久。"意指事物面临不能发展的局面时，就要发生变化，改变现状才会使事物不断地得到发展。"革"者，取消，除掉。"变革"在《现代汉语词典》中的解释为"改变事物的本质（多指社会制度而言）。"例如在《礼记·大传》中提到"立权度量，考文章，改正朔，易服色，殊徽号，异器械，别衣服，此其所得与民变革者也。"

加拿大学者迈克尔·富兰坚持认为"变革就是学习"，即学习是一种源于适应变革不确定性的生活方式。不断地学习是变革的一种确定的行为，但变革的内容和过程是不确定的。让我们一起来看看他在《变革的力量——透视教育改革》一书中的详细论述，这有助于帮助我们全面了解变革的内涵。

新的变革范例的八项基本启示

启示一：你不能强制决定什么是重要的（变革越复杂，你能迫使它做得越少）

启示二：变革是一项旅程，而非一张蓝图（变革是非直线的，充满着不确定性，有时还违反常理）

启示三：问题是我们的朋友（问题不可避免要出现，如果没有问题，你就学不到东西）

启示四：愿景和战略计划稍后形成（不成熟的愿景和计划）

启示五：个人主义和集体主义必然有同等的力量（对于孤独性和小集团思想，没有单方面的解决办法）

启示六：集权和分权都行不通（自上而下和自下而上的策略是必要的）

启示七：与更广泛的环境保持联系对成功必不可少（更好的组织机构向外部学习也向内部学习）

启示八：每个人都是变革的动力（变革太重要了，不能把变革只交给专家，个人的思维模式和熟练掌握是最后的保障）

由此可知，变革是一项未知结果的旅程，其中"细节的复杂性""复杂的细节性"无处可寻，无人可以预料，更无人可以控制，在变革过程中唯一不变的是其不确定性。在教育领域同样如此，"教育一直处于不断的变革之中，变革是教育得以延续的一种'基本法则'，它标志着教育是动态的而不是静态的"。教育系统本身是一个复杂的系统，教育活动涉及诸多因素，这些因素构成错综复杂的相互联系，并且这些因素在现实中可能会被重新解读或发生变化，因此教育变革的过程必然是复杂的。另外，教育活动是一项社会性的活动，活动中的主体是人，人具有主观能动性，人的行为会导致原本复杂的教育系统更加复杂。

在类型上，教育变革可以被划分为自然的教育变革和有计划的教育变革两类。"自然的教育变革"在教育中主要表现为：教育按其自身发展规律表现出来的变化，在变化形式上表现为渐进，在变化的原因上更多地为内因性变化。而"有计划的教育变革"是人们有意识、有目的地对教育进行改革。由此可以看出，"变革"包含了"渐变"和"改革"两方面含义，具有"自发性"和"人为性"两种性质。当相对稳定的渐变过程发展到一定程度，教育的内在规律运动受到阻碍时，就必将发生教育改革。从概念范围上看，教育改革属于有计划教育变革，是有计划的教育变革的一种重要形式。相对于渐进式的教育变革，教育改革更多地表现为突变形式，并往往起源于外因的作用。

在层次上，教育变革可视为宏观和微观两个层次。前者往往涉及教育的观念、目标、发展战略、优先抉择等重大问题，且一般与教育系统外在的政治、经济变革息息相关；后者则关系到教育系统中的人际互动、知识传递、教学革新等方面。"宏观变革是以中央政府和地方行政区域为基本单位的教育变革。微观变革是相对于宏观变革而言的。其基本单位是开展日常教育实践的教育机构"。

在结果上，现实中的教育变革可能是正向的、具有促进作用的，也存在发挥负向功用的可能，但通常我们所涉及的教育变革是指教育现状所发生的有意义的转变。本书所指的教育变革也是这种"有意义地转变"。

第三节　教育变革对幼儿教师专业发展提出的挑战

进入 20 世纪以来，人们逐渐认识到学前教育在儿童智力开发、身体养护和品格塑造等方面具有不可替代的重要意义。同时，接受学前教育可以改善儿童，特别是低阶层儿童的生活质量，有利于改善儿童在此后各教育阶段的表现，起到提高整体教育质量的作用。教育变革的浪潮不仅席卷了整个学校，也促进和加速了学前教育领域的变革，具体表现在学前教育观念、行政管理体制及幼儿园课程教学等方面。

一、学前教育变革趋势

学前教育对于儿童的成长产生了积极的促进作用，尤其学生的心智发展，需要加强家长以及老师之间的引导作用，使得儿童树立正确的思想意识，提高自己的心理健康成熟程度，对日后的学习和生活产生积极的促进作用。因此，了解学前教育的发展历程，能够使得教育工作者更好地了解儿童的成长规律，从而实现对于学前教育建设的发展。

（一）近现代学前教育发展的现状

学前教育针对学生的发展以及情商的提高起着重要的作用，尤其是在学前教育的过程当中，儿童的成长环境以及神经系统发展尚不健全，是大脑发育最为关键的时期，需要培养学生的学习能力和情感能力，从而使得学生针对自己的特殊性，发挥自己的潜力，更好地为日后的学习和教育提供有效的基础。因此，学前教育在学习过程中以及促进儿童的健康发展中发挥着重要的作用。在亚里士多德时期，学前教育的思想开始出现了萌芽，但是教育学并未成为一门独立的学科，由于卢梭等思想家的影响，开始演变成重视学前教育的基本内容以及教育的方法，因此弗洛伊德在最初的学前教育的过程当中，阐述了我们的教育应该适应儿童的发展，尤其是需要根据儿童的特点来制定相应的游戏和教学活动，同时可以设计一系列的游戏以及教学材料。而福禄贝尔在学前教育的理论和实践过程当中，对推动学前教育学科的研究起到了积极的促进作用。我国的学前教育从数量、规模、发展过程来看发生了很大的变化，尤其是从城镇到农村的延伸，使得我国的学前教育出现了跨越式的发展，在1981年教育部颁布的《幼儿园教育纲要》当中，明确指出幼儿园的教育任务要根据游戏活动、课堂活动、劳动等多种方式来进行有效的开展，从而为学前教育的正规化和科学化提供了有效的指导。学前教育是终身学习的开端，是国民教育体系的重要组成部分，是重要的社会公益事业。办好学前教育、实现幼有所育，是党的十九大做出的重大决策部署，是党和政府为老百姓办实事的重大民生工程，关系亿万儿童健康成长，关系社会和谐稳定，关系党和国家的未来。党的十八大以来，我国学前教育事业快速发展，资源迅速扩大、普及水平大幅提高、管理制度不断完善。从国家教育的高度来分析，学前教育在教育发展中得到了快速的发展，尤其是学前教育的性质、地位和我国学前教育的宗旨以及政府在学前教育中发挥着重要的责任有很大的关系，同时以法律的形式确定下来，从而明确了学前教育的重要地位，这对于保障我国学前教育的发展以及促进经济的建设提供了重要的保障。

（二）学前教育的发展前景

学前教育是基础教育的基础，是终身教育的起点，为素质教育发展奠定基础。把握其发展前景和趋势，顺应其发展方向，对学前教育事业发展意义重大。本书尝试从政府对学前教育的管理，学前教育的均衡化发展，学前教育的质量提升和学前教育机构改革深化等方面展望学前教育的发展前景和趋势。

随着国家中长期教育发展规划的落实，学前教育将在政府管理、教育公平、质量提升、机构改革深化、中国特色理论体系形成和国际融合等多方面呈现出发展趋势。把握学前教育未来发展前景，顺应其发展方向，对学前教育事业发展意义重大。

1. 政府对学前教育的管理力度将进一步加强

学前教育在实施素质教育战略中具有奠基性地位，事关民族素质的提高，政府对幼儿教育发展具有不可推卸的责任。我国学前教育立法层次偏低的状况对保障学前教育事业的健康发展极为不利，依法治教要求加快学前教育法制建设，通过学前教育立法，建立一个公开、透明的学前法律法规体系，明确学前教育的责任、领导体制、管理体制、办园体制、经费投入，教师的权利、责任、待遇和办园条件改善等方面，做到有法可依，依法协调学前教育发展过程中与社会各方面的关系。为了保障适龄儿童接受学前教育的权利，促进学前教育事业普及、普惠、安全、优质地发展，规范学前教育实施，提高全民素质，2020年9月7日，教育部发布了《中华人民共和国学前教育法草案（征求意见稿）》公告。各级教育行政部门要认真贯彻落实幼教发展的方针、政策，切实加强对学前教育的管理。在实现学前教育公平中，政府通过采取相应的经济、法律与政策手段予以保障；在促进学前教育均衡发展中，合理配置教育资源；在学前教育改革中，明确政府责任，进一步加强指导、监督的职能等。

2.学前教育公平的大趋势与局部两极分化并存

（1）推进学前教育公平。《国家中长期教育改革和发展规划纲要（2010—2020年）》，以下简称《纲要》指出："把促进公平作为国家基本教育政策。"学前教育的政策以教育公平为原则，更多地倾向于"弱势群体"，改革中将进一步突出学前教育的公益性和公共性，通过政策调控，缩小城乡间、区域间的差距。西方发达国家普遍重视学前教育，视其为民族竞争力的重要组成部分，有的实行免费，如加拿大，有的公立幼儿园收费低廉，如日本积极推动学前教育免费化进程，英国学前义务教育工作也已启动。借鉴西方先进做法，将学前教育纳入义务教育，应是当前教育改革的必然方向，而学前一年义务教育逐渐过渡为学前义务教育是适合我国国情的较理想的模式。

（2）学前教育的均衡化。学前教育的均衡化是实现教育公平的前提，《纲要》指出："教育公平的重点是促进义务教育均衡发展和扶持困难群体，根本措施是合理配置教育资源，向农村地区、边远贫困地区和民族地区倾斜，加快缩小教育差距。""积极发展学前教育，到2020年，全面普及学前一年教育，基本普及学前两年教育，有条件的地区可普及学前三年教育。重点发展农村学前教育。努力提高农村学前教育普及程度。"随着国家中长期教育目标的落实，城乡间、地区间的学前教育发展将进一步均衡化。

为了满足社会不同层次对学前教育的需求，多元办园体制在实现学前教育均衡化发展的大趋势下，局部两极分化的现象将不可避免：一是有良好师资和基础设施的贵族化。二是体现教育公平的平民化。两极差距相对缩小的矛盾运动既是教育公平的永恒追求，又是学前教育质量得以提升的必然形式。

3.学前教育质量稳步提升

（1）幼儿教师专业化前提下的学前教育质量稳步提升。学前教育质量的提升是学前教育师资水平提升的必然结果，我国独生子女的特殊地位，加之"不让孩子输在起跑线上"等思想观念的影响，使得社会对学前教育的重要性认识不断上升，随之，家庭和社会对学前教育投入的加大，在逐渐满足社会对学前教育量的扩张过程中，学前教育质的提升是未来的必然趋势，这种现象在两极分化较大的机构中显得尤为明显，由此产生的辐射功能在诸如信息化等现代高科技的辅助下直接导致整个学前教育质量的稳步提升。在整个提升过程中，起决定作用的是直接从事幼教事业的幼儿教师，社会对学前教育质量提升的渴望要求学前教育必须专业化，专业化需要的是从事学前教育的高层次专业人才。尽管曾一度出现学前教育发展落后于社会要求时专业化受忽视的情况，但质量要求下的专业化必然趋势是学前教育质量的稳步提升。

（2）课程改革背景下学前教育理念、内容和方法的水平提升。《幼儿园教育指导纲要（试行）》（2001）是新形势下为了推进幼儿园实施素质教育，全面提高幼儿园教育质量而制定的，其指导下的幼儿园课程改革包括了课程指导思想、课程目标、课程内容、课程组织形式、课程评价等多方面的改革。幼儿园新课改把促进幼儿终身可持续发展，以奠定素质基础作为学前教育的出发点和归宿，把培养幼儿的创新精神和实践能力作为教育的重点，教师在新儿童观和教育观的指导下，尊重幼儿身心发展的规律和特点，尊重幼儿的兴趣，视幼儿为积极主动的探索者，为幼儿提供自主活动的环境条件，满足他们多方面的发展需要，让幼儿通过自然经验、社会交往和游戏等方式自主地学习，尊重幼儿的兴趣和个性，提供适合幼儿个性发展的教育，因材施教，挖掘潜能，培养幼儿自尊、自信、积极的情感和创新能力等。新课改的实施对学前教育质量的提升无疑起到了推进的作用，随着幼儿园课程改革的不断深化和推广，将对学前教育质量的提升产生积极影响。注重幼儿整体发展基础上的个性发展趋势，将使幼儿智能优势开放其潜能的特色幼教机构脱颖而出，成为中国特色的学前教育体系的重要组成部分。

4.学前教育机构改革不断深化

我国市场经济体制的完善将加快学前教育管理体制和运行机制改革的步伐，在市场机制下，多种形式的学前教育机构将不断涌现。

（1）积极稳妥地推进幼儿园办园体制改革。"建立政府主导、社会参与、公办民办并举的办园体制。积极发展公办幼儿园，大力扶持民办幼儿园。"要实现2020年学前一年毛入园率95%，学前三年毛入园率75%的目标，单靠正规的公办幼教机构是不现实的，因此，在办好公办幼儿园，使其成为示范的基础上，依照公办的标准大力扶持民办幼教机构的建立，形成公办与民办相结合的社会参与多元化办园体制，满足社会对学前教育的需求，将是未来学前机构体制改革的趋势。

（2）引进优质教育资源，探索多种方式利用国外优质教育资源。随着国际合作的扩展、深化，吸引境外学前教育机构以灵活多样的形式参与中外合作办学项目，是满足社会对学前教育国际化需求的良好途径。

5.中国特色学前教育理论体系的国际融合进一步加强

随着我国学前教育事业的发展，具备先进理论、科学精神和文化素养的学前教育实践者，通过不懈努力确立学前教育的发展地位，增强学前教育内涵，提升学前教育的发展层次，建立在本土丰富实践基础上的学前教育理论体系将得以成形、完善，逐渐形成中国特色。同时，国际化背景下的学前教育国际融合也将进一步加强，通过学前教育的国际交流和合作，拓展学前教育视野，增强学前教育发展动力，从单纯注重引进外国理论转向借鉴适合中国幼教的西方先进理论和经验，为创新本土理论服务，为提升中国特色学前教育发展水平服务。

（三）学前教育发展的主要趋势

1.重视儿童身心健康发展

在目前的学前教育过程当中，开始注重儿童身心健康的发展，尤其是把学前教育阶段作为儿童成长的关键时期，这为培养儿童的身心健康发展起到了积极的促进作用，尤其是可以根据学生以及儿童心理上的差异来扩大幼儿园服务的社会功能，从多元化的教育过程当中为学前教育机构的办学方式提出了更多的要求。这就需要促进家庭与教育机构的沟通，要在家园合作层面开展更多丰富的活动，政府可在经济条件允许的范围内逐步与家庭共同负担教育费用，同时赋予家长参与幼儿园教育的权利，促进更深层次的家园合作，以共同促进幼儿身心健康成长。

2. 关注学前教育发展

学前教育在全球范围内的进一步扩大，使得各个国家更多地去关注学前教育的发展，并且把学前教育纳入了义务教育的范畴，把学前教育和义务教育有机结合，从而更多地普及学前教育的发展趋势以及目标任务，这也是为了解决和促进学前教育公平和均衡发展的重要措施。因此，这就需要在政府的管理当中能够加强财政的投入和师资队伍的建设，为维护教育的普及提供有效的支持，才能够实现学前教育在教育中的重要地位，更好地满足当前儿童的需要，为衔接学前教育和小学教育之间的关系奠定重要的基础和内容。

3. 推进学前教育专业特色方面的保障体系

在一些学前教育的服务和设立过程当中，开始促进学前教育的普及和公平，能够通过学前教育共同担任的职责以及任务，来提高学前教育朝着多元化和非营利性发展。因此，在学前教育的发展过程中，去构建学前教育专业的特色和教育体系，将教育的知识和特点纳入专业学科建设的重要范畴，促进学前教育健康发展。

二、幼儿教师在教育变革中的角色转变

随着幼教改革的不断深入和幼儿园新《纲要》的颁布，人们的教育理念发生了巨变。在全新教育理念的引领下，幼儿教师的角色也随之变化。教师的角色问题是幼儿教育领域一个基本而又重要的问题，从新教育理念的视角，探讨幼儿教师角色的转变，以期更好地提升教师专业素养，促进幼儿健康和谐发展。

随着《幼儿园教育指导纲要（试行）》（以下简称《纲要》）的颁布，以新理念改革传统幼儿教育势在必行，新教育理念主要包括：终身教育、以人为本、整体教育观。

（1）终身教育。《纲要》中明确规定幼儿园教育的根本任务是"为幼儿一生的发展打好基础"，体现了赋予时代精神的终身教育理念和以儿童可持续发展为本的教育追求。终身教育理念的儿童发展观强调的是学会学习。现在的"学习"与过去相比，在学习态度、时间、手段、内容上已发生了根本性的转变。从"要我学"逐步转变为"我要学"；从阶段性的学校学习转变为贯穿一生的终身学习；从静态的单元为主转变为动态的多元为主；从学习科学技术为主逐步转变为重视人文科学的学习。我们要适应时代的变化，与时俱进，牢固确立终身学习思想。终身教育的观点要求幼儿园课程真正为幼儿一生的可持续发展打好基础，重视为幼儿奠定生存的基础、做人的基础、做事的基础和终身学习的基础。

（2）以人为本。以人为本的观点要求在幼儿教育的具体实施过程中要充分尊重幼儿个别差异（如发展水平、能力、经验、学习方式等），保障幼儿权利，促进幼儿富有个性的发展，同时幼儿园要善于调动教师的积极性和主动性，为教师提供主动发展的空间。

（3）整体教育观。《纲要》明确指出，幼儿园教育活动的组织应注重综合性、生活性和趣味性。整体教育观就是要求幼儿教育应注重整体性和全面性；应对课程内容进行合理的、有效的整合；应有机地整合各项活动，努力提高各项活动的成效；应充分发挥各种教育资源的整体性影响；应有机地、综合地利用课程实施的方法、形式及手段等。幼儿的身心发展特点和学习特点决定了幼儿教育必须是整体性的教育。一方面，幼儿对事物的理解往往是初浅的、表面的，概括能力较低，对幼儿进行的教育往往不能过于分化；另一方面，幼儿是通过生活及其他活动来学习的，这些活动尤其是生活活动，往往是综合性的，涉及多方面的学习内容，具有促进幼儿多方面发展的价值。

新的教育理念对教师提出了新的挑战，"教师如何转变传统角色，重新进行角色定位，积极构建新型教师角色"成为改革的核心问题和重大课题。

（一）从师幼互动看教师角色的转变

师幼互动是幼儿教师角色行为最直接、最集中的体现。随着幼教改革的不断深入，幼儿教师的教育观念也在不断更新，教师应构建积极有效的师幼关系，提高教育的有效性。

1. 教育活动的执行者转变为教育实践的研究者

随着改革的不断深入，理论研究应和实践改革紧密相连，教师要具备创新精神，使课程随着社会的发展和幼儿、家长需求的变化而持续地发展。教师研究的基本出发点是教师借助于幼儿在活动中的反应来分析、判断自身所确定的教育目标、选择教育内容、采用组织形式、投放材料以及采取具体策略，并思考为什么适宜（或不适宜），最后教师必须认真研究自己的教育实践，深刻反思自己的教育方式，积极主动地接受教育新思想、课程新理念，自觉地把理论与实践相结合，更理性地认识自己的教育实践，从而提高教育质量，促进幼儿的学习和发展。

2. 由管理者、传授者向支持者、引导者、合作者转变

（1）教师要成为幼儿学习活动的支持者，必须对幼儿的学习活动提供物质上和心理上的支持。教师为幼儿创造丰富的物质环境，为幼儿创设充满关爱、温暖、尊重和支持的精神心理环境，使幼儿获得充分的安全感、被尊重感和受接纳感，有利于情感、态度、行为、个性等的充分发展。

（2）教师要成为幼儿学习活动的合作者。教师和幼儿在人格和地位上是平等的，教师要以"合作伙伴"的身份参与到幼儿的学习活动中。在教学过程中，教师和幼儿应该更多地互相交流，引导和带动幼儿互相协作、互相帮助，共同参与、共同分享。教师不是简单的管理者、指挥者或裁决者，更不是机械的灌输者和传授者，教师应在教育中灵活地扮演最适宜的角色与幼儿积极地互动。

（3）教师是幼儿学习活动的引导者。引导需要教师有教育智慧、教育艺术、驾驭教育方向的能力。教师根据幼儿的年龄特点、认知特点、内在需求为幼儿筛选生活中具有教育价值的内容，通过创设多样的"问题情境"和"开放性问题"以及提供丰富的活动材料，激发幼儿不断思考、主动探索，帮助幼儿寻找、搜集和利用学习资源，引

领幼儿亲历科学探究的过程，使幼儿获得内化的科学知识和经验。

（二）从教师与其他教育者的关系看教师角色的转变

幼儿教师生活在一个人际交往群体中，必须具有合作性的品格，要善于处理好与管理者之间、教师之间、家长之间的关系，充分利用各种资源为幼儿创造有益环境，共同促进幼儿的发展。

1.教师和管理者之间

在新教育理念引领下，园长要给予教师更多的发展空间，大胆尝试新内容、新途径、新方法，真正做到以幼儿的发展为教育的出发点和归宿；对教师教育行为进行公正、合理的评价，了解教师的实际需要，提供教育引导和资源服务。

2.教师之间

充分发挥团队精神，重视团队学习，通过团队学习激发集体的洞察能力，培养合作能力，以发挥更大的学习效果。

3.教师和家长之间

教师要以关爱孩子为突破口，取得家长信任；以家长开放日为契机，提高家长育儿水平；以家访活动为补充，促进"问题幼儿"的健康发展；发挥主动，加强沟通，促进家园间的良好互动，要与家长建立良好的合作关系，在相互尊重、平等沟通、交流合作中，最大程度地优化幼儿园教育。

（三）从教师自身的角度看教师角色的转变

1.认真领悟新教育理念

幼儿教师要领悟新教育理念，转变旧的传统观念，为实践提供行动的方向和指针。教育观念的转变带动了教育行为的改变：对目标的理解由原来的统一的目标转为创造适合每个幼儿发展的教育目标；教育方法由灌输转化为启发、探索幼儿的自主学习；对幼儿更注重全面、合理的评价。

2.努力提升综合素养

教师必须树立终身学习的意识，把不断学习作为自身发展的源泉和动力。虽然《纲要》把教育内容划分为五大领域，但是这种划分是相对的、人为的，幼儿作为生命存在是一个整体，幼儿的生活也是一个不能被分割的整体，所以幼儿园课程也应是一个整体，教师组织的教学活动应该是综合的，而不是分学科的。因此，教师应该学习多领域的知识，采用灵活的教学方法，在教学中注重各领域知识的整合，注重综合教学方法的应用，提高自己的综合教育能力。

三、幼儿教师在教育变革中的专业化发展趋势

幼儿教师的角色是多方面的。幼儿教师熟练地运用多种角色技能，完成由传统角色向新角色的转变，是教师专业成长的有效途径。角色是指一个人在特定的社会、团体中占有的某一特殊位置，以及被社会和团体规定了的行为模式。幼儿教师正是这样一种特殊的社会角色。传统观念给教师的角色定位为"传道、授业、解惑"，而3—6

岁幼儿的年龄特征也决定了幼儿教师在肩负普通教师职责的同时，还必须充当幼儿学习中的老师，生活中的"妈妈"，游戏中的伙伴。幼儿教师的角色问题是幼儿教育领域一个基本而又重要的问题，对幼儿教师角色的认识与理解在相当程度上影响着幼儿教育的发展。

（一）从幼儿的养护者向幼儿的引导者发展

《幼儿园教育指导纲要（试行）》指出："幼儿园教育应当贯彻国家的教育方针，坚持保育与教育相结合的原则，对幼儿实施体、智、德、美诸方面全面发展的教育，全面落实《幼儿园工作规程》所提出的保育教育目标。"作为幼儿教师应该坚持"保育与教育并重"的原则，从幼儿的养护者向幼儿的引导者发展，完成角色的转化和行为的转变，做一名综合型的教师。

1. 角色的转化

幼儿教师是幼儿的养护者，指对幼儿生理、生活上的照料，这是对幼儿教师的传统定位，认为幼儿教师即是幼儿的保姆，把幼儿园的教师称作为"阿姨"，只要确保幼儿在幼儿园期间吃饱、睡好、身体健康即可，这种旧式的思维理念影响我国幼儿教育起步低、发展缓慢。随着社会的发展和家长对教育期望值的提高，《国家中长期教育改革和发展规划纲要》（2010～2020年）（以下简称《规划纲要》）明确提出"严格执行幼儿教师资格标准，切实加强幼儿教师培养培训，提高幼儿教师队伍整体素质"的要求。可见，幼儿教育事业的长足发展，教师必须先更新观念，明确现代幼儿教育对教师的新要求，完成角色转化。

"幼儿教师"是一种社会角色，承载着保育和教育的职业责任。然而，3～6岁的幼儿自主意识淡薄、独立能力尚未形成、感情依赖性强等心理特征决定了幼儿教师不能像中小学教师那样，直接向幼儿进行传授知识的教育，更多的是跳出"社会角色"，融入"家庭角色"，在感情上接纳幼儿、在心理上拉近与幼儿的距离、在行为上想幼儿之所想、急幼儿之所需，引导幼儿快乐活动、健康成长。

教师作为幼儿成长的引导者，不仅在生活上照顾幼儿，而且包含着对其良好情绪情感状态、健康人格、个性品质、社会性品质与行为等多方面心理发展予以积极的关注与呵护。实践证明，一位备受幼儿欢迎的幼儿教师，在幼儿的情感世界里，他（她）远远超出了单纯"教师"的定义，会像妈妈关心、爱护自己，还会是伙伴可以和自己一起玩耍，更会是在受伤和委屈时可以包容、保护和亲近自己的人。

2. 行为的转变

组织幼儿开展活动、照顾幼儿饮食、照料幼儿睡觉是幼儿教师的常规工作，发挥着"教师"的社会职责。教师从"社会角色"回归"家庭角色"后，在教育行为上也应该开展与角色相对应的教育活动，跳出常规粗线条式的教育模式，从不同的角色将工作落到实处、细处，关心幼儿的身体健康、情感需求和心理状况，引导幼儿快乐生活，健康成长。

因此，在生活中，教师不仅在饮食和睡眠上为幼儿提供良好的条件，还要从"一颗母亲的心"出发关心幼儿的生活，并引导幼儿在日常生活细节中养成良好的生活习惯。在活动中，教师在为幼儿发展创设适宜的氛围与环境之余，更应该放下架子，充当幼儿的伙伴，并观察幼儿的行为表现，及时给予相应的引导。很多刚参加工作的幼儿教师都会遇到这样的成长"瓶颈"：端着"教师"的架子，融不进"生活角色"，只会"教导"不会"引导"，自己满怀热情和干劲，幼儿却不理解也不配合，教育效果自然不尽人意。可见，作为综合型的教师应从严师、慈母、伙伴、保健医生的角色去鼓励幼儿以自己独特的方式、健康的心理进行探索，从而引导幼儿朝着"快乐、健康"的目标成长。

（二）从知识的传授者向习惯的培养者发展

幼儿时期是习惯养成的关键期，良好的行为习惯易于塑造，不良的行为易于纠正，良好的教育可使幼儿形成良好的习惯，也会让他们的一生受益匪浅。正如教育家叶圣陶所言："什么是教育？简单一句话，就是要养成良好习惯。"但是，在应试教育影响下，幼儿教育"小学化"的倾向越来越重，家长日益重视孩子在幼儿园会背多少首诗歌、会写多少字，幼儿教师也逐渐演变成知识的传授者。《规划纲要》指出："学前教育对幼儿习惯养成、智力开发和身心健康具有重要意义。遵循幼儿身心发展规律，坚持科学的保教方法，保障幼儿快乐、健康成长。"因此，幼儿教师应该重视对幼儿良好学习和生活习惯的培养，从知识的传授者向习惯的培养者发展，做一名方法型的教师。

1.培养什么样的习惯

习惯是一种定型性行为，是经过反复练习而形成的语言、思维、行为等生活方式。陶行知说过："凡人生所需之重要习惯性格态度多半可以在六岁以前培养成功。"可见，好习惯都是从小在具体生活中培养成的。因此，教师应该通过日常教育工作引导幼儿树立习惯意识，培养有利于自身健康成长、有助于幼儿教育发展的良好学习和生活习惯。

在保育工作中培养幼儿的良好生活习惯。良好的生活习惯是孩子健康成长的基础，教师在保育工作中要建立合理的作息制度，科学搭配孩子的饮食，引导幼儿自觉养成按时睡觉、早睡早起的作息习惯；不偏食、不挑食，按时定位进餐的饮食习惯等，从小训练幼儿的生活能力，提高幼儿的独立意识和自理能力。

在活动中培养幼儿的交往习惯。心理学研究表明，孩子在没有学会说话之前，就已经有交往的倾向，而活动是幼儿教育内容的一大板块，也是幼儿之间交往、沟通的重要平台。教师在活动中侧重培养幼儿礼貌待人、尊重他人、能够平等地与他人交往的习惯，并掌握一定的交往技巧，帮助幼儿从小建立良好的人际交往习惯，为他们今后的可持续发展奠定坚实的基础。

在游戏中培养幼儿的运动习惯。传统幼儿教育过于重视培养幼儿在文化、艺术等方面的兴趣、爱好和技能，而忽略了对体育运动习惯的培养。在中日少年儿童身体学术调查团进行的中日儿童神经类型比较研究中发现，目前中国儿童神经发育推迟。经研究，这是我国少年儿童从幼儿时期开始忽视体育运动的结果。因此，教师可通过在小班开展"跳圈圈""钻山洞"等游戏，中班开展"踩高跷""穿大鞋"等游戏，大班开展"走平衡木""跳绳""拍皮球""踢毽子"等游戏，让幼儿乐在其中、乐在运动，培养幼儿的运动兴趣和习惯，促进幼儿身体健康发展。

2.怎样培养习惯

良好习惯形成的过程，也是反复强化的结果。《幼儿园教育指导纲要（试行）》把教师的角色定义为幼儿学习活动的"支持者""合作者""引导者"。教师应从幼儿生活中的细微小事抓起，以"重规范—树立标准，重指导—多方渗透"为方法，积极开展养成教育，培养幼儿良好的生活习惯。

树立习惯的具体标准。明确行为规范，就是让幼儿清楚养成某个良好习惯的标准，知道什么是好习惯，明确什么是可以做的，什么是不可以做的；教师可通过游戏、儿歌、教学活动、竞赛等形式来培养幼儿的良好习惯。

进行有效的指导。一方面，坚持不懈地指导幼儿行为，让孩子由被动到主动再到自动，养成良好习惯。另一方面，及时对幼儿的习惯养成行为进行评估和奖惩，可运用孙云晓研究员《良好习惯缔造健康人格》中的公式：培养好习惯用加法，克服坏习惯用减法。对好习惯的培养，鼓励幼儿每天养成一个；对坏习惯的改正用递减法，只要幼儿的不良行为在减少，就被允许、被奖励。

（三）从课程的实施者向课程的设计者发展

《规划纲要》主张"以教师发展为本，以教师有效学习为中心"，这是新时期教师队伍建设的基本理念，这一理念为幼儿园师资队伍的建设提出了新的挑战——向研究型教师发展。研究型幼儿教师主要是指在先进的学前教育理念的指导下，能敏锐地发现问题，善于反思和学习，并自觉运用一定的科学研究方法，在教育实践中积极探索，不断提升专业水平的教师。研究型教师的成长一般是通过开展园本课程研究和课题研究两种途径完成。

1.开展园本课程研究

园本课程是幼儿园根据本园的办学理念，适应幼儿多样化发展的需要，以本园教师为主的课程，它与国家课程、地方课程相对应。教师在实践中，对现行的课程进行分析，对幼儿的需要做出评估，遵循"实践—评估—开发"的模式，确定新课程目标，选择与组织新课程内容，决定实施与评价的方式，包括了课程规划、课程设计、课程实施与评价等系列课程活动及其策略和技能，使课程的内容得到不断的丰富，内涵也在不断更新。

例如，以"我的家乡"为切入口，教师通过开辟园地、开展系列活动作为课堂教学内容等方式，让幼儿初步了解家乡的风土人情，培养幼儿热爱家乡的道德情感，挖掘乡土文化资源，打造特色园本课程。在园本课程开发中，做到以幼儿园为课程开发的基地，以教师为课程开发的主体，以提高教师研究能力与实践能力为目标，促进教师从课程的实施者向课程的设计者发展。

园本课程开发与教师发展是内在统一的。作为园本课程的规划者、组织者和评价

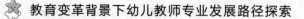

者，教师在开发过程中能够提高贯彻实施《幼儿园教育指导纲要（试行）》的能力，把握幼儿园和幼儿特点的能力和熟练运用课程资源的能力。同时，园本课程的开发还能够丰富教师的扎实的专业知识、广博的科学文化知识和相应的教育科学知识。

2. 开展课题研究

从不同的层面切入对教育活动进行探究，也可以促进教师专业技能的提高，开展课题研究就是加快教师向研究型教师成长的有效途径。课题研究指的是教师以自身教学过程中产生的具体问题为研究对象，以问题的解决为研究目标的一种研究活动。课题研究是园本课程开展中的一项重要内容，是教师专业发展的途径，更是提高幼儿教育质量的重要渠道。

近年，陆续开展的"在幼儿园开展'角色体验式'家庭教育的研究""在幼儿园开展成语教学的研究策略""生态体验下环境教育节日活动研究""学前创造教育课程及其理论构建""幼儿园社会领域'情感体验式'教学模式的实践"等课题研究，坚持以幼儿园教研组建设为主线，完成幼儿园课程园本化与骨干教师培养两大任务，以教师与幼儿园的共同发展和创建优质教育为目标，以研究课题为载体，坚持以课题研究为阵地，让教师在边学习、边研究、边实践、边总结中不断提高，推进教师从"教书匠"向"研究型"教师发展，提升了幼儿园的办学水平。

第二章 幼儿园教师专业发展的内涵

第一节 幼儿园教师专业发展的概念与结构

概念界定是指对一个概念用精练的语言予以解说，以区别于相近概念，突出其核心特征。因此，界定概念离不开与相近概念的辨析，通过明确概念不是什么，进而逐渐接近概念是什么。就字面理解，幼儿园教师专业发展与幼儿园、教师、专业、发展和幼儿园教师、专业发展、教师专业发展等概念直接相关，并与幼儿教师、教师专业性、教师专业化、教师专业成长、教师专业素养等概念存在密切关联。在对幼儿园教师专业发展概念界定时，本书也将主要从与基本词汇的联系、与相近概念的区别入手。

内容结构是对幼儿园教师专业发展核心构成的进一步展开分析，是正面回应"哪些元素或方面构成了幼儿园教师专业发展"或"幼儿园教师专业发展是指在哪些方面或领域的发展"。以结构化的形式展开幼儿园教师专业发展的内容框架分析有助于我们更好地判断幼儿园教师是否获得了专业发展。

一、幼儿园教师专业发展的概念界定

从构词的角度而言，幼儿园教师专业发展由四个基本词汇构成，即幼儿园、教师、专业和发展，其中就单个概念而言，幼儿园和教师具有相对明确的内涵，而专业与职业、专业性、专业化，发展与成长等相近概念需要进一步区分辨析。同时，从基本词汇组合的视角而言，幼儿园教师专业发展又主要由幼儿园教师、专业发展和教师专业发展三个核心概念构成。

基于教师专业发展的理论演进和学前教育发展的客观要求，幼儿园教师主动谋求专业性提升，追求师德、专业理念、专业知识和专业能力持续增进的过程，其通常会经历职前教育、入职适应和在职成长三个基本阶段，并深受发展理论的引领和外部环境作用，最终指向幼儿园教师职业的专业化及个体的专业成长。

以上概念界定主要从背景、影响、内容、目的、阶段五个维度阐释了幼儿园教师专业发展本体，具体表现为：概念背景是"教师专业发展理论的内在演进和学前教育事业发展的外部要求"；专业发展影响因素是"理论引领和环境作用"，同时幼儿园教师"个体内在的能动性"发挥着更加关键的作用；专业发展的内容是"师德、专业理念、专业知识和专业能力"；专业发展的目的是"个体的专业成长和职业的专业化"；专业发展的阶段是"职前教育、入职适应和在职成长"。概括言之，幼儿园教师专业发展的主体是"幼儿园教师"，核心是"专业"，趋向是"发展"。

二、幼儿园教师专业发展的内容结构

区别于动态探讨幼儿园教师专业发展的阶段理论，幼儿园教师专业发展的内容结构即是静态探讨幼儿园教师究竟在哪些维度和领域上得到发展。通过对有关幼儿园教师专业发展内容的成果梳理，可以看出各种研究在概念使用、方式方法、关注焦点上的多样性和差异性，但所用研究普遍倾向运用结构形态的方式去具体呈现和描述幼儿园教师专业发展所包含的具体内容。

在以结构方式进行具体分析的框架下，幼儿园教师专业发展的内容研究呈现出较高的一致性和趋同性。"会不会""能不能""愿不愿"是专业发展结构内容框架所致力回应的三个根本性问题。同时，"强调教师的专业服务理念""需要教师终身不断地学习""形成高度自治的教师专业组织""追求教师的自我统整发展""重在教师的内在改变"正逐渐成为我国教师专业发展内容的主要趋势。

2012年2月，教育部颁布《幼儿园教师专业标准（试行）》，标志着我国学前教育师资队伍建设跨入了科学化与专业化的新的历史阶段。与此同时，对幼儿园教师应具备专业素养内容的广泛讨论也以政策文件的形式达成初步共识。专业标准不仅具有指引幼儿园教师深度专业发展的价值功能，且对幼儿园教师专业发展的内容具有科学化的界定和规范化的表述。本书采纳专业标准对幼儿园教师专业发展内容的研究成果，认可师德、专业理念、专业知识和专业能力是构成幼儿园教师专业发展的主要内容，并对其进行如下解读：

（一）师德

师德即教师的职业道德，是教师在长期的教育教学实践中形成的比较稳定的道德观念、行为规范和道德品质的综合，是教师的思想觉悟、道德品质和精神面貌的集中体现。从内容上看，幼儿园教师的师德包含诸多内容，具体有教师个人行为操守和人格特质，教师对职业所秉持的理想态度与责任观念等。

作为专业人员的幼儿园教师有其师德的高要求，幼儿园教师的师德是职业道德在具体领域的落实与体现，其既应承继传统师德，又应反映出时代要求，同时体现幼儿园教育的特殊性。对幼儿园教师师德可从多个维度解读：其一，从师德所涉及的相互关系的维度，师德应具体涵盖幼儿园教师与社会、与职业、与同事、与幼儿、与家长等多方面的关系，明确幼儿园教师在其关系中应有的恰当位置。其二，从师德的文本角度而言，幼儿园教师师德应涵盖从宏观到中观再到微观三个层次的内容，即宏观层面的师德理想信念、中观层面的师德基本准则和微观层面的师德行为规范，呈现出体系化与完整性。鉴于幼儿园教师所处学前教育的基础性地位和施教对象的复杂性特点，其师德应具有更高的要求和更严厉的标准。伴随着师资队伍建设的改革与深化，教师师德被提高到前所未有的地位，各种指向师德建设的政策文件陆续出台，使从制度维度强化师德建设日益成为趋势和主流。同时，幼儿园教师师德的具体养成应强调多措并举，从理论学习到实践反思，从团队合作到榜样学习，师德只有与专业发展的其他层面相结合，并依赖于多样化的途径与方式才能真正得以落实与生成。

（二）专业理念

幼儿园教师的专业理念是指幼儿园教师"在对教育工作本质理解基础上形成的关于

教育的观念和理性认识"，主要包括其学前教育价值观、儿童观和保教活动观等。专业标准将幼儿园教师的专业理念与师德以"思想"为结合点融合为一个维度，并且将二者的共同点结合在一起划分为四个领域。

专业理念有效引领并着重支撑着幼儿园教师的专业发展，其与师德均属于思想层面的内容，并与幼儿园教师的具体保教行为相对应。相比于师德所侧重的个体性与职业性，专业理念更突显幼儿园教师对具体保教工作的认知和理解，如对保教对象、保教内容、保教流程等的认知，其既是幼儿园教师专业发展的观念先导，也构成幼儿园教师专业化的理念基础。专业理念主要涉及幼儿园教师对早期教育基本价值的认识与认同，对幼儿整体发展规律和个体发展特征的认识与态度，对具体幼儿园保教工作的情感与态度等。专业理念不是被动生成或者自然养成的，而需要专业化的引领与启发，其中制度发挥着引领幼儿园教师专业理念的功能，制度通过规范统一的形式和清晰具体的内容对幼儿园教师所应秉持的专业理念予以有效确认，并由此引领着幼儿园教师专业理念的形成。此外，幼儿园教师的专业理念形成也需要与具体的保教工作相结合，保教工作提供了专业理念的实践载体与反省平台，而专业理念也在具体保教工作中得以锤炼与升华。

（三）专业知识

幼儿园教师的专业知识是其有效胜任教育教学工作所必须具备的知识，这种知识既来源于职前的书本学习，也来源于一线的保教实践，其不仅真实准确、清晰具体，且对解决日常保教工作中的问题具有实效性和指导性。相关研究认为，幼儿园教师的专业知识应同时包括有关幼儿发展与学习的知识、有关幼儿保育和教育的知识，以及一般化的通识性知识，由此彰显出其专业知识在普遍性基础上的相对独特性。同时，鉴于"教师知识并不是学科理论知识的积累，而是教师在教学实践中形成和发展的理论与实践相结合的复合式个人知识"，幼儿园教师需要在真实生动的教育教学情境中，通过对实践的批判性反思和与同伴的平等性对话而创生自我的专业知识。

幼儿园教师的专业知识具有稳定性、复杂性和多样性等特点，专业知识是教师专业素养的核心内容，也是教师专业发展的必要依托。早期教师专业发展理论典型代表的理智取向即高度强调专业知识和专业能力的重要性，甚至将专业知识习得与专业能力提升直接等同于教师专业发展，并由此展开了对专业知识系统而深入的研究。当前，学界普遍认同教师专业知识至少应当包括所教内容知识、教学法知识、有关教学对象的知识和通识性知识。对于幼儿园教师而言，鉴于保教对象的复杂性特点，专业知识应着重突出关于幼儿成长与发展的知识、具体实施保教活动的知识，而所教内容知识和通识性知识对于幼儿园教育而言，要求相对不高，这也客观导致了幼儿园教师社会地位偏低，因为公众习惯于"学高为师""知识本位"，倾向于将教师所具有的知识转化为其社会地位和能力，殊不知幼儿园教育的困难不在于教的内容，而在于育的对象和育的方式。就目前而言，幼儿园教师所具备的专业知识还难以有效满足保教实践的需要和时代变迁的要求，专业知识本身也在不断更新，而幼儿园教师也需要通过持续不断的学习进而实现自我提升和可持续发展。

（四）专业能力

幼儿园教师的专业能力是幼儿园教师经过系统的职前学前教育专业的系统学习与培训后，明晰了基本职业规范、师德要求和专业理念，并掌握了相关的专业理论与专业知识之后，进入职场，置身于幼儿园教育的实践中，不断地践行职业规范、遵守职责要求，自觉运用专业理论和知识解决实际问题，理念和态度转化为良好的师德行为，理论和知识转化为实践智慧的过程。鉴于幼儿园教育的特殊性，幼儿园教师所应具备的专业能力具有全方位、多方面和综合性特点。

幼儿园教师专业能力是一种生成于实践、提升于反思的综合性能力，是教师面对复杂教育情境有效解读、积极反映、持续成长的能力。专业能力又是以专业理念为引领，以专业知识为基础而习得的能力，其具体通过幼儿保育和教育实践得以体现，同时又在保教实践中不断发展。鉴于幼儿园工作对象、内容和方式的特殊性，幼儿园教师的专业能力除了在结构上与中小学教师有所相似之外，在内容上则更突显体现学前教育的特点，具体包括以游戏为基本活动、重视保育活动、强调环境教育的重要性等，并由此对幼儿园教师专业能力提出更个性化的要求。幼儿园教师的专业能力体现为一种综合实践能力，但又必须基于教师个体积极主动的理论学习和持续反思，而专业知识的习得和专业理念的树立同样必不可少。只有具备基本专业能力的幼儿园教师才能更好胜任幼儿园的保育和教育工作，也才能真正有助于学前教育的质量提升和幼儿的健康成长。

第二节　幼儿园教师专业发展阶段的理论探究

区别于从静态维度上界定幼儿园教师专业发展的内涵构成，幼儿园教师专业发展阶段的研究旨在从动态维度呈现幼儿园教师从不成熟到成熟、从新手到能手的历时性变化过程，并尤为突出幼儿园教师在发展各阶段所表现出的教育信念、专业知识、专业能力等层面的基本特征。

当前，幼儿园教师专业发展阶段的研究主要受来自教师专业发展阶段研究的理论滋养，并在学前教育事业跨越式发展的驱动下逐步聚焦幼儿园教师职业特色和阶段特征，呈现出借鉴中创新、比较中推进的发展特点。为此，本书将首先简要述评当前国内外有关教师专业发展阶段的典型性理论，并随后集中探讨幼儿园教师专业发展阶段理论，最后从职前、职后一体化视角剖析幼儿园教师专业可持续发展。

一、教师专业发展阶段的经典理论述评

现代意义上的教师专业发展阶段理论研究起始于 20 世纪 60 年代美国学者富勒（F.Fuller）对教师关注的开创性探索，自此，教师专业发展阶段的理论研究受到世界各

国学者的密切关注，各样研究成果相继推出。叶澜等学者从研究者所使用的专业发展阶段划分标准和研究框架出发，将已有研究大致归纳为职业／生命周期研究框架、心理发展研究框架、教师社会化框架、"关注"研究框架和综合研究框架五类，其代表了学术界对已有研究成果的初步共识。笔者将结合幼儿园教师的基本特点对以上相关理论展开简要述评。

（一）"教师关注"阶段理论

以富勒为代表，对"教师关注"阶段的研究是教师专业发展阶段理论研究的拓荒者，富勒以"教师关注问卷"为载体，通过调查与访谈认为职前教师在专业成长过程中所关注的重点是次序更迭的，总体呈现出"关注自身—关注任务—关注学生"的发展模式，并具体将教师的专业发展划分为任教前关注阶段、早期求生关注阶段、关注教学情境阶段和关注学生阶段，各阶段关注重点有所不同，整体呈现出线性递进的发展特点。随后，富勒及其同事又开展了诸多研究，旨在证实教师关注的实际存在及关注伴随教师教学年限或任教年级不同而产生的变化，而西特尔（J.Sitter）、拉尼尔（P.Lanier）、瑞安（K.Ryan）等学者基于各自的研究也逐步证实并深化了"教师关注"的阶段理论。我国学者叶澜、白益民等遵循教师关注阶段研究的基本逻辑，创造性地提出了"自我更新"取向的教师专业发展阶段论，其提出的教师自我更新概念具有开创意义，极大丰富了相关理论研究。

"教师关注"阶段理论开创了教师专业发展阶段研究的新领域，并深刻影响到后续相关研究，其为后续研究奠定了基础。幼儿园教师的专业发展同样遵循关注重点阶段性更迭的基本规律，由此要求对各阶段关注重点的具体分析，并依据关注重点的不同设计针对性的制度支持框架和政策支持体系，提升制度有效性，切实推进幼儿园教师专业发展。

（二）教师职业生命周期阶段理论

国内外关于教师专业发展阶段研究的一个普遍趋势是参照职业生涯发展的相关理论与具体实践，基于教师个体生命变化，以不同年龄的职业发展为基准勾勒教师职业生命周期发展阶段特征，其本质即是在人的生命周期框架下对教师职业成长过程进行描述，其代表学者有伯顿（P.Burden）、费斯勒（R.Fessler）、休伯曼（M.Huberman）等人，所划分发展阶段如下表2-1所示。

表2-1 教师职业生命周期阶段理论

理论名称	代表学者	主要内容	进步性	局限性
教师生涯循环发展理论	伯顿（1979）	1.求生存阶段 2.调整阶段 3.成熟阶段	关注教师职业生涯发展，以大量访谈和综合分析为依据	未对成熟阶段教师进一步区分研究

续　表

理论名称	代表学者	主要内容	进步性	局限性
教师职业周期动态理论	费斯勒（1985）	1. 职前教育阶段 2. 入职阶段 3. 能力形成阶段 4. 热心和成长阶段 5. 职业受挫阶段 6. 稳定和停滞阶段 7. 职业低落阶段 8. 职业退出阶段	建构较为完整的贯穿教师生涯的理论框架，是一种动态、灵活、非线性的发展模式；对成熟教师做出区别分析，重视环境与教师职业发展的交互作用	几乎没有涉及影响教师专业发展的相对稳定、持久的事件或因素；对职业稳定阶段教师专业发展状况描述相对不足
教师生涯阶段模式理论	司德菲（1989）	1. 预备生涯阶段 2. 专家生涯阶段 3. 退缩生涯阶段 4. 更新生涯阶段 5. 退出生涯阶段	其"更新生涯阶段"弥补费斯勒理论的不足，认为给予低落期教师适时、适当的支持可助其再发展	—
教师职业周期主题模式理论	休伯曼（1993）	1. 入职期 2. 稳定期 3. 实验和歧变期 4. 重新估价期 5. 平静和关系疏远期 6. 保守和抱怨期 7. 退休期	探索教师职业周期中每个阶段的发展主题，并依照教师对主题解决程度区分不同发展路线，更真实地反映教师的实际发展路线	—

　　教师专业发展的职业生命周期阶段理论既关注教师个体生命的变化历程，又强调教师所处整体环境与教师职业及专业发展之间的交互关系，由此凸显教师专业成长的完整性、系统性和动态性，启示我们对教师专业发展的探讨应置于其丰富的家庭生活、社会生活和职业场景中考察。同时，职业生命周期阶段的研究并不能完全等同于教师专业发展，后者的视角更为聚焦、内容更为集中，即以教师的专业信念形成、专业知识积累、专业能力增强和专业水平提升为立足点，未必与年龄增长或生命变化同步。幼儿园教师专业发展应充分借鉴教师职业生命周期阶段理论的相关研究成果，并尝试从职业生命变化周期的视角整体审视与规划其专业发展进程。

　　（三）其他相关教师专业发展阶段理论

　　心理发展阶段论、教师社会化发展阶段论和综合阶段论也是目前学界存在的关于教师专业发展阶段的三种典型性理论。

　　心理发展阶段论将教师作为成年学习者看待，其分析建立在认知理论、概念发展理论、道德判断理论和自我发展理论基础之上，假设人的发展主要是心理结构改变的结果，人的内部心理变化过程随着年龄和发展阶段的不同而有所变化，而此变化过程有一定的顺序和层级，并基于心理发展阶段的差异来划分教师专业发展阶段。其中，利思伍德（K.Leithwood）将教师发展划分为四个阶段。从心理学视角探讨教师基于心理阶段变化的专业发展问题拓宽了相关研究视域，赋予了教师专业发展阶段研究更丰富的科学依据和更充分的心理基础。

教师社会化发展阶段论聚焦教师作为社会人的角色定位，主要探讨个体在成长为一名专业教师过程中所经历的社会化作用，关注个体能力、需求、意向等与学校机构之间的相互作用，其成果散见于国内教育社会学著作。其中，吴康宁将教师专业发展过程概括为预期专业社会化和继续专业社会化两个阶段，并主要对应于教师的职前学习阶段和在职工作阶段。刘捷认为专业发展是个终生的个体专业社会化过程，教师专业的发展必须经历从低到高的三个发展阶段，即从师范生到入门教师，从入门教师到合格教师，从合格教师到优秀教师。同时，我国台湾学者王秋绒基于教师专业社会化理论对教师发展阶段的探讨具有典型意义，其中尤其是对职前师资培育阶段和实习阶段的论述细致、清晰，具有重要参考价值。

综合阶段论试图突破以单一侧面为基准研究教师专业发展阶段问题，并尝试以更为立体、多维的视角如实还原教师专业发展的综合、复杂过程。

已有对教师专业发展阶段的理论研究经历了一个逐渐完善、不断进步的发展历程，在研究范畴、研究成果和研究方法等领域均有所突破。研究范畴上，从早期富勒对教师关注"点"的研究逐步拓展到伯顿、费斯勒对教师职业生命周期"线"的描述，再到利思伍德从多维视角对教师专业发展"面"的考察，视角趋于多元、内涵臻于丰富。研究成果上，以职业生命周期阶段理论为例，从伯顿初始引入教师职业发展全程的研究维度到费斯勒完整建构教师职业生涯的理论框架（尤其是教师漫长职业生涯中的受挫与停滞），再到司德菲强调"更新生涯"和适度支持，充分彰显相关理论不断完善超越的过程。研究方法上，从前期的访谈法、问卷法、观察法为主导后来的数据处理法及心理学、社会学研究方法，使研究成果更具科学性。本书对幼儿园教师专业发展的分析与考察将充分基于以上研究成果，综合采纳相关成果的进步之处与优势所在，既将幼儿园教师专业发展放置于职业生命周期阶段变化的框架下考察，又注重各阶段所呈现出的基本特征、现实差异及可能的问题，针对性建构相关制度与政策，并注重幼儿园教师的阶段性心理变化和专业社会化进程，促使其由被动专业发展转向积极的自我发展。

二、当前幼儿园教师专业发展阶段的理论研究

当前学界对教师专业发展阶段的研究并不均衡，具体表现在对中小学教师的研究较为充分，而相对忽视对幼儿园教师专业发展阶段的研究，并倾向于直接迁移中小学教师发展阶段研究的具体成果。就对幼儿园教师专业发展阶段的研究而言，其中代表性的理论研究主要有：美国学者卡茨（Katz）将幼儿园教师发展分为存活期、巩固期、更新期和成熟期四个时期，并对各时期持续时间、阶段特征和发展需求等进行详细描述，由此开启对幼儿园教师专业发展阶段的针对性研究。卡茨的研究重视满足不同阶段幼儿教师专业发展的内在需求，具有开拓意义和参考价值，但其对幼儿教师成熟期以后的发展未做区别研究和深入探讨。我国学者常宏基于对卡茨观点的消化吸收，将

幼儿教师专业发展局部修正为四个基本发展阶段。

为有效推进幼儿园教师专业可持续发展，针对性满足不同阶段幼儿园教师的专业发展需求，我国学者韩京之、彭兵、杨文等同样就此问题展开进一步探讨。其中，彭兵采取实证研究的方法，以教师职业生命历程为基本线索，以专业化程度为主要标志，抽取武汉市 10 所不同类型幼儿园、不同教龄教师共计 237 人展开调查研究，将幼儿园教师专业发展划分为四个阶段，并主要从各阶段专业特点、发展规划、发展重点和发展建议四个维度进行系统深入探讨，具体包含：适应期或初任期，持续 1～3 年（完成幼儿园班级教学一个循环），教师职业尝试阶段，主要关注自己能否适应新的环境和新的工作，发展任务主要是适应幼儿园环境，熟悉幼儿年龄特征、一日生活常规等；探索期，在职工作 4～9 年，进入对幼儿园教育教学规律的正式探索阶段，已基本掌握教育教学技术，适应教师工作，融入幼儿园组织，并开始更多关注幼儿发展，教师发展逐渐出现两极分化；成熟期，一般工作 10 年以上，完成幼儿园班级教学三个循环，关注焦点转向对幼儿教育内在和本质问题的思考，能站在终生教育角度思考幼儿发展，教师专业发展进一步分化，部分走向专家型教师，部分则出现职业倦怠，进入专业发展高原期；学者期，一般任职 15～25 年，开始总结提炼自己的教育教学观点和理论，教学科研成果丰富且有分置，逐步形成自己独特的教学风格和流派。彭兵的研究基于扎实的实证调查和科学的数据分析，以促进不同阶段幼儿教师专业发展为导向而展开，对于构建分层、分阶段的差异化幼儿园教师专业发展策略具有重要参考价值。除此之外，杨文指出当前幼儿教师专业发展阶段划分存在以外在标准划分，忽略了幼儿教师专业成长的内在连续性，以人为的统一标准划分，忽略了幼儿教师的个体差异性等问题，并依据教师掌握的知识形态及其应用特征将幼儿教师专业发展阶段重构为知识积累阶段、知识检验阶段、知识内化和转化阶段。杨文的阶段划分把握住了幼儿教师专业发展的核心内涵，具有进步意义和创新价值。

幼儿园教师专业发展阶段研究是至关重要的基础性理论研究，是探讨幼儿园教师专业发展影响因素、现状问题、对策建议的前提与基石，任何整体性地探讨幼儿园教师专业发展相关问题的研究都必须以阶段研究为理论基础以提升其针对性和适切性。遗憾的是，我国学界当前对幼儿园教师专业发展的理论探讨不仅在数量上非常有限，而且难以真正体现幼儿园教师的群体性特点和个体化差异。基于以上对教师专业发展阶段研究的相关述评，可初步得出以下共识与结论。

一是幼儿园教师专业发展具有绝对性，而专业成熟则具有相对性。发展暗含一种正向积极的变化过程，幼儿园教师自职前培养开始就处于持续发展的过程中，发展是绝对的、现实的，而幼儿园教师所谓的专业成熟总是一种相对成熟状态，教师始终处于一个由不成熟到相对成熟的发展历程中，成熟是阶段间比较的结果。

二是幼儿园教师专业发展既具有终身持续性，又具有阶段差异性。将幼儿园教师专业发展放置于职业生命周期循环理论框架下审视，集中彰显了幼儿园教师专业发展的终身性，符合其发展实际，且始终处于动态变化状态。同时，幼儿园教师专业发展具有显著的阶段差异性，虽然严格的阶段划分具有相当的困难，但从职前的培养到入职适应，从初期的探索到逐步的成熟，从阶段的停滞到更新的超越，幼儿园教师专业发展无疑处于持续推进的阶段之中，且各阶段具有相对不同的基本特征、发展需要和具体困难。

三是幼儿园教师各阶段的专业发展内涵呈现出多层次、多领域的特点。专业发展的核心是专业性的增强和专业化的实现，主要表现为幼儿园教师专业理念的逐步完善、专业知识的不断积累、专业能力的持续提升。同时，幼儿园教师作为人的基本属性也决定了其专业发展将涵盖思维方式、个性风格、行为习惯等内容。

四是幼儿园教师专业发展并非完全直线式行进，而具有阶段性受挫、倦怠、停滞乃至倒退现象。漫长的职业生涯中有高潮也有低谷，正视教师专业发展的"停滞期"或"高原期"具有现实意义。以职业倦怠、自我怀疑、不思进取为外在表现的停滞期既是挑战，更是机遇。目前学界已对幼儿园教师的职业倦怠展开较为充分的探讨，并主要提出以"自我更新"的取向应对挫折、克服倦怠、跨越停滞。

五是幼儿园教师专业发展并不是自然、自发的实现，而更多需要教师自身具有自主学习的意识、主动反思的能力和自我更新的需求。外部环境的有力支持是幼儿园教师专业发展的必备前提，而强大内驱力则是教师专业发展的不竭动力。强调自主学习、自主发展不仅符合幼儿园教师专业发展的客观实际，更是教师专业发展理论的变革取向，其在未来将呈现出更为持久的生命力。

三、教育变革背景下幼儿园教师专业可持续发展

上述有关幼儿园教师专业发展阶段的理论研究各有其现实依据和理论意义，彰显出幼儿园教师专业发展的连续性、动态性与阶段差异性等特点，体现了教师终身教育的基本理念，对于提升当前幼儿园教师培养的针对性和实效性大有裨益。同时，就阶段研究具体内容而言，各研究所用具体方法和阶段划分不尽相同，但均强调幼儿园教师专业发展的阶段性特征，肯定幼儿园教师在职前培养、入职教育及在职发展过程中专业知识、专业能力和教育理念等层面的阶段性差异，其中尤其是深入到幼儿园教师在漫长职业生涯中的逐步成熟、职业倦怠、阶段停滞与自我更新、走向卓越等具体研究，凸显了相关研究的深刻性与真实性。

无论将幼儿园教师专业发展具体划分为几个阶段，从"就业—职业—专业"的维度和当前教师教育的实践视角，幼儿园教师都必然要经历职前培养、入职适应和在职成长三个基本发展阶段，且处于漫长职业生涯周期的幼儿园教师在职专业发展通常也会具体经历从新手到能手，从娴熟到专家，从优秀到卓越的知能精进的过程。为此，结合幼儿园教师专业发展阶段的当前研究，本研究将对幼儿园教师职前教育、入职适应和在职成长三个发展阶段的基本特征进行具体描述。

（一）幼儿园教师职前教育、入职适应与在职成长的阶段性特征探讨

幼儿园教师专业发展是以幼儿园教师作为一项专门职业为前提基础的，依照惯例，

以进入职场为节点，可将幼儿园教师专业发展划分为职前教育和在职成长两个阶段。同时，鉴于职业准入的内在特殊性，通常将入职初期作为独立的发展阶段予以研究。其中，幼儿园教师职前教育主要是指以学生角色在学校的学习与发展情况，依据教师教育机构属性与要求的不同，通常持续 3～5 年；幼儿园教师入职适应主要是从学生角色转变为新手教师角色，并逐渐适应幼儿园环境，开展教育教学初步探索的情况，通常持续 1～3 年；幼儿园教师在职成长是指其作为正式的幼儿园教师，独立开展教育教学工作，由不成熟到逐步成熟，并成为专家的发展过程，持续时间相对较长，具体不等。

幼儿园教师职前教育阶段是重要的培养期与储备期，其主要角色是学生，核心任务是专业准备与学习，以获得幼儿教育相关书本知识为主，初步形成幼儿园教师职业所需的知识和能力。以四年制学前教育本科为例，其将依次经历大学一年级的初步探索期，二、三年级的持续成长期和四年级的相对成熟期，通过教师教育院校的专业培养和专业训练，将使师范生具备基础的教育专业技能，形成专业信念，其中尤其是以幼儿园见习、实习为主的教育实践环节，对师范生顺利适应幼儿园工作具有重要意义。同时，本阶段的学生对幼儿园教师的专业生活缺乏真实体认，怀有不切实际的乐观与幻想，对幼儿园教师角色的认识也大多停留在想象层面，专业发展意识仍相对薄弱。幼儿园实习将会给其造成一定的认知冲突，并提供其重新评估自我的契机。

幼儿园教师入职适应阶段是关键的转折点和适应期，其完成了由学生到教师的角色转变，以及相伴随的外部环境转变和内部心态转变。从学生到新手教师，其主要任务是适应和探索，适应幼儿园环境、适应课程与教学、适应同事与幼儿，探索书本知识到实践操作的转换、探索间接经验到直接经验的转化。入职适应是幼儿园教师职业生涯的关键时期，也是教师专业发展的危机时期。初任教师大多满怀热情、精力充沛、专注投入，热切渴望满足幼儿各方面发展需求、自我得到不断提升，但当面对具体的教学情境，教师将由于缺乏实践教学经验而陷入维持班级秩序、把控课堂纪律的尴尬境地。同时，初任教师普遍缺乏教学灵活性，较少能根据幼儿班级表现和课堂教学情境及时调整、灵活变通。从满怀激情到力不从心，乃至束手无策，新教师将日渐发现所学知识技能与实际差距之大，并普遍感到焦虑和压力，为此，采取师徒带教等方式协助新教师顺利度过入职适应必要且必需。从入职适应开始，幼儿园教师开始正式迈入职业专业化的漫长旅途，并开始面临接踵而至的胜任、分化、娴熟、停滞、更新、成长等阶级。

幼儿园教师在职成长阶段漫长而坎坷，也是当前学界研究严重薄弱的环节。教师专业发展是反复实践、持续学习、不断反思、自我更新的过程，漫长的职业旅途并不必然会将每一位幼儿园教师都塑造为专家。事实上，在经历了初入职场的适应与探索后，幼儿园教师在各方面专业能力提升的同时已开始不断重新评估自己，从对工作的胜任到娴熟，多数幼儿园教师不可避免地面临着职业倦怠与专业停滞，伴随着外在挑战的降低和内在压力的增大，幼儿园教师普遍感到工作的平淡无趣和内驱力的匮乏。

值此阶段，教师专业发展的重心应在于持续引导幼儿园教师注重专业规范的内化及教学精神的升华，激发其主动探索新知，增进教学的自我反思与批判能力，提升创新与服务意识，从而朝着卓越教师的目标迈进。鉴于幼儿园教师在职成长阶段的漫长性与复杂性，学界通常会将其再具体划分为若干前后相承的阶段，如熟手教师—能手教师—专家型教师或熟练教师—优秀教师—专家型教师。同时，幼儿园教师的在职成长主要依托于灵活多样的在职进修与培训实现，拓展在职进修的方式、提升在职培训的实效是必然之举。

幼儿园教师专业发展是持续推进、螺旋上升、动态生成的过程，职前教育、入职适应、在职成长的三阶段划分虽不尽完善，却契合现实，对于制定针对性的幼儿园教师专业发展制度，提升相关制度的有效性必不可缺。幼儿园教师专业发展必然会经历角色上从学生到教师的转换，专业性上从职前到入门，从入门到合格，从合格到优秀的阶段性发展，但三个阶段绝非相互割裂的，恰恰相反，基于终身教育的理论立场和人的完整性的先验命题，幼儿园教师专业发展依赖于教师培养过程的一体化，即将不同阶段的专业成长与发展视为一个前后相继、持续推进的过程，进而沟通职前培养、上岗适应与在职提高三个阶段间的内在联系。

（二）教师教育一体化与幼儿园教师专业可持续发展

幼儿园教师专业发展与教师教育一体化是两个外部密切相关、内部高度契合的概念，前者以后者为路径依赖，后者以前者为目标指向。事实上，幼儿园教师专业发展本身就含有"幼儿园教师自身的专业成长过程"和"促进幼儿园教师专业成长的过程（教师教育）"两层意义，幼儿园教师的职业属性及所处环境，使其个体的专业发展路径与阶段均呈现出动态的、多样化的态势。基于幼儿园教师专业发展的终极目标开展幼儿园教师教育一体化的理论建构和实践探索势在必行。

幼儿园教师教育一体化是以终身教育为核心理念，依据幼儿园教师专业发展的基本理论，对幼儿园教师不同发展阶段的教育形式与教育内容进行整体规划和系统设计，以最终实现幼儿园教师专业的整全式、可持续发展。幼儿园教师教育一体化概念的提出既是顺应国际教师教育改革的外部发展趋势，又是回应我国教师教育发展的内在迫切要求，旨在克服传统师范教育体制下职前职后脱节、体制机构分离、条块切割断裂、课程体系低水平重复建设等系列问题。从"一次性的终结型教育"到"终身性的可持续教育"，教师教育一体化具有更丰富的理论内涵和更积极的现实意义。就教师教育一体化的内涵而言，目前学界主要有两类观点：其一是将"教师教育"作为关键字眼，对教师教育一体化的内涵进行不同维度的延伸；其二是将"一体化"作为关键字眼，从教师教育一体化的实现过程入手，解析其内涵。具体而言，前者对教师教育一体化内涵理解的代表性观点主要有：张贵新、饶从满则认为教师教育一体化包含内部一体化和外部一体化两个方面。另一方面，从"一体化"的视角审视教师教育，其又可以划分为一体化的设计、一体化的实施、一体化的评估三个环节。幼儿园教师教育一体化是以教师教育一体化的丰富内涵为前提基础，并集中凸显了幼儿园教育的特殊性和幼儿园教师的特定性。

幼儿园教师教育一体化重在培养体系的整体性与连续性，其中课程建设是核心，培养方式是关键，体制机制是保障。课程建设是幼儿园教师培养的重要依托，一体化的幼儿园教师教育要求兼顾课程横向和纵向两个维度上的系统连贯性，既根据教师的素质结构和专业需求构建横向统整的教师教育课程结构，又根据教师的终身专业发展需求，构建"三段五级"纵向一体的教师教育课程体系。其中，横向统整的课程结构应同时涵盖综合基础课程、学科专业课程、教育专业课程和教育实践课程四类，并确保各类课程间比例合理、协调融通。纵向一体的课程体系应有侧重地满足教师职前、入职和职后三个教育阶段的不同发展需求，并有针对性地促进职前教师、初任教师、熟练教师、优秀教师和专家教师五个发展层级的教师专业可持续发展。幼儿园教师教育一体化课程具有整体性、阶段性和协调性的基本特征，其课程构建同时应认识和把握幼儿教师专业发展的阶段特征，每一阶段要有明确的教育目标并体现整体连贯性，且课程内容的设置要体现协调性和时效性。为确保幼儿园教师教育课程一体化和标准化的目标达成，教育部颁布了《教师教育课程标准》以供参照与督导。培养方式层面，鉴于不同阶段的幼儿园教师具有相互有别的发展特点与职业需求，故各阶段教育与培训的侧重点应有所不同。综上，幼儿园教师教育一体化的实现需要课程建设、培养方式、体制机制多措并举、有效协同、持续发力。

幼儿园教师专业可持续发展是幼儿园教师教育一体化的落脚点与归宿，可持续发展原本就与一体化教育具有密不可分的内在关联。虽然内部和外部，长度、宽度和深度等多种理解方式已极大地丰富了幼儿园教师教育一体化的内涵，但职前、职后教育一体化仍是一体化内涵的主要构成，是强调幼儿园教师专业发展的可持续性。同时，幼儿园教师专业可持续性发展契合终身学习的基本理念，满足构建学习型社会的客观要求，且对幼儿园教师提升专业地位、实现专业价值具有重要意义。真正实现幼儿园教师专业可持续发展需要有效探讨三个基本问题：幼儿教师的职前教育如何适应现代社会需要？幼儿教师的入职教育是否可以走过场？幼儿教师的终生教育如何实现？本节由对幼儿园教师纵向专业发展阶段的理论探讨入手，并着重分析了幼儿园教师职前教育、入职适应和在职成长的阶段性特征，继而阐述了幼儿园教师教育一体化及幼儿园教师专业可持续发展问题，专业发展阶段的探讨旨在厘清幼儿园教师专业的历时性变化，客观呈现不同阶段教师的具体特征及相应需求，并由此为制度建设奠定理论基础。本书认为良好的制度建设必须以幼儿园教师专业发展阶段的理论探讨为前提依据，有针对性地建立与完善相关制度才能最大程度发挥制度的功能与价值。

第三节　幼儿园教师专业发展的基本理论取向

幼儿园教师专业发展的概念界定和内容结构从静态视角明确了幼儿园教师专业发

展是什么以及发展的主要面向和领域，而幼儿园教师专业发展阶段的探究则从动态视角呈现了发展内容的展开过程。以上对幼儿园教师专业发展的理解和认识仍只是一种微观视角或局部理解，事实上，对于教师专业发展，目前学界已有相对成熟的宏观阐释和体系完整的理论建构，基本理论取向即是对"发展什么""为何发展""怎样发展"等基本问题的系统性回答。

理智取向、实践—反思取向和生态取向是幼儿园教师专业发展理论推进到第二个阶段时主要呈现出的三种理论取向，三者因着眼点不同，故对幼儿园教师专业发展呈现出差别化的理解和认识，同时又逐渐走向交叉与融合。

一、各有侧重的幼儿园教师专业发展三种基本理论取向评价

教师专业发展主要历经"组织发展"和"专业发展"两大阶段。其中，"组织发展"阶段出现了谋求教师专业整体社会地位提升的工会主义取向和强调教师入职高标准的专业主义取向，两种取向并行共生、对立共融，构成了教师专业发展的第一阶段。"专业发展"阶段则出现了理智取向、实践—反思取向和生态取向三种并存的理论取向，三种取向立足不同、各有侧重，共同推进了教师专业发展理论的持续深化。

具体到幼儿园教师专业发展，尤其是结合我国学前教育的历史与现状可知，以工会主义取向为代表的"组织发展"阶段并未凸显，相反，我国以正式组织的形式谋求幼儿园教师整体社会地位的提升则更多是出现于强调幼儿园教师个体专业发展之后。同时，幼儿园教师专业发展同样呈现"专业发展"阶段理智取向、实践—反思取向与生态取向并存的态势，并由此构成幼儿园教师专业发展的三种基本理论取向。以下将对目前主要存在的三种幼儿园教师专业发展理论取向进行阐释与评价。

（一）理智取向的幼儿园教师专业发展

理智取向的教师专业发展理论出现时间最早、持续时间最长、影响相对最大，其核心观点即是认为教师的专业发展是教师知识的增长与能力的提升，不断习得教师教学必备知识并逐步提升教师教育教学能力的过程即是教师专业持续发展的过程。对专业知识和专业能力的密切关注和高度重视是理智取向的共同特点。由此，理智取向的重心转向对专业知识和专业能力的内涵界定以及教师获得相应知识与能力的过程把控。事实上，理智取向的教师专业发展能最早被关注，并被无意识地践行具有多方面的复杂原因，其中既包括人类对专业及专业性的习惯性认知，也包括理智取向本身所展示出的可测量、易操作等特征。理智取向的教师专业发展观将抽象的教师专业发展具象化为直观的专业知识获得与专业能力提升，由此为复杂各样的教师培训与学习奠定了理论根基。

基于对专业知识和专业能力强调的共识，倾向教师专业发展理智取向的学者提出了详略不等的多样知识分类体系，其中以 1987 年美国学者舒尔曼（Lee S.Shulman）提出的教师专业知识基础七个范畴影响最大，其突出强调学科教学法知识，该分析框架迅速被众多教师教育机构所接受和采纳，并作为确立教师教育课程体系的理论基础。

同时，诸多学者延续舒尔曼的研究逻辑，对教师专业的知识基础展开了丰富深入的探讨，其中不乏中国学者的付出与贡献。虽然关于教师专业的知识基础研究呈现出多样化的特点，但仍旧存在阶段性的共识。与专业知识一同受到重视的是教师的专业能力，相比于专业知识的客观性、稳定性与基础性，专业能力更多呈现出主观性、情境性、生成性的特点，可简单地把专业能力理解为在具体的教学过程中灵活运用专业知识以达成预期教学目标的能力，是教师必须具备的从事教育教学工作的基本技能。简而言之，理智取向的教师专业发展理论强调教师的专业发展应是不断习得学科专业知识，提升教学专业能力的过程。

幼儿园教师专业发展深受理智取向的教师专业发展理论影响，对幼儿园教师所应具备的专业知识和专业能力给予了高度关注和重视。2012年2月，教育部颁布的《幼儿园教师专业标准（试行）》突出将"专业知识"和"专业能力"作为幼儿园教师专业标准的基本内容，并具体对"专业知识"和"专业能力"进行了界定和分解，由此彰显出对理智取向的教师专业发展理论的认同与践行。同时，理智取向的教师专业发展理论不仅自身存在一定缺陷，且对幼儿园教师专业发展产生某种程度上的现实阻碍。首先，理智取向的教师专业发展理论所强调的专业知识习得和专业能力提升并不能真正完全等同于教师的专业发展，后者的内涵要远远丰富于知识的获得（尤其是当所谓的"专业知识"是由专家提供的时候）。其次，将教师视为一个整体概念而忽视教师群体内部的个体差异同样有悖于教育实际。除此之外，具体到幼儿园教师专业发展，认可"专业知识"和"专业能力"的权威性即是以让渡幼儿园教师专业与否的评判权为代价以获得专业化的认可，简言之，幼儿园教师不再具有评判自我专业性的权力，因为专家所提供的专业知识和专业能力才是成就幼儿园教师专业性的必备条件，由此专家也相应获得了判断幼儿园教师专业与否的决定权，这本身并不是一个利好信号。同时，当前社会对幼儿园教师的专业认同普遍偏低，部分原因即在于认为幼儿园教师所应具备的"专业知识"过于初级与简单，这部分忽视了幼儿园教师所应具备的"专业能力"的多样与复杂，虽然幼儿园教师并不需要具备高深的学科专业知识，但娴熟的专业教学能力必不可少。

（二）实践—反思取向的幼儿园教师专业发展

实践—反思取向的教师专业发展观将教师专业发展的重心由外在的专业知识习得和专业能力提升转向教师个体的自我成长与自我发展，不再致力于寻求教师专业普遍的知识基础和能力结构，而更多强调教师作为一个"人"的完整性，作为一个独立个体的丰富性。支持教师专业发展实践—反思取向的学者队伍庞大，人员众多，所使用的概念、术语及方法之间存在一定差异，但其均呈现出关注教师个体教学实践、强调教师自我成长反思的基本特点，"实践"和"反思"构成了该理论取向的核心词汇，与此相关的"过程""体验""感受""情感""理解""意义"等同样受到重视。某种程度上可以认为实践—反思取向的教师专业发展观与人文主义思潮具有内在的关联性，教师不再作为一个复数、抽象、一般的群体存在，而成为具体、独一、丰富、复杂的个体存在，教师专业发展主要不再是"接受"所谓的"专业知识"，而是基于实践，通过反思更清晰地理解自我、发展自我，并经由教师全人的发展带动实现专业的发展。

幼儿园教师专业发展内在地具有对实践—反思取向的迫切需求，且在现实中已经得以探索与尝试，但同样面临诸多困难，实践效果并不尽如人意。首先，实践—反思取向的教师专业发展观与幼儿园教师的教育教学实践具有较高的契合度。相对于其他学段的教育，幼儿园教育具有更丰富的情境性、更生动的直观性，幼儿园教师本身的教育意义并不低于其传授的客观知识和技能，幼儿本身的爱模仿的天性对幼儿园教师提出了更高的自我要求，身教重于言教尤为明显，这符合实践—反思取向对教师自身的高度重视，且幼儿园教育情境的复杂性和多样性尤其需要幼儿园教师具备不断反思的意识和能力。其次，实践—反思取向的幼儿园教师专业发展观已在我国部分地区和园所得以落实，多样的发展途径与策略得以探索。相对于理智取向重视培养培训的特点，实践—反思取向更多采用以教师为主体，贴近教师专业生活的方式促进专业发展，诸如通过幼儿园教师写日志、传记、文献分析等方式单独进行反思，或通过讲故事、交流、对话、参与式观察等方式与他人合作进行反思等。最后，实践—反思取向的幼儿园教师专业发展理论同样面临来自实践层面的现实挑战。实践—反思取向的幼儿园教师专业发展更多是一种注重积极实践、强调内在反省的主动探究性专业发展，其对幼儿园教师本身具有较高的能力要求，现实中，幼儿园教师普遍专业基础薄弱，自我发展的主观意识不强，且缺乏强有力的外部支持和督促约束，导致教师不愿反思、不会反思。同时，实践—反思取向缺乏行之有效的衡量标准，多数幼儿园教师停滞于对经验的简单总结概括，难以真正提升反思的品质和深度。

（三）生态取向的幼儿园教师专业发展

生态观作为一种普遍的思维方式在 20 世纪 90 年代逐步兴盛，并全面影响到教育的多个领域。生态取向的教师专业发展观即是生态理念在教师专业发展领域的集中体现，其承继了生态观中的系统思维和复杂思维，采取更宏观的视角审视教师的专业发展话题，不再仅仅局限于"发展什么"的内容性问题，而更多关注"如何发展"的策略性问题。与此对应，生态取向的常用术语不再集中于"知识""能力""实践"或"反思"，而更多是"文化""社群""环境"与"合作"，其中尤其是"教师文化"或"教学文化"对教师专业发展具有至关重要的作用。生态取向的教师专业发展观根本上超越了关注教师本身的局限，更多强调教师专业发展的具体过程及与周围环境的持续互动关系，关注学校文化、教师文化、教学文化等多种因素对教师专业发展的积极促进作用，致力于创造一个良好生态体系以有效支持教师专业可持续发展。强调文化引领，聚焦集体合作是生态取向教师专业发展观的核心要义，其有效突破了教师专业发展个体局限，精准契合教育教学实际。

生态取向的幼儿园教师专业发展即是将幼儿园教师个体成长放置于幼儿园文化的整体环境之中，强调良性的园所文化对幼儿园教师的发展价值，关注积极的教师文化对幼儿园教师的促进作用。幼儿园本身就是一个相对封闭的生态系统，幼儿园文化不仅对幼儿发展具有积极意义，且是实现幼儿园教师专业发展的重要载体和资源。事实上，幼儿园教育最早关注生态取向问题并不是在教师专业发展领域，而是分散于幼儿园教育各领域，尤其是课程教学领域。诸多著作，如《走向生态的儿童教育研究丛书》（滕守尧，2010）、《生态式幼儿园区域活动指导》（秦元东、王春燕，2012）、《生态学视野下的学前教育》（薛烨、朱家雄等，2013）、《幼儿园生态式艺术教育的理论与实践》（边霞，2017）等均是对生态取向下幼儿园教育实践的积极探索。生态取向的幼儿园教师专业发展是逐步受到关注和重视的，其中，廖丽娟、黄荣峰从微系统下幼儿教师的专业意识、中系统下幼儿教师的培养模式、外系统下公众对幼儿教师的角色认识及宏系统下国家的相应政策四大环境系统阐述了幼儿教师专业发展的瓶颈，由此尝试创建一个促进幼儿教师专业发展的生态系统环境。对教师专业共同体的研究是生态取向的幼儿园教师专业发展理论的重要构成，专业共同体提供了幼儿园教师相互合作、沟通交流的平台，并以团体文化的形式促进幼儿园教师个体的专业成长。

二、幼儿园教师专业发展制度取向的可能性设想

当前，幼儿园教师专业发展呈现出理智取向、实践—反思取向和生态取向并存的基本态势，三种理论取向对"幼儿园教师专业发展"的理解不同，关注焦点各有侧重，由此导致发展内容和发展方式的差异，其中理智取向侧重关注外在专业知识的习得和预设专业能力的提升，并将其等同于幼儿园教师专业发展本身；实践—反思取向侧重关注教师自我的体验与感受，并将幼儿园教师经由对具体实践反思而实现的个体专业成长视为专业发展；生态取向侧重关注幼儿园教师专业发展的文化因素和环境构成，强调幼儿园文化对教师专业发展的促进价值，重视通过构建良性的幼儿园文化和教师文化以引领幼儿园教师个体的专业发展。另外，个别学者在界定教师专业发展取向时尝试采用用词不同但内涵相近的基本概念，如西南大学刘义兵教授将教师专业发展取向归纳为知能取向、个人取向和文化取向，并试图厘清每种发展取向的主旨、思路及实践路径，就其内涵而言，则基本近似于理智取向、实践—反思取向和生态取向。

三种理论取向各有其存在的必要性与合理性，共同深化了对幼儿园教师专业发展内涵及外延的理解。同时，本书所探讨的幼儿园教师专业发展兼有三种理论取向，既强调以专业知识习得和专业能力发展为核心的专业素质提升，又强调幼儿园教师个体专业的自我成长与自我发展，且重视幼儿园教师专业发展良好文化环境的营造。相应的，传统的培养方式和培训体系是理智取向的典型代表，而实践性知识则是实践—反思取向的策略构成，学习共同体的营造则受生态取向的显著影响。兼容三种理论取向的幼儿园教师专业发展研究有助于形成对其立体而全面的认识，达成精准而适切的理解。

幼儿园教师专业发展的理智取向、实践—反思取向和生态取向基本代表了其理论演进的基本历程与主流观点，同时，为更好地适应我国幼儿教育事业发展的客观现实和加快促进幼儿园教师专业发展，推进构建幼儿园教师专业发展的制度取向必要且可

行。幼儿园教师专业发展的制度取向基于对理智取向、实践—反思取向和生态取向核心观点的肯定，强调不同理念的融合，凸显制度存在的价值，契合我国宏观的教育体制和现实的教育发展。首先，制度取向即是以各种显性或隐性存在的正式与非正式制度为中心构建幼儿园教师专业发展的基本路径。传统狭义上的制度是幼儿园教师专业发展生态系统中的重要构成，但生态取向更关注文化、社群与环境，并没有给予制度足够的重视。而实践—反思取向则过于关注教师成长的个体感受，相对脱离了由各种制度交织影响的现实。其次，聚焦制度符合我国教育体制机制的集中型管理模式，彰显制度在现实教育管理中的广泛性、基础性作用，且深化制度改革，强调制度对幼儿园教师专业发展的引领作用也将是未来一段时间改革的重心。最后，制度既是幼儿园教师专业发展的重要外部环境，也是幼儿园教师专业发展的关键教育资源。准确界定制度概念，有效梳理制度与幼儿园教师专业发展的关系是开展后续深入研究的前提与基础。

第三章 幼儿教师专业
发展的影响因
素与现实困境

第一节　幼儿教师专业发展影响因素

幼儿教师在当今社会的专业认同感不高、社会评价低、工作强度大、职前的专业教育不够完善，严重地制约了幼儿教师的专业发展，致使幼儿教师的专业发展陷入困境。

一、幼儿教师专业发展存在的问题

教师的专业发展包括专业发展意识、专业发展动力、专业知识技能等多个方面。幼儿教师的专业发展在诸多方面存在问题。

（一）专业发展意识淡薄

教师专业发展意识是教师对自身专业发展的态度和认识，表现为一种自觉的专业发展规划意识。专业发展意识强的教师更多地表现出对自身发展的主动和积极，能自觉地将自己过去的表现、今天的水平和今后的发展需求结合起来，思考未来发展的目标和措施，并积极行动。幼儿园教师普遍年轻化，没有专业发展的概念和意识，在幼儿园工作也是临时干干，等有机会再跳槽的心态很普遍，加上客观条件的限制，幼儿教师专业发展的意识普遍淡薄，缺少职业追求。

（二）专业发展动力不足

教师专业发展动力是教师意识到的、促使其采取行动实现专业发展的内外因素的总和。除了极少数办学规范、条件好的幼儿园，多数幼儿园教师流失现象严重，队伍不稳定，专业素质高会跳槽，加上工作条件艰苦、待遇水平低，多数对现状表现出不满但又无可奈何，他们能按部就班完成任务就不错了，至于个人的专业发展，既没有动力也没有压力，缺乏进取精神，安于现状，得过且过。

（三）专业发展信念偏颇

教师专业信念是指教师自己选择、认可并确信的教育观念。宏观上，教师的专业信念包括教育观、学生观和教育活动观；微观上，主要是关于学习者和学习的信念、关于教学的信念、关于学科的信念、关于学会教学的信念和关于自我和教学作用的信念等。幼儿园教师受到教育程度的限制，加上工作环境的影响，多数在专业信念上存在偏颇。

（四）专业发展资源匮乏

当前公办幼儿园还是少数，私立幼儿园占主导地位，由于投入不足，幼儿园能提供给教师的学习资源非常有限。

（五）专业发展组织氛围缺失

良好的组织氛围是教师专业发展必不可少的环境条件。当前多数幼儿园基本上都没有形成有利于教师专业发展的环境氛围，领导也不重视，不能为教师发展创造条件和机会。

此外，幼儿教师在教育理念、专业知识和专业技能等方面与现实的要求也有很大的差距。

二、幼儿教师专业发展的制约因素

幼儿园要实现内涵发展，必须依赖教师队伍的专业发展，然而由于目前幼儿教育队伍存在专业素养差、综合素质偏低、教研能力欠缺，职业倦怠现象突出，敬业、奉献精神有待加强等诸多问题，极大影响了教师的专业发展，制约了幼儿教育质量和水平的提高。

（一）专业素养偏低，综合素质不高

幼儿教师是一个特殊的群体，大多是女性，她们大都是初中毕业后接受幼儿师范、普师或职中教育。由于缺乏应有的职业训练和实践提高的有效机制，不少幼儿教师不仅专业知识不够深厚、专业技能不够扎实，而且在教育理论素养和职业道德方面存在不足。

（二）奉献精神缺失，敬业精神不强

幼儿教师的专业成长离不开良好的职业道德和敬业精神，然而在市场经济和社会转型时期的一些负面因素的影响下，部分教师出现了拜金主义和享乐主义思想，安于现状，不思进取。过多地把对物质的欲望看成是工作的动力，把教学工作仅仅看作是谋生的手段，斤斤计较于付出与报酬间是否平衡，工作起来没有动力，正是基于这种思想，导致她们的敬业奉献精神出现了缺失。

（三）职业倦怠现象突出，缺乏职业幸福感

有关研究表明，职业倦怠最容易发生在助人行业的从业者身上，教师职业作为一种典型的助人行业，也不例外。幼儿教师一般要全面负责某个时段所带幼儿班的各项工作，要时刻组织幼儿的学习、生活、游戏等活动，还要照顾幼儿的吃、喝、拉、撒、睡等各种琐碎的事情，任务全面、细致、烦琐。幼儿数量又多，安全工作时刻不能懈怠，家长要求易变，又常常超出实际，工作稍有疏忽就找麻烦。这些都容易给幼儿教师带来工作压力和心理压力，使她们没有职业安全感和成功感，部分教师出现了职业倦怠，这已经严重影响到她们的工作、生活和身心健康，阻碍了她们的发展。幼教专家凯茨指出：幼儿教师的专业成长一般要经过四个基本阶段。一是为本专业生涯的生存而适应的阶段；二是具备了适应专业能力的阶段；三是开始厌倦与儿童一起做同样事情的阶段；四是本专业的相对成熟阶段。这也意味着职业倦怠似乎是幼儿教师难以逾越的现象，需要引起广泛关注。

（四）教研能力欠缺，教育理念理解不到位

教师的专业成长离不开教育科学研究，正是由于脱离了科学研究使幼儿教师失去了应有的学术声誉和专业地位。有许多幼儿教师不仅教育理论素养不高，同时还缺乏

实践中的深刻反思和积极探索，以至于对幼儿教育存在各种问题与困惑，难以运用教育理论进行理性思考和深入分析，难以探究其问题的成因、条件及解决途径。教研能力的乏力，常常会使幼儿教师对幼教问题失去敏感和兴趣，阻碍了其教育理念、认识水平和教育能力向更高层次提升，使幼儿教师自我提高常显得心有余而力不足。

第二节　幼儿教师专业发展的现实困境

幼儿教师在社会中的专业认同度不高给幼儿教师的专业发展带来了不利影响。职前教育方面，幼儿师范学校在结构调整中出现了各种新问题，幼儿教师职前教育理论也缺乏深入研究。在职成长方面，存在着幼儿园经济取向的经营理念、幼儿教师超负荷工作导致的职业倦怠以及幼儿教师的素质局限等制约因素。政府、幼儿教师教育机构和教师自身都要付出努力来促进幼儿教师的专业发展。

一、幼儿教师在社会中的专业认同度不高

幼儿教师的专业发展是随着教师专业化水平提高而受到关注的，但幼儿教师在社会中的专业认同度不高。人们把幼儿教师看作一个职业，却没有把幼儿教师看作一个专门化的职业。不少人认为当好幼儿教师的关键是要有爱心，不需要经过专门的训练和教育，也不需要专门的知识和技术。幼儿教师工作报酬低，职业声望也不高，甚至还被称作"高级保姆"。

造成这种现象的原因是多方面的。首先，教师的专业地位还没有完全确立。人们对教师是不是一个专业性职业还没有形成共识。1996年，国际劳工组织和联合国教科文组织发表的《关于教师地位的建议》，虽然赋予教师专业性职业的地位，但并没有确认教师就是专业性职业，只是提出"教师的工作应该被看作是专业性职业"。其次，幼儿教师有它自身的特殊性。幼儿教师作为教师类别的历史比较短，最早的幼儿社会教育机构也是在工业革命后才产生的。而且，无论是西方还是在中国，对早期幼教师资的称呼都是"保姆"。今天，虽然幼儿教师有了教养员和保育员之分，但比起中小学和高校教师的分工来说，幼儿教师的分工很粗，门类很少，加上幼儿自理能力差需要照顾，幼儿教师的劳动比较琐碎、辛苦，而"学高为师""体脑分工"的传统定势对人们职业评价的影响很深，也就使得幼儿教师的社会专业地位较难得到认同。第三，政府和社会对幼儿教师专业发展的支持力度不够。专业地位的获得主要取决于专业自身的发展进步，但政府的政策和制度保障是非常必要的。过去，幼儿园属于国家、集体、企业和事业单位管辖，幼儿教师享有计划经济体制下一定的政治、经济和用人制度方面的待遇，幼儿教师的职业吸引力比较强，社会地位也比较高。幼儿园办园体制改革后，多数省市的幼儿教育行政管理机构被撤并，很多企业和事业单位的幼儿园被"剥离"，不少幼儿园找不到"婆家"。而且，长期以来，国家对幼儿教育的投入明显不足，

国拨经费仅占幼儿园教育经费总数的 1.3% 左右，不但远远低于对九年义务教育的投入，也远远低于对其他非义务教育的投入。如此等等，都直接影响了幼儿教师的社会地位和专业认同度。

幼儿教师在社会中的专业认同度不高，难以吸引优质生源，直接导致学前教育专业的生源质量下降，专业思想得不到巩固，也给幼儿教师的在职成长埋下了隐患。

二、幼儿教师职前教育还有待完善

（一）科学合理的幼儿师范教育体系还没有完全形成

目前，以各种形式存在的中等幼儿师资教育与培训机构主要注重专业技能，处于低水平发展阶段；较成熟的高师本科学前教育主要培养研究型人才，重理论轻专业技能；两者兼顾，既注重理论更重视专业技能的幼儿师范专科教育发展历程不长，相关的教育规律还在探索中。这种格局，说明科学合理的幼儿师范教育体系还没有完全形成。

高师学前教育本科方面，原来主要是为幼儿师范学校培养师资，但这个培养目标现在需要重新定位。一方面是幼儿师范学校的教育理论类师资需求并不十分紧迫，而且很多幼儿师范学校对师资的学历要求也在提高；另一方面，高师学前教育的研究生越招越多，再过一两年就完全能够满足甚至超出幼儿师范学校的师资需求。这样，高师学前教育专业不得已将专业培养目标定位在一线幼儿教师，但这样的定位存在实际的困难。

对幼儿师范学校来说，它历来是幼教师资培养的中坚力量。在结构调整中，有的幼儿师范学校并入了高师组成了学前教育学院，有的独立升格成了专科学校，有的与其他学校一起组建了职业学院，还有的维持现状。这样，原来幼师学校的性质大不相同了，有的归口到了师范教育类，有的归口到了职业教育类。学前教师教育的学制也愈加多样，有四年制本科，有高中起点的三年制专科，有对口招生考试的两年制专科，有五年一贯制专科，还有三年制中专。各种各样的开办学校，各种各样的学制，出现了许多现实问题，目前对此还缺乏协调配合和共同研究。

对幼师职业中专或开办幼儿教育专业的其他学校来说，除了设施、设备不足以外，最大的问题就是师资。这些学校往往只有极少甚至没有学前教育专业毕业的专业教师，而学前教育专业即使是最基本的"三学六法（或五大领域）"，也有近十门学前教育专业的教育类课程，一个或几个专业教师打通关是无法保证教学质量的，结果往往是把学前教师教育等同于弹、唱、跳、画等技能训练。

还有一点值得注意的是，由于农村幼儿教育发展滞后，幼儿师范院校学生的毕业走向主要是大中城市，即使是从农村招到的学生，也很少回到当地。很多农村幼儿教师是初高中毕业生和中小学布局调整出来的老师，没有受到过正规的学前师范教育。

（二）对幼儿教师职前教育理论还缺乏深入研究

在结构调整过程中，各类学校都在着力解决自身出现的问题，虽然也组织过共同的讨论和研究，但幼儿教师职前教育还有许多理论和实践问题亟待深入研究。例如：学前教育的专业特性是什么，什么样的幼儿教师是专业化的幼儿教师，幼儿园真正需要什么样的教师；幼儿教师要不要分类定向培养，如果要分类定向应该分哪些类，各类学校应该怎样分类定向；各种学历层次和类型的幼儿教师的素质标准是什么；如要分类培养，原有的课程、教学模式要做哪些调整；哪种培养模式的培养效果最好；幼儿教师教育与幼儿教育实践的关系如何处理等。这些问题不处理好，也是不利于幼儿教师专业发展的。

三、幼儿教师在职成长难以取得理想效果

在职成长在幼儿教师的专业发展中起着关键的作用，但现实中有许多因素制约着幼儿教师的在职成长。

（一）经济取向的幼儿园经营观念不利于幼儿教师的专业成长

当前我国幼儿教育事业的总体特征是办园模式多元化，经营成分日益显现，市场竞争机制逐渐形成，幼儿园开始追求办园效益最大化。在经济利益的驱动下，一些幼儿园管理人员和教师的行为出现了明显的转变。管理者的价值观和关心的问题从教育角度转向经济的角度，往往以预算、市场、企业家式的活动和效率动机为导向，幼儿园成了企业，幼儿没有被当成教育对象，而是被当成了幼儿园的收入来源，一些幼儿园的班额远远超过了《幼儿园工作规程》的要求，而园方还在想方设法地接收幼儿入园。教师也往往因为幼儿园的经营效益与切身利益息息相关而开始接受这种以经济为导向的经营观念，放弃原有的教育价值观。一些幼儿教师也因为追求较高的工资待遇而频繁跳槽或改行。工作不稳定对专业成长自然是不利的。

还有些幼儿园开办者自己不懂幼教，纯粹是为了经济利益来办园，因此完全把经济效益放在首位，不重视幼儿的发展，不重视师资队伍的建设，不愿聘请优秀教师，也不愿意接收正规的幼师生，甚至尽可能压低聘用教师的工资来获取利润。在这种情况下根本没法谈幼儿教师专业发展的问题。

（二）超负荷工作任务导致幼儿教师产生职业倦怠

幼儿教师一般要全面负责某个时段所带幼儿班的各项工作，任务全面细致，幼儿数量又多，家长要求易变而又常常超出实际，这些都容易给幼儿教师带来工作压力。近年来，幼儿园又纷纷进行内部管理改革，实施责任制管理，推行上岗聘任制、岗位责任制、结构工资制和考核奖惩制，将考核与工资、福利、聘任、奖惩等各项制度挂钩，使考核趋于经常化、制度化。有的幼儿园经常对教师工作进行随机抽查，有的幼儿园则干脆装上了监控设备。虽然责任制管理使幼儿园的管理更加有序、规范，提高了管理效益，但幼儿教师身上的任务和职责越来越多，责任越来越重，心理压力越来越大，工作的自主性、灵活性和创造性则越来越少，一线幼儿教师普遍感觉到累，容易产生职业倦怠，没有职业的成功感。尽管很多幼儿园都开展了园本教研、园本培训，但教师往往只能疲于应付，当专业发展不是源自幼儿教师自身的内在动力，而是一种

外在责任时，园本培训的效果自然不会理想。

（三）幼儿教师的素质不适应专业发展的要求

近年来，虽然幼儿教师的学历通过各种途径得到了明显的提高，但大多数幼儿教师是初中毕业后开始学幼教，文化基础不够厚实，整体素质还不够高，对幼教工作缺乏自己的理解和认识。幼教实践中出现的各种现象说明了这一点：很多活动是为活动而活动；幼儿园跟风现象严重；依赖园长和专家，乐于开展园本课程研究但实际上没有新意；幼儿园跟着家长跑而不是引导家长等。在专业认同度较低、职前教育不够完善的情况下，提高幼儿教师的整体素质实在是一个难题。

要走出幼儿教师专业发展的困境，需要各方面的共同努力。最关键的是，政府要重视幼儿教育，把幼儿教育作为政府的责任，真正纳入当地社会发展的整体规划之中，通过学前教育立法、设置幼教管理机构、将幼教财政投入制度化、实施幼儿教师资格证书制度、把幼儿教师纳入中小学教师编制等措施来保障学前教育的发展，提高幼儿教师的社会地位和职业吸引力。当然，各类幼儿教师教育机构和幼儿园自身更要大力改进自己的工作，以提高幼儿教师的素质和专业水平，促进幼儿教师的专业发展。

第四章 幼儿教师专业发展理论与规律研究

第一节 幼儿教师专业发展的理论审视及启示

幼儿教师专业发展受到了自身和环境多方面的影响。基于教育学、心理学角度，可以对幼儿教师专业发展做出多角度的解读。终身教育理论将教育者理解为处于持续成长中的学习者；职业生涯管理理论从工作体验和生活感悟相结合的角度来理解人的自我实现；建构主义理论将幼儿教师获得知识的过程理解为认知发展的过程。研究这些理论，有助于我们更好地理解幼儿教师专业发展规律，寻求促进幼儿教师专业发展的策略。

一、终身教育理论及其对幼儿教师专业发展的启示

（一）终身教育理论概述

《学会生存——教育世界的今天和明天》一书中曾提出"唯有全面的终身教育才能够培养完善的人"的观点，当前全世界已经形成了"人人是学习的主人、事事是学习的课题、时时是学习的机会、处处是学习的课堂"的终身学习理念。其实质就是不断造就人，不断拓展和发展人的知识和才能，不断培养人所应有的文化判断能力和行为能力。

（二）对幼儿教师专业发展的启示

对于幼儿教师而言，终身教育就是幼儿教师的存在状态。幼儿教师承担着优秀文化继承与发展的使命。幼儿教师面对着新的教育理念的挑战，面对着新知识的困扰，面对着新教学方法的冲击。这是幼儿教师职后教育现实的需要，也是幼儿教师自身发展的需要。为了满足这种需要，幼儿教师始终都要树立终身学习的意识，要有一种提高自身学习的紧迫感，面对教学改革千变万化的危机感。

1. 幼儿教师专业发展的终身性和阶段性

幼儿教师应树立终身学习的意识，成为主动的终身学习者，借助多种学习渠道，包括主体体验式等方法，并以相应的后续活动和实践环节进行辅助。专业发展的过程就是幼儿教师主动学习、不断解决问题的过程，是职业理想、职业道德、教育实践能力、教育经验等不断成熟、不断提升的历程。随着终身教育理念的渗透，幼儿教师教育也应全面考虑幼儿教师专业发展的需求，实施职前和职后一体化教育，让幼儿教师能受到连贯的、一致的终身教育，而同时也应考虑幼儿教师在职业发展不同阶段教育内容的差异性。

2. 幼儿教师教育应形成开放的教育体系

在终身教育理念指导下对幼儿教师职前培养、任职培训和在职进修的综合构想，是对我国幼儿教师培养由师范院校单独承担转向多元开放格局后确保幼儿教师质量的整体设计。

逐步形成一个开放交流的适合幼儿教师专业发展的教育体系，其应以师范院校为主体、综合大学为补充，各类社会机构参与。这就要求打破以往幼儿教师教育管理中的条块分割体制，建立统一的管理体制和领导模式，继续加大幼儿教师职后培训的财政投入，实现日常教学与幼儿教师的学习进修、学历教育与非学历进修、制定培训与自主学习之间的统一与平衡。

3.进一步完善幼儿教师教育的保障机制

现代教育体系的运行要有一个良好的外部环境，终身教育也必须有一个强有力的保障机制。为保证幼儿教师的教育质量，促进幼儿教师的专业化发展，幼儿教师教育质量保证体系中，主要涉及幼儿教师教育机构的准入认可制度、幼儿教师资格证书制度以及幼儿教师培训者的培训制度等。进一步加强在制度、经费、评估监督方面的建设，加快终身教育规范化、制度化建设的步伐，逐步形成对幼儿教师教育的行政监督体系。

二、职业生涯管理理论及其对幼儿教师专业发展的启示

（一）职业生涯规划理论概述

职业生涯管理属于人力资源管理范畴，指个人和组织对职业历程的规划、职业发展的促进等一系列活动的总和，它包括由个人主动进行的自我职业生涯管理和组织主动实施的组织职业生涯管理。其中自我职业生涯管理就是个人根据自己的实际状况，对所从事的职业及职业发展中要达到目标等所做出规划，并且为了实现目标进行自我管理、自我提升的过程。组织职业生涯管理是指组织从个体的职业发展需要出发，有意识地将其与人力资源规划联系协调起来，为成员提供专业发展的机会，并且支持成员专业发展所需参加的活动，以最大限度和可能调动成员工作积极性，在实现成员的职业目标的同时实现组织可持续发展。

（二）对幼儿教师专业发展的启示

职业生涯管理理论为深入研究幼儿教师的专业发展指明了新方向。幼儿教师的职业生涯管理是指幼儿教师、幼儿园在互相了解的基础上，共同努力对其职业生涯进行一系列的规划、执行、评估、反馈和调整等综合性的动态活动。职业生涯管理的目标就是要极大可能地挖掘每一位幼儿教师的职业潜能，基于个体自由、全面的发展来促进幼儿园的发展目标，从而保证幼儿园的可持续发展和幼儿教师专业发展的"双赢"。

1.幼儿教师的专业发展是主动的自我发展

幼儿教师专业发展的基本点是专业意识的觉醒，主体的内省、自主、自为，并主动"自我更新"，这是幼儿教师专业发展主体内部的建构过程。幼儿教师能基于自身，制定适合自己的专业发展目标和计划，选择需要的学习内容，并且有意愿、毅力付诸实施，在此过程中，其最基本的动力是幼儿教师应有的强烈自觉意识。但是，当前幼儿教师背负着重重压力，出现职业倦怠现象，对其工作、学习和生活造成不良影响。因此，幼儿教师应当主动保护专业发展这个"机体"。从专业沉睡、专业茫然到专业认

同、专业理解、专业反思、专业自省，这是一个逐渐自觉的过程，它需要幼儿教师群体的不断追求、反思、超越，这正是《幼儿教师专业标准（试行）》内在功能价值导引所在。

2.幼儿教师的专业发展还需要得到组织和社会的支持

除了有自主发展的意识，幼儿教师的专业发展还需要得到外界力量的支持。首先，幼儿教师的专业发展需要幼儿教师共同体的滋养。幼儿教师共同体是基于共同的理想、目标和愿望自愿组织的，通过合作对话、分享等活动来促进幼儿教师专业发展的团体。在专业发展共同体中，幼儿教师通过相互间的合作交流，形成了共同的信念、规范，参与到组织的决策中，促进组织和个人的共赢。此外，幼儿园要引导幼儿教师的专业发展。为了有效地培养幼儿教师，应增强幼儿教师的自我效能感、职业幸福感，避免职业生涯中的"天花板效应"。幼儿园还可以通过完善职业生涯管理制度、幼儿教师培训体系、绩效管理制度等措施引导幼儿教师的专业发展。

三、建构主义理论及其对幼儿教师专业发展的启示

（一）建构主义理论

建构主义的基本含义主要是指关于知识的本质、知识的获取和学习的本质的一系列认识与解释的理论。建构主义强调个体主动建构，在已有知识经验的基础之上个体加工信息的方式。建构主义强调，知识技能只有在特定的情境中运用才能获得社会价值，情境有其非常突出的地位。只有在社会交往中，在互相交流、对话和互动的过程中，个体才能实现个体价值。

（二）对学前幼儿教师专业发展的启示

建构主义强调，知识的加工方式即是个体的主动建构，所以认为个体在学习的过程中应该具有积极性、自主性和反思性，提倡自导式学习。幼儿教师只有让自己的新旧知识与已有的经验保持持续的相互作用，才能实现观念转变、知识结构的完善与重组，才能感受到探索和创新的无限魅力，才能体会到教育教学工作的乐趣。

1.自导式学习是幼儿教师专业发展的重要方式

幼儿教师在学习时应是自主、自觉的，要养成良好的学习习惯，增强学习的自主性，从而促进自身更好地发展。同时，幼儿教师在学习中，也要时刻注意结合自身已有经验，要把"已有"知识与"新"知识联系起来，更新已有的知识，发展形成自身独特的知识结构。此外，幼儿教师教育的各个阶段中，教育机构要有意识地培养幼儿教师的自主学习能力，激发他们的学习热情，促使他们养成进行自导式学习的兴趣和习惯。幼儿教师只要具备了自我学习能力，在离开了师范学习和教师培训之后，还是能够获得不断发展的机能。

2.幼儿教师的专业发展是一个融入其工作持续努力的过程

幼儿教师的专业发展是一个融入其工作的过程，也是一个需要持续努力的过程。幼儿教师的专业发展离不开教学实践，幼儿教师必须把自己的专业发展和自己的工作

紧密联系起来,通过不断的实践、不断反思来积累和建构自己的知识与能力,从而获得和生成各种教育智慧。因此,幼儿教师只要把自己的每一次备课、上课、说课、听课、评课,每一次的阅读,每一次与同事的合作和交流等都当作是一个学习和提高的机会,就能逐渐积累自己的专业知识,逐渐提高自己的专业技能,逐渐丰富自己的教育智慧,最终达成自己的专业发展目标。

3. 在学习共同体中实现学前幼儿教师个体和群体的专业认同感

幼儿教师专业发展的理想环境应是基于学习共同体在幼儿园的教育场景中的协作、交流和意义建构。首先,建立幼儿教师专业发展共同体,促进幼儿教师的专业发展。它在一定程度上给幼儿教师提供了进行专业知识结构、专业技能自我鉴定的机会,它可以使幼儿教师的注意力与专业紧密联系,有助于保持幼儿教师对自己所从事工作的专业认同感。其次,幼儿教师们学会敞开心扉,开放课堂,通过研究教学案例等活动,构建幼儿教师间坦诚的、相互学习的同事关系,并能保证幼儿园的教育教学研究作为幼儿园发展的中心任务顺利完成。因此,幼儿园管理者要根据幼儿教师的专业发展需要,在尊重幼儿教师意愿的基础上建立多种形式的学习共同体,以发挥专业共同体对于幼儿教师专业发展的促进作用,同时也能营造出幼儿园合作文化和氛围。

除了以上三个理论外,还能从人的全面发展学说、多元智能理论、学习型组织理论、人类发展生态学理论、人本主义心理学理论等得出对幼儿教师专业发展的启示。除教育学、心理学视角外,如果我们综合运用社会学、经济学、伦理学、文化学等学科视角,如社会学视角——社会分层和社会流动要有利于切实改善与提升幼儿园幼儿教师的社会地位;经济学视角——学前教育作为一种社会公共产品,在资源供给上政府应该遵循"公平优先,兼顾效率"的原则;伦理学视角——幼儿园幼儿教师职业倦怠现象应该引起高度关注;文化学视角——幼儿园幼儿教师的"工艺、技术和学识"不足,需要得到优先补偿等,可以更全面、更深入地揭示幼儿教师专业发展的本质与规律,有助于我们更好地处理幼儿教师专业发展的实践问题。

第二节 学前教育教师专业发展的阶段及主要特征

2018 年,由中共中央、国务院发布的《全面深化新时代教师队伍建设改革的意见》(以下简称《意见》)明确了"兴国必先强师"的发展思路,高度肯定了教师对国家富强、民族振兴、人民幸福的影响作用。《意见》中提出了"全面提高幼儿园教师质量,建设一支高素质善保教的教师队伍"是新时代学前教师队伍建设的一大任务。学前教师作为学前教育的主要引导者,其专业发展水平直接决定了学前教育的质量。因此,笔者拟从学前教师专业发展的内涵和阶段界定入手,探讨学前教师各个专业发展阶段的特征,并以此提出各个阶段教师专业发展的重心,望能响应新时代教师队伍建设的号召,为学前教育部门、幼儿园管理和学前教师的专业发展去向提供一些建议。

一、学前教育教师专业发展的内涵

要分析学前教师专业发展的内涵，首先要追溯到"教师专业发展"的概念研究。霍伊尔（Hoyle，E）认为，"教师专业发展是指在教学职业生涯的每一阶段教师掌握良好专业实践所必备的知识和技能的过程"。佩里（Perry，P）认为教师专业发展意味着教师个人在专业成长中增强信心、提高技能、不断更新任教知识和强化个人课堂表现的归因意识。叶澜将教师专业发展理解为教师的专业成长或教师内在专业结构不断更新、演进和丰富的过程。卢乃桂则将教师专业发展定义为教师不断成长、不断接受新知识、提高专业能力的过程，它包含教师在生涯过程中提升其工作的所有活动。不难看出，以上学者将教师专业发展视为一个专业知识、专业技能和专业情感的不断完善和丰富的过程。

2012 年我国教育部颁布的《幼儿园教师专业标准（试行）》（以下简称《专业标准》）中将专业理念与师德、专业知识和专业能力作为衡量幼儿教师专业标准的三个维度。那么，结合国内外研究结论和《专业标准》的精神，本人认为，学前教师专业发展是职前、职后学前教师持续不断地完善自身的专业理念和师德、增长自身的专业知识和提升自身的专业能力以达到符合幼儿园教师专业标准的过程。

二、学前教师专业发展阶段的界定

富勒在 1969 年就编制了《教师关注问卷》并展开调查，从而揭开了教师发展阶段的研究序幕。他认为，个人到教师的历程须经过教学前关注、早期生存关注、教学情境关注、对学生的关注等四个阶段。之后，以伯顿为代表的学者提出了教师生涯循环发展阶段，包括求生阶段、调整阶段和成熟阶段。费斯勒在他提出的动态教师生涯发展论中将教师专业发展细分为职前教师阶段、导入阶段、能力建立阶段、热心和成长阶段、生涯挫折阶段、稳定和停滞阶段、生涯低落阶段、生涯退出阶段等八个阶段。

我国学者在国外研究的基础上，结合本国教师的具体情况，从不同角度提出教师的专业成长阶段。代表性的有陈琴、庞丽娟等人从职前到职业成熟度角度提出的五阶段论：准备阶段（师范教育）、求生阶段（任职头一两年）、巩固阶段（任职第三四年）、更新阶段（任职第四五年）和成熟阶段（四五年后）。卢真金以高校师范生毕业为起点，以教师成为真正意义上的教育家为终点，提出教师专业发展阶段经历适应、定型、突破、成熟和智慧五个阶段。姜勇等人则从"教师关注"到"教师自主"的角度，在2004 ～ 2006 年期间对上海市 206 名幼儿教师进行了问卷与访谈调查，总结了教师发展经历了五个阶段：新手—动机阶段（工作 1 年以上）、适应—观念困惑阶段（工作 2 ～ 5年）、稳定—行动缺失阶段（工作 6 ～ 10 年）、停滞—缺乏动力阶段（工作 11 ～ 15 年），以及更新—动机增强阶段（工作 16 年以上）。

以上国内外学者虽然从不同的角度诠释教师专业发展阶段，但仔细观察不难发现，教师专业发展阶段基本由职前时期、初任时期、成熟时期和突破时期构成。因此，在参照这些理论的基础上，再结合学前教师具体的工作特征，可将学前教师专业发展划分为四个阶段：准师型阶段（职前师范教育）、新手型阶段（任职 5 年内）、熟手型阶段（任职 5 ～ 15 年内）、专家型阶段（任职 15 年以上）。

三、学前教师专业发展阶段的特征

（一）准师型阶段：夯实专业基础

准师型阶段指职前学前教师（学前教育专业师范生）在高等院校或幼儿师范学校接受学前教育专业的学习阶段。师范生由于脱离幼儿园这个实际环境接受在校教育，而导致社会经验的不足，幼儿教育的实践能力也受到限制，因此，这一阶段学前教师专业发展的重心是打好专业知识和专业能力的基本功，为专业理念与师德的形成创造良好的理论和实践基础。

1. 科学设置学前教育专业课程体系

各级各类承担学前师范教育的机构要领会学前教育政策精神，依据《专业标准》中的具体指标和《教师教育课程》的课程设置要求，优化学前教育人才培养方案，着重建立科学有效的课程体系，均衡设置公共基础课程、专业核心课程与专业拓展课程，理论课程与技能课程要建立有机联系，相互渗透，形成优化组合，避免"重理论轻技能"或"重技能轻理论"。要适当增加教师心理健康教育、思想道德教育等有利于提升学前教师专业理念和师德的课程。同时，以丰富的课外实践活动辅助或渗透于各学科的教学中，用以增强和检验教学效果，如建立丰富的社团组织，定期组织弹、唱、说、跳、绘等技能活动，或举行片段教学、说课或教学模拟、幼儿教师职业素养测评、幼儿园班级管理技能、多媒体课件制作、环境创设或教玩具制作等比赛活动，通过多样化的教学方式，诱发师范生的学习动机，在丰富多彩的实践活动中进一步验证和提升自己的专业素质水平。通过以上这些措施，帮助师范生系统性地掌握学前教育的基本理论和教学技能，了解学前教师的职业特点和要求，形成初步的职业认同和专业理想情怀，为就职后成为一名德艺双馨的教师打好基础。

2. 制订分层次、阶梯性的见习、实习和研习计划

学前教育专业中的实践教学与专业课程是相辅相成、相互渗透的，应将它们放在同一背景中一起考虑。时间上，应将教育见习和实习贯穿于大学整个教育过程中和渗透至相应课程的教学实践中。层次上，分析各个年级的课程设置、教学进度和学生的情况，根据"最近发展区"理论，制定能促进学生发展水平的见习、实习和研习目的、内容和评估要求。内容上，依据各个年级学生的专业发展要求，设计有助于培养师范生专业理念与师德、专业知识和专业能力的实践目标、实践内容与实践形式，以此达到有效衔接师范生在校的理论学习与下园的实践教学，提前了解幼儿园的工作特点，萌发初步的职业憧憬和责任感，为职后更好地胜任岗位工作搭好桥梁。

（二）新手型阶段：顺利完成学生到教师的角色转换

新手型阶段指学前教师完成职前师范教育，具备幼儿教师资格，在幼儿园从事教

学工作5年内，是逐渐完成学生到正式教师角色过渡的阶段。这个阶段教师的工作内容和责任与有经验的教师并无区别，但缺乏成熟的实践经验。美国教育学家布什（Bush）的研究发现，教师第一年的教学实践对他以后40多年的教学生涯的教学态度有重要影响。影响教师教育信念形成的是他们最初受教育时所经历的教育教学经验以及最初加入教育行业的1～5年，其中第一年尤为重要。所以这个阶段是学前教师适应幼儿园教育教学工作的关键时期，也是形成职业认同和价值取向的转折期。这是因为学前教师的部分专业理念与师德认识、专业知识和能力可能会在这个时期遭受"现实的冲击"——职前教师由于缺乏实际工作经验，无法有效处理幼儿园各种不同情境的问题，在思想和心理上出现偏差的现象。而学前教师能否顺利完成角色的转换，是否有专业可持续发展的动机则取决于他们能否应对这些冲击。

1. 协同在岗育人，为教师成长营造支持性环境

首先，地方行政部门要协同幼儿园深入了解新教师成长的困境以及真实需求，建立职前职后教育有效衔接机制，如在新教师入职前后及时进行有针对性的入职教育培训，通过专家引领、经验分享、参观学习、名课观摩、问题研讨等丰富的形式，着重帮助新手教师进一步完善专业知能、加深对幼教职业的理解与认识、形成正确地对待幼教工作的态度和行为，唤醒教师的师德意识，以此增强学前教师的职业信心和职业资质，加强他们的教学能力，让他们尽快融入幼儿园的工作氛围。其次，建立幼儿园专业发展共同体。专业发展共同体是在幼儿园内部成立的，通过集体备课、说课、磨课、评课等分享活动来提升教师专业发展水平的一种学习型组织。这个需要幼儿园首先构建高效的教研团队，形成以老带新的共生、分享和和谐发展的团队氛围，鼓励教师之间多交流、合作，以开放乐观的心态融入组织，使新手教师在"互助共赢"的氛围中自然地提升自身的专业素质。

2. 采用适当的激励方法，让教师形成归属感和凝聚感

幼儿园要研究新手教师的心理特点，建立有效的精神激励机制，促使新手教师尽快适应工作岗位，提升保教水平。具体的策略有：首先是心灵交流激励法。幼儿园管理者要阶段性地开展新教师座谈会，认真倾听教师的真实想法，感知教师的窘境，指引新教师在工作中要善于多听、多想、多做，树立"只要学下来了，工作就轻松了"的思想。其次是竞赛评比激励法。幼儿园可在教师新上任时宣布竞赛评比方案，如班级活动评比、教师基本功竞赛等，有意引导新手教师为了实现自己的价值，不断努力地投入工作，在这个过程中，慢慢积累保教经验；同时，通过与他人的比较，也能更加客观地评价自己，发现自己的不足，进行自我反思和完善，从而逐步提高自身的专业发展水平。

3. 提供职业咨询，指导教师做好专业发展规划

幼儿园管理者要有意识地为教师提供职业咨询服务或援助，可聘请相关专家为新手教师提供长期的、系统的、阶段性的职业生涯规划指导，从而提高新手教师的专业规划能力，并为教师认识和判断自身专业知识和能力能否适应幼儿园实际教学需要提

供测评方法，在此基础上制作 SWOT 分析模型——将与自身职业相关的各种主要内部优势（S）、劣势（W）和外部的机会（O）、威胁（T）等，通过自评和他评的方式列举出来，用系统分析的思想，把各种因素相互匹配起来加以分析。根据分析结果为自身制订 1～3 年内的成长规划，以《专业标准》和幼儿园教师评价方法为标准，通过个人目标管理和 PDCA 管理模式，将长期目标分解为短期目标，再分解为具体某个活动的目标，通过"计划—执行—控制—总结（PDCA）"等步骤实施，逐层自下而上突破目标，并不断根据执行情况调整规划，使其逐渐符合个人专业成长的实际要求。

（三）熟手型阶段：走出职业高原困境

熟手型阶段指学前教师任职 5～15 年内，由于经过较长时期的教育实践，其专业知识、专业能力、专业理念与师德情怀已完全适应幼儿园的教学需要并具备较高的专业水平，形成自己的专业特色和专业风格，正开始或已经向专家型教师的方向发展的时期。

学前教师在这个时期虽然已有较为明确的职业目标，教学操控游刃有余，然而，这个阶段的教师需要提防职业倦怠的回旋。左志宏等人通过实证研究发现，熟手教师比新手教师的职业倦怠程度高。原因是熟手教师大部分成长为幼儿园的教学骨干，压力感较新手时期明显增强，疲于应付，接受新知识和新能力已感觉吃力甚至麻木；对工作的新鲜感慢慢消退，由此导致工作热情和兴趣明显降低，仅仅满足于自身职业的日常成就状况而不思进取，这便是教师职业的高原现象。高原时期是教师专业发展过程中一段相对平寂而止步不前的时期，能否突破高原困境是学前熟手型教师专业发展的关键。

1. 建立竞争机制，激发教师专业再发展的动机

根据马斯洛需要层次理论，人在满足了物质需求后，其努力工作的目的更多的是为了尊严和社会地位，并追求自我实现。对于熟手型教师而言，只有体验到了尊严和荣誉感，自我效能感得到了强化，在此前提下，才会甘于继续奉献幼教职业，并真正感悟到从事幼教工作的意义。要解决幼儿园熟手型教师的高原困境，需要在组织中引入"鲶鱼"（努力上进，强有力的竞争对手）来制造一些竞争的气氛。当把"鲶鱼"放到一个幼儿园的某个团队中，那些已经不思上进的老教师会迫于对自己能力的证明和对尊严的追求，不得不再次"重振旗鼓"，以免被新来的竞争者超越自己而"颜面无存""风光不再"。因此，在熟手型教师队伍中适当地引入一些"鲶鱼"，不但有利于激发他们的工作动力，同时也可以刺激整个幼儿园教师队伍的战斗力，这种奋发向上的组织氛围反过来又进一步促进熟手型教师永葆工作激情。

2. 提供高端的教育机会，增强教师的职业荣誉感

熟手型教师之所以容易产生职业倦怠感，源于工作的机械重复，并且在工作中难以找到新的突破口，这些又源于教师学识的停滞不前和无处发挥。正所谓"活到老学到老"，作为教育者，就应该秉承终身学习的理念，不断地学习积累更高水平的知识和能力，更为先进的专业理念和更高尚的师德情怀。《专业标准》里要求幼儿园教师要不

断地"学习先进学前教育理论，了解国内外学前教育改革与发展的经验和做法；优化知识结构，提高文化素养；具有终身学习与持续发展的意识和能力，做终身学习的典范"。因此，为了唤醒熟手型教师的继续学习的意识，幼儿园要为他们提供更高阶的进修、访学和研讨等有利于激发教师学习动机的教育机会。因为教师能有机会与专家思想碰撞、融合交锋，往往能体验到幼儿园管理者的殷切期望和受重用的感觉，从而提高自我价值的认同感，燃放对工作的热情和战胜高原困扰的信心。通过进修学习，也让教师的知识能力得到了突破性的提升，反过来能使教师获得身体与心理上的放松，摆脱负面情绪的干扰，提高其工作绩效。

（四）专家型阶段：实现专业自主发展

本书所指的学前专家型教师是指从事学前教育工作15年以上的教师。国外学者罗伯特·斯腾伯格（Robert Sternberg）提出了构成专家型教师原型的三个主要特征：专家型教师具有丰富和组织化的专门知识；专家型教师能高效率地解决教学中的各种问题；专家型教师在解决教学领域的问题时富有敏锐的洞察力和创造力。可以认为，专家型教师是集高知识、高能力和高品格于一身的教师。

在幼儿园和个人的有效管理下，熟手型教师成功地摆脱了高原困境后，往往会实现新一轮的成长——专业知识、能力不断丰富，专业理念和师德不断成熟。这个时候也开始掌握了教学主动权，在固定常规的工作模式中慢慢建立起一套科学理性的知识和能力体系、逐渐摸索出具有个人特色的教学风格和模式，发现问题、分析问题和解决问题的能力达到高峰，成为其他教师的学习楷模，有一定教育理论素养和研究能力，并能够带领其他教师开展教科研工作，能写出一定理论水平的教学和学术论文，并体验到从事幼教职业的特殊意义和人生乐趣。

这个阶段的教师应该以专业自主发展为重心。专业自主是教师在发展中把自身发展当作自己认识的对象和自觉实践的对象，教师订立适合自身发展的目标并付诸实施，选择符合自身发展要求的学习内容和方式，用批判的态度独立思考并做到自主管理的一种专业发展方式。那么，对学前教师而言，专业自主是学前教师在保育与教育过程中，一方面，能够凭借自身的专业知能的提升与专业理念、师德的规范，实现专业上的独立、自由、变革和创新的意识、信念和能力的总和；另一方面，与学前教师专业发展相关的外部因素，如教育行政部门、幼儿园、家长和社会等，提供学前教师对保教工作做出专业判断与决定的物质支持、精神支持和制度支持等。那么要实现专业自主，需要做好以下工作。

1.教师需提升教学和自我反思能力

美国心理学家波斯纳曾提出过一个教师成长的简要公式：成长 = 经验 + 反思。而《专业标准》也要求幼儿园教师"主动收集分析相关信息，不断进行反思，改进保教工作"。因此，研究与反思是实现专业自主的重要途径。专家型教师的专业知识和专业能力已经十分成熟，能否发挥专家之长，则需要在教育教学过程中不断地研究与反思，从深知自我到释放自我到最后的"破茧成蝶"，这才是专业发展的最高境界。

2.教师的专业自主需要外部环境的支持

相关立法和司法机构要完善教师自主权的法律体系，使其系统化、配套化、操作化。幼教机构要营造专业民主的氛围，为教师实现专业自主提供相应的设施设备，如计算机网络、课程研发室、教研室以及实训室等；设立专项规章制度保障学前教师的专业自主权，强化教师专业组织过程中的参与权和决定权，如教学方法的改革、教师评价方式的提议、园本课程的开发以及幼儿园教材的选用与选编等。

第三节　学前教育教师专业发展的动力及实践指向

学前教育教师专业发展既是教师成长的结果，也指教师成长的过程，来自内外两方面的动力支持着这一发展过程。从学前教育教师专业发展的实践看，发展过程指向为专业程度的日渐成熟、专业结构的不断演进、教育价值观的持续更新、自我实现的不懈追求。

一、促进学前教育教师专业发展的动力

专业发展是学前教育教师以促进专业成熟为目标的长期努力过程，是涵盖学前教育教师整个职业生涯的无止境的过程。它必须有持续的内外动力支撑。

（一）促进学前教育教师专业发展的外部动力

促进学前教育教师专业发展的根源性动力，来自其工作对象健康成长的需求以及社会对学前教育教师的期待。第一，幼儿身心的发展及其保育、教育是一个复杂的问题，存在个体间差异性和发展途径的多样性，需要教师不断地学习、思考和实践经验的积累才能把握。学前教育教师面对的教育对象是多样的，教育情境是复杂的，在从新手到专家的成长过程中，存在着多样性的问题，因此也决定了其专业发展具有多样和复杂的特点。第二，幼儿教育的改革和发展，伴随着教育理念、教育内容、教育方法的革新，需要教师经常性地更新知识，提高技能才能更好地完成教育教学任务。教师对幼儿的保育和教育是全面的，包括健康、语言、社会、科学与艺术五大领域，每一领域都有目标和内容。学前教育教师既要懂得科学的育儿知识，也要具备对音乐、美术的感受力，各项素质全面发展。同时，学前教育教师的专业实践历程也是与幼儿共同成长的历程，在与幼儿学习的过程中实现教学相长，学习是终身的、可持续的。第三，经济社会的发展，教育事业的长足进步，推动教师队伍的建设，对从教者提出了更高的要求，需要教师经常提升自我。可以说，没有广大教师主动的专业发展，就很难有幼儿教育的普遍提升；没有广大教师职业生涯质量的提升，就很难进一步促进幼儿更好地发展。教育是一个使教育者和受教育者都变得更完善的职业，而只有当教育者自觉地完善自己、不断提高自己的专业素质时，才能更有利于幼儿富有个性地全面发展。

（二）促进学前教育教师专业发展的内部动力

主体意识的增强是教师专业发展的关键，教师自身对幼教职业的认识、感受，能激发从业内在驱动力，在工作实践中反思，努力追求专业发展。幼儿园的教育教学充满着偶发的教育事件和不确定的教学情境，可谓处处是教育时机。从环境的创设到教育活动的组织与实施，以及处理教学中的预设与生成的关系，都是教师创造性地开展工作的过程。教师创造性地开展教育活动也在为专业知识的创新做出贡献。

良好的师德是促进学前教育教师专业发展的品德基础。业绩卓越的教师都表现为爱岗敬业、无私奉献、淡化名利、严于律己、表里如一、完善自我。热爱幼教工作，爱孩子，是促进学前教育教师专业发展的认知和情感基础。这也是教师克服职业倦怠、享受职业幸福的条件。宽厚、真诚、热情、谦逊、勤奋、上进等良好的心理特征是促进学前教育教师专业发展的个性基础。

（三）学前教育教师专业发展需要良好的生态环境

学前教育教师作为一个社会的人，又是一个独特的个体，其专业发展必会受到许许多多外部因素的影响，也受到教师自身内在心理因素的制约。学前教育教师专业发展的生态环境是以学前教育教师为中心的，对其发展产生抑制或促进作用的多维空间和多元的环境系统，既包括一系列政治、经济、信仰、伦理观、宗教观等具有一致性的大环境系统，也包括学前教育教师专业发展的家庭、学校等局部环境和学前教育教师专业发展内部的微观环境。

学前教育教师的专业发展是与其生态环境之间协同进化的可持续发展的过程。要关注教师专业的背景、专业图景中各因素的关系，强调团队的合作与和谐，在更大的视野下看待教师的专业发展问题。学前教育教师专业发展有赖于环境的状态和人的状态，即人与环境相互作用的复合环境。生态学视野下学前教育教师的专业发展是一个多背景、多层次、多主体的复杂的生态系统，要解决当前学前教育教师专业发展存在的问题是一项需要社会与个人携手努力的系统工程，这意味着幼儿园、社会、学前教育教师个体应一起营造学前教育教师专业发展的绿色生态系统，为学前教育教师的专业发展营造一个和谐的内外生态环境。而且学前教育教师的专业发展就是生态主体与其环境的综合协调，达到动态平衡的结果。

二、学前教育教师专业发展的实践指向

学前教育教师在专业发展过程中不断获得教育教学的专业知识和技能，建立专业自主发展意识，完善职业规范和价值观，从而更好地胜任教师专业角色，更有效地完成促进幼儿健康成长的任务。学前教育教师专业发展的实践指向，表现为增强专业成熟度、调整专业结构、更新教育价值观、寻求实现自我价值。

（一）教师为达到专业成熟而进行的持续不断的发展过程

学前教育教师专业发展是一个由不成熟到相对成熟、终身提高的过程。所谓专业成熟，即学前教育教师能够信守自己的教育理想并为之努力；具有专业知识技能，参与专业决策，承担专业责任；能容忍压力，有较强的适应性；有从多角度观察分析问题的能力和应用多种模式进行教学的能力。期望教师在比较短的时间内达到专业成熟的水平是不可能的，我们可以期待的一个现实的目标就是让所有教师都能在原有基础上有所提高，并有意识地朝专业成熟方向持续前进。

（二）其内在专业结构不断更新、演进和丰富的过程

教师专业发展指向于专业特性或内部专业结构的成长与改进。学前教育教师专业具有特殊性，是一个双专业：既是教育专业，也是养育专业。学前教育教师专业发展不仅仅是知识的积累、技能的纯熟，而是包括一切与教学活动相关的知识、技能、能力以及情感特质在内的综合素质的提升。而且学前教育教师专业发展非常复杂，既需要教师传统的专业特质、专业知能、专业伦理、专业精神等的发展，更需要扩展专业特性，如探究意识、反思能力、合作能力、实践智慧。

（三）不断强化教育价值观的过程

学前教育教师促进幼儿健康成长的过程也在不断实践、调整、强化自己的教育理念和教育价值观。从最初对职业的新鲜、好奇或是紧张、慌乱，到后来的习惯、熟练或是倦怠、疲乏，学前教育教师不断收获着师生心灵互动、教学相长带来的快乐、满足，或是对未达预期目标的遗憾、不满。长久的教育实践使得几乎所有的教师最后都会认同这个职业，认同教师职业和教育活动的价值，将自己持有的教育理念付诸教育实践，在辛劳中感受幸福。

（四）走向自我实现的过程

按照马斯洛需要层次理论，自我实现应是人生发展的最高境界。学前教育教师专业发展也可以理解为是一个走向自我实现的过程。教师专业发展促使学前教育教师的"人格价值"和"生命价值"在专业生活中得到统一。学前教育教师是专业发展的主体，具有自我发展的意愿和动力，即教师拥有专业发展上的自主权，需要对专业发展进行自我设计、自我监控。学前教育教师的专业发展有赖于教师以自身的经验和智慧为专业资源，在日常的专业实践中学习、探究，形成自己的实践智慧。因此，专业发展是学前教育教师实现内在生命价值的需要。

第五章　幼儿教师专业技能的发展

第一节　幼儿教师技能和教学技能

一、什么是技能

技能一般指掌握和运用专门技术的能力，它是通过学习、训练而获得的。技能的学习必须以知识为基础。技能作为人的一种行为方式，不同于知识的静态存在，它必须通过训练而获得，通过实践才得以掌握和巩固。例如，最简单的农业生产，这是人类求生存的一种方式，"挖土种地"作为一种劳动技能，如果没有生产的经验作为指导，没有反复地实践、摸索，很难说就已经掌握了这种技能。比如，在城里生活又缺乏劳动技能训练的中学生，偶尔去农村或农场劳动锻炼，最初干"挖土"这种简单的农活都会手起血泡，累得腰酸背痛，结果费力大，效率低。同时，技能存在于一切求生存的社会职业行为之中，无论从事何种职业的人，都必须掌握一定的职业技能，否则，就无法从事相应的职业。所以，从掌握技能的目的来分，技能可分为一般技能和职业技能。一般技能是指人类为生存而掌握的最基本、最普通的技能。如人类要吃饭，就必须掌握一般的烹饪技术；人类为了交流思想感情，为了社会性的交际活动，掌握了语言的技能，等等。职业技能虽然也是通过学习与实践而得以巩固的行为能力与行为方式，但这种方式是不同于一般技能的。因为它适应于某种特定职业的需要，通过强化训练而获得的技能技巧。如木匠的技术、厨师的技艺、教师的职业技能等。尽管人们都能砍树削木，但未必人人都是木匠；尽管人人都可以用语言表达并交流思想，但未必都能成为语言学家。所以说，职业技能是为了特定职业的需要，通过学习与实践而掌握的职业能力、职业技术以及职业知识。

二、什么是教学技能

教师作为人类历史上最为悠久的职业，承担着人类文化传播、培训人才的专门任务。这种职业所需要的行为方式，在教学活动中具体的表现为教学技能。一般来说，教学技能是指在课堂教学过程中，教师完成某种教学任务的一系列行为方式。这些行为方式是影响教学质量，促进或阻碍学生学习的很重要的方面。它们具有可描述性、可观察性、可操作性。同时，每一种技能又可分解成若干构成要素。其目的是通过这些技能的运用，激发学生的学习兴趣，引导学生顺利完成学习任务，为达到教学目标的要求，创造有利的条件。教学技能的运用，虽然受到教师本人对教学的认识以及教学经验多寡的制约，却又是可以经过学习和训练获得的。教师一旦掌握了各种教学技能，就有利于他们经验的积累和水平的提高。

教学技能不同于教学能力。在中国，人们描述和概括一个教师的整体水平时，通常用"教学能力"一词。一些初次接触微格教学的人也容易认为"教学技能"等同于"教学能力"。"教学技能"与"教学能力"虽然并没有严格界限，但人们一般用"教学能力"这个词来形容一个教师的整体水平，包括一个人的先天素质、个性、心理特征以及日常教学行为的有效程度等。而教学技能是指教师在课堂教学中，依据教学理论，运用专业知识与教学经验，使学生掌握学科基础知识、基本技能并受到思想教育所采用的一系列教学行为方式。它不但有教育、教学理论做基础，还有实践的原则和要求，是教师培养中不可缺少的一个重要方面。

第二节　幼儿教师教学技能的分类

　　由于客观世界的复杂性与多样性，使得每一事物都具有多层次结构，而分类正是通过比较，按照事物的不同层次在思想上加以分门别类的过程。教学活动本身是一个复杂的活动，教学行为也具有多层次性。人们对它的认识与其他事物相比较为缓慢，虽然前人对整堂课的教学或教学环节的分析曾经推动了人类对教学活动的认识，但从现代教学的实际需要来看，以往人们对课堂教学活动的认识，越来越显得不足。因此，我们应该而且可以深入地研究课堂教学，对教学行为进行多层次的探索，并精确的分类，以找出规律，从而为提高教师职业技能培训质量创造条件。同时，分类也是教学过程中进行微观研究的需要。

一、教学技能分类的原则

　　教学过程是复杂的，教师在课堂上的教学行为是多种多样的，并表现出一定的灵活性。

　　哪些教学行为可定为基本的教学技能，作为培养训练的基础，是通过大量的课堂教学观察，用教学理论进行科学的分析，并对有经验的教师进行调查使他们确认后才选定的。因此，在分析研究和培养训练中应遵循下述原则。

（一）目的性原则

　　教学是一种计划性强、目标明确的活动。为了达到目标要求，教学中所安排的每一项活动，教师的每一种教学行为都要有具体的目标指向。教学技能是教师的教学行为方式，它的应用是为了实现教学目标服务的。因此，确定教学技能的时候，首先要明确三个问题，即教师的某种行为应为学生提供哪些信息，准备让学生从中学习什么？教师的这种行为能否促进学生的学习及教会他们怎样学习？这种行为是否影响教学质量的重要方面，对提高教学质量有无重要作用？如果对这三个问题的回答是肯定的，那么，这些技能的确定在教学中就有重要意义，它的实践和应用就会为实现教学目标发挥作用。

（二）激发性原则

教学过程是师生双边活动的过程，是在师生相互作用过程中交流信息，促进学生学习的。在如何促进学生学习的诸方面，最有意义的是对他们学习动机的激发。因此，教学技能的确定要有利于课堂上师生的交流，通过交流引起学生的学习兴趣，促进他们思维的发展，为他们的学习创造良好的心理条件。影响学生学习动机的因素很多，有其本身的内部原因，也有教师为之创造的外在条件。确定教学技能的关键在于如何为学生创造一个良好的学习情境，让他们从被动学习发展到自觉、主动地学习。心理学的研究表明，只有当学习需要被引发起来，并指向某一目标，进而坚持追求这一目标时，才能形成学习动机，使之成为活动的动因。因此，学习动机包含着三层意思：第一是活动性。一个人由于学习需要产生某种活动倾向，这种倾向的出现对他的行为具有推动作用，表现为行为的发生和加强。第二是选择性。一个人的行为被推动之后，其活动总是指向一定的目标，相应地忽视其他方面，从而表现出明显的选择性。第三是坚持性。为了达到这一目标，所表现的强烈追求和执着态度。由此可知，激发学生学习动机的方式可以是多种多样的。在教学技能分类时，要利用师范学生的某种特定的向往和追求，为他们提供参与教学技能训练的机会和条件，激发他们活动的积极性和主动性。

（三）参与性原则

学习是经验引起的行为变化。其变化不是被动的、机械的，而是积极的、主动的，学生只有自愿地参加活动，所取得的经验才能长久。为了改革教学方法，改变过去那种教师讲、学生听，教师写、学生记，满堂灌、被动学习的现象，教学技能的应用要有利于学生参与教学，让他们在动手、动口、动眼、动脑的过程中学习。比如，通过提问技能，让学生在回忆、理解、运用、分析、综合活动中进行学习；通过演示技能，让学生在观察实物、观看挂图、标本、模型、电视中进行学习；通过组织技能，指导学生在阅读、讨论中进行学习等，这些都可使他们参与到教学中来。

（四）可观察性原则

确定教学技能的目的是使师范生或在职教师掌握这些技能，在教学中正确应用，提高教学质量。学习某种技能以后，在实践中是否掌握了这些技能，是要表现出来的，也是可以观察到的，这样，指导教师就能确定被培训者技能掌握的程度。可观察性的另一个意义是便于提供鲜明具体的示范，通过角色扮演，通过示范录像把某项技能展示出来，为被培训者树立学习样板。

（五）可操作性原则

为了便于被培训者的理解和掌握，便于指导教师和被培训者之间、各研究者之间进行交流，每项技能必须有确定的内涵和外延，揭示技能的本质及其适用范围。这就要求每项技能是具体的教学行为方式。同时，还要注意在确定教学技能时，不仅要确定大的技能类别，而且每项技能要能够被分成不同的类型，以及每一技能的构成要素。只有技能的构成要素明确、具体，可操作性才更强，技能的应用才更规范。

教育变革背景下幼儿教师专业发展路径探索

（六）可测量性原则

用微格教学的方法培训师范生及在职教师的教学技能之所以有效，一个重要方面是反馈及时、具体。对于反馈回来的教学信息如何衡量？首先是要为技能的应用提供参照体系，这是衡量的依据。其次是对每项技能提出明确、具体的要求或应用原则。被培训者只有把自己的实践与要求两相对照，才能发现成功与不足。技能的形成要通过反复的学习和实践，只有对每次训练的结果给出恰如其分的评价，指出优点、缺点和明确努力的方向，才能不断完善和提高。

二、如何对课堂教学技能进行分类

教学活动是一个复杂的过程，课堂教学技能也呈现多样性。因而分类也是多样的。在通常情况下，人们是根据教师在教学过程中的行为方式来划分技能的。技能的分类具有一定的随机性，各技能之间在某些方面难免有交叉、重叠，但重要的是在培训过程中通过对技能分类，能使受训者迅速地、准确地识别、掌握这些技能，并把它们转化为自己课堂教学行为的有机组成部分。

为了培训师资和教学实践的需要，目前认识较为一致的分类如下：一类是内隐技能，即研究教材的技能与了解学生的技能。另一类是外显技能，即作用于上课并在师生交往、交流中直接表露出来的技能，微格教学实验研究比较成熟的是外显技能。

本研究对教学技能分类的侧重点在于教学过程中师生的交流。以交流的意图、方法作为分类的依据，把交流过程的各要素设定为不同的教学技能。课堂教学过程是一个信息传播的过程，但课堂教学的信息传播又不同于一般的大众传播，也不同于大规模的教育传播，它是有组织、有计划，目的性非常强的面对面的传播，要使这种传播有效，就必须使传、受双方同时进入传播过程，通过相互作用来实现传播的目的。如何使信息的接受者较快地进入这个过程，传播者必须通过各种方式激发起学习者的学习动机，引起他们对信息内容的注意，把他们引导到特定的教学方向上来。因而，根据这个特定意图，首先教师必须具有"导入技能"。在信息传播过程中，教师是信息源发出者，他要把预定的信息传播出去必须通过一定的方式，借助一定的媒体。在课堂教学中，语言是教师信息传播的重要手段。因此，要使教学信息准确无误地传输，并易于被学习者理解和接受，教师必须具有"教学语言技能"。但教学语言往往是转瞬即逝的，不便于重现和记忆。为了把教学内容提纲挈领，重点突出地提示给学生，教师还需具有文字表现的能力，即"板书技能"。除了有声语言和书面语言外，教师的手势、表情、动作等也都在传递着信息。在教学信息传播的过程中教师不是唯一的信息源、标本、模型、挂图、实物、幻灯、电影、电视、电子计算机等多种教学媒体的利用也都能辅助教师的语言传递或单独传递某些方面的信息。教师如何利用好多种教学媒体，为学习者提供多方面的经验，并与自己的语言有机地结合，共同为实现教学目标服务，就必须具有应用这些媒体进行教学的技能，称为"教学演示技能"。

从交流的信息内容来看，教学信息是多方面的，有事实、过程、原理、概念、法

72

则等。在对这些内容进行教学的时候，针对中小学的思维特点，一般都是从事实入手，从具体到抽象。对于例证的应用，一般都开始于对实例的叙述、说明，然后进行逻辑推理，从而得出结论。这些正是教师应该掌握与熟练运用的"讲解技能"。

教学信息的传播不是单向的、直线的，而是通过反馈，形成一个闭环系统。反馈的方法也是多种多样的，教师可以通过观察学生的表情、操作等来完成，但在课堂上教师使用最多的方法是提问。提问不仅可以达到反馈的目的，而且还是促进学生思维、巩固知识和运用知识的方法和手段，因此，教师又必须掌握"提问技能"。教学作为一种信息的传播过程就是通过反馈进行不断的循环。但教学又是分单元、分阶段来进行的，每一节课有每一节课的具体任务，一节课中的每一阶段又有更具体的任务。如何使一节课或一阶段的教学内容成为一个整体，或扩展前后知识的联系，使之形成系统，教师还必须掌握总结归纳的"结束技能"。

为了确保教学能够顺利进行，并在教学中不断对学生进行思想、纪律、道德品质的教育及学习方法的指导等，教师还必须具有"组织教学技能"等。

第三节 幼儿教师专业技能研究

关于学前教师专业技能的界定，还没有一个科学严密的界定。教育部颁布的《幼儿园教师专业标准（试行）》，关于专业能力的表述侧重于幼儿教师在幼儿园应该"做"什么，而对于教师怎么获得"做"的能力，没有清晰的描述。我们认为幼儿教师"做"的能力就是幼儿教师应具有的专业技能。本章已对教师教学技能进行较为详细的分析论述，套用过来，我们将对学前教师专业技能内涵及分类进行探讨。

一、幼儿教师专业技能的内涵

幼儿教师专业技能是其专业能力不可或缺的组成部分，它是教师在幼儿园保教活动中所表现出来的行为方式，这些行为方式影响着学前教育质量，是促进幼儿良好行为习惯养成，培养幼儿自我服务能力的重要因素。它应具有可描述性、可观察性、可操作性。同时，每一种技能又可分解成若干构成要素，通过学习和科学训练而获得。幼儿教师专业技能是衡量幼儿教师专业能力、专业素养高低的关键之所在。

在中国，人们概括一个教师的整体水平时，通常用"教学能力"来表述，它包括一个教师的先天素质、个性、心理特征以及日常教学行为的有效程度。在教育部颁布《幼儿园教师专业标准（试行）》中已把幼儿教师定位为专业人员，能力标准采用"专业能力"的说法，并把专业能力分为"环境的创设与利用、一日生活的组织与保育、游戏活动的支持与引导、教育活动的计划与实施、激励与评价、沟通与合作、反思与发展"等方面。从心理学的角度来看，能力是以知识和技能为基础的，幼儿教师的专业能力应涵盖专业技能、教学核心能力、反思评价能力和教学科研能力。而专业技能是专业能力最基本的组成部分，它是教师在幼儿园保教活动中所表现出来的一系列行为方式，这些行为方式影响着学前教育质量，是促进幼儿良好行为习惯养成、培养幼儿自我服务能力的重要因素。它应具有可描述性、可观察性、可操作性。如果幼儿教师不具有儿童文学的听、说、读、写等技能，计算、统计技能，简单实验技能，社会研究技能，身体动作技能，以及弹琴、唱歌、跳舞、画画、制作手工等各门学科的技能，其专业能力也就无从说起。

二、幼儿教师专业技能的分类

由于客观世界的复杂性和多样性，每一事物都具有多层次结构，而分类正是通过比较，按照事物的不同层次在思想上加以分门别类的过程。幼儿园的保教活动本身是一个复杂的活动，幼儿教师专业技能也具有多层次性。

依据幼儿教师的专业特点，可以把幼儿教师的技能分为四个层次。第一层是一般技能，即为生存技能；第二层是学科抑或健康、语言、社会、科学、艺术五大领域的教学技能，包括教会幼儿听、说、读、写等技能，计算、统计、编儿童体操（儿歌、简单的舞曲）等技能，简单实验技能，社会研究技能，以及弹琴、唱歌、跳舞、绘画、制作手工等技能。第三层是与教育实践直接相连的课程开发与设计、实施与评价的技能，以及伴随保教活动全过程的监控能力，还有教师对自己所从事的教育活动或过程进行自我认识、自我调节和自我控制的能力。第四层是幼儿教师对保教活动深化认识的教育科研能力。

依据幼儿园保教活动开展，我们把幼儿教师专业技能分为以下方面：

1. 幼儿保育技能

幼儿园教育的对象是 3～6 岁的幼儿，促进其身体正常健康发育应放在首位。有了强壮的身体，幼儿才有精力和体力参与促进他们智力发展的学习活动。因此，幼儿教师需要具有照顾幼儿生活起居的保育技能，以保证幼儿获得或维持良好营养、足够的休息、舒适的生活与快乐的心情。同时，幼儿教师应能寻求幼儿生活各个环节的教育意义，挖掘生活中的教育元素，丰富幼儿的生活经验，如此，要求幼儿教师必须具有幼儿一日生活安排、组织和指导技能，以促进幼儿身心健康发展。

2. 幼儿园环境创设技能

如教室区角设计、墙饰设计等。因为良好的环境是幼儿健康成长的重要因素。幼儿园建设不只是园舍的整体规划、修建，还包含着每一间教室、睡房、游戏场所，按年龄分班级的细微处理和精妙设计。这就需要幼儿教师具有幼儿园环境创设技能。

3. 幼儿游戏设计与组织技能

游戏是学前教育的重要内容，是幼儿最喜欢的活动，在丰富多彩的游戏中，幼儿可以充分体验游戏的快乐，形成活泼、积极向上的性格，有助于他们健康成长。如何按照幼儿的年龄和认知发展水平来开发设计游戏项目，选择有趣、环保、安全的游戏材料以及设置相对应的游戏情境，引导激发幼儿参加游戏的兴趣和全身心投入游戏之中。因此，幼儿教师应具备幼儿游戏设计与组织技能，还要明确认识到游戏在发展幼儿体能，促进幼儿身心和谐发展的独特作用。

4.幼儿教师语言交际与沟通技能

语言是教学信息的载体之一，是教师完成各种教学活动的重要工具。良好的语言表达能营造愉快和谐的气氛，有利于幼儿教师与孩子们的交流，能激励他们上进。另外在与家长沟通时，能将幼儿园教育孩子的要求表达清楚，通俗易懂，争取家长主动配合，形成家园合力共同培养教育幼儿。这就需要幼儿教师具有语言交际与沟通技能。

5.幼儿行为观察、记录及诊断技能

学前儿童的学习与发展有其自身的特点和发展的规律性，幼儿教师应能遵循幼儿身心发展的规律，依据其学习与发展的特点准确地判断幼儿在不同学习领域中的发展水平和程度，诊断幼儿学习与发展过程中存在的问题，能有针对性地制定出相关的教育措施和补救方法。这就需要幼儿教师具有幼儿活动和学习行为的观察、记录、分析和评价技能。

6.幼儿教师合作学习技能

人类群体存在的基础就是成员之间相互合作，在当今社会离开合作很多事情是无法进行的。苏联教育家阿莫纳什维利等提出的合作教育学，注重使儿童乐意学习，乐意参加到教师和儿童共同的教学过程中来，并感受到自己与教师是志同道合者。通常在合作气氛下成长起来的儿童，人人都善于思考和喜欢思考，人人都有学习能力，有组织工作和交际的能力，有创造才能，人人都有社会责任感。如此，幼儿教师在幼儿园的保教活动中，要充分利用幼儿喜欢与同伴在一起活动的特性，培养幼儿在群体内相互合作的生存能力。因而，幼儿教师合作学习技能是顺利开展幼儿园各种活动必不可少的。

三、影响幼儿教师掌握专业技能的因素

1.社会因素

幼儿教师作为专门职业，与医生、工程技术人员、飞行员、律师、运动员等职业一样，需要进行专业、技术技能训练的。可是我国由于历史的原因和传统观念的束缚，长期以来，在人们的观念中，认为有了知识就能当教师，读了一些书，认识字似乎就能上讲台；尽管社会上对学前教育要求越来越迫切，对幼儿教师整体素质提高的呼声越来越高，但现实生活中幼儿教师专业技能科学培训及掌握却没有得到足够重视，影响着幼儿教师、学前教育专业学生对幼儿教育需要专业技能的认识，也没有自觉去学习、掌握幼儿园保教活动必备的专业技能。

2.师范院校开设课程的缺失

我国师范院校开设的教职课程有三部分，一是公共基础课程，为未来教师掌握较为广博的综合性文化知识而设，通常有政治、外语、体育、计算机等；二是学科专业课程，为教师毕业后所从事的专门学科教学应具备的专业知识而开设，如中文、数学、

物理等；三是教育专业课程，为今后从事教师职业者必须掌握的教育理论与技能，一般是教育学、心理学、学科教学法等。这些课总体上讲，较多地偏向对任教学科领域知识的系统学习和掌握，主管"教什么"的学科课程比例过大，而主管"怎么教"的教育学科课程和教育实践课程比例过小。"教什么"和"怎么教"两类课程是在两个道上跑的车，各自独立，互不关照。就是教育学、心理学、学科教学法三门课程，也大多停留在理论层面的讲授，与教育实际联系不紧密甚至脱节，不能有效地解决教师在学校教育中遇到的实际问题。而针对学前教育专业学生的专业技能课程更少，以至于新手幼儿教师只会在教案上设计幼儿保教活动，并在活动中使出全身解数表演一番，而不是为了让幼儿参与活动过程之中。

3.幼儿教师专业能力评价指标体系不完善

教师需要专业发展，专业发展需要认同，认同需要发展性评价。发展性评价是以教师的主体发展为评价目标，是评价者与评价对象彼此建立相互信任关系，让教师积极参与，双向互动的过程。幼儿教师发展性评价应包括促进幼儿教师专业技能发展的基础性评价体系和以满足幼儿专业发展需求的自主性评价指标体系。而目前我国对幼儿教师专业能力的评价更多是从学历、学科知识以及各门学科的"技能"，尤其是艺术领域的学科技能层面来制定的，评价机制存在着重形式轻指导、重结果轻过程、重单向轻多向等问题，同时也没有幼儿教师专业技能评价指标体系，导致学前教育领域还很缺乏幼儿教师专业技能与培训方面的实证性研究。

四、重视和加强幼儿教师专业技能的研究

众所周知，古人尊崇"智者为师"，在科学进步的今天，人们意识到了"智"的确是从事教师工作的必要条件，但不是充分条件。这种"意识"是在教师专业化日益被重视而逐渐明晰的。专业化是社会职业发展的方向，也是教师职业充满希望之所在。教师与其他行业比较起来应有其独特的个性和特殊要求，其个性化的专业特质首先体现在教师专业技能习得。一旦教师专业技能不能彰显，其独特的技术基础被误认为雕虫小技，教学也就失去了专业自尊。

幼儿园教师是一个专业技术岗位，需要特定的专业技能。这个"特定"是指技能的重要性和技能内容有别于其他职业，有别于中小学老师。人在幼儿期的特殊成长规律和特征决定了对幼儿教育要选择适合的方式。比如，幼儿期的孩子以无意注意为主，要求幼儿教师在教育教学中充分发挥其弹、唱、说、跳、绘画、手工等专业技能，把抽象的知识形象化，生动活泼地传递给孩子，才能调动幼儿学习的兴趣，激发他们的行动热情；孩子们天性好动，要求教师对教育活动的组织和调控更加注意灵活性，富有艺术性。

幼儿教师具有较高水平的专业技能，在幼儿园教育教学活动过程中就能表现出准确、迅速、流畅、娴熟的教学行为，这不仅是工作效率的保证，还对幼儿相应技能形成是一种良好的示范，也是教师工作自信心的源泉。研究表明，幼儿教师在工作岗位

不能顺利完成教育教学的任务，是造成他们产生职业倦怠的重要原因之一。因而与中小学教师相比较，幼儿教师职业是一种技术构成更强的职业，它不仅要求从业者有高度的责任心和兢兢业业的工作精神，要有广博的知识，还要有高超的专业技能。

因此，重视和加强幼儿教师专业技能的研究，探索专业技能培养的有效路径与策略，才能整体提升幼儿教师的质量和水平，才能促进学前教育质量的提高，才能保证幼儿在幼儿园快乐生活，健康成长。

第六章　幼儿教师课程设计与组织教学技能

第一节 幼儿教师组织教学技能与类型

教学是通过一定的课堂组织形式来实现的。教学组织是课堂的支点，是课堂教学任务得以顺利完成的基本保证。它需要教师具备一定的组织才能和教学智慧，遵循教学规律。只有在教师具备了多方面的素养，并在教学实践中不断探索、总结、提炼，才能够形成好的课堂组织艺术。

一、组织教学技能的概念

组织教学技能是指教师通过变换学习方式，组织学生积极、主动参与学习活动的一类教学行为。任何一堂课都是由组织教学开始的，并且贯穿于课堂教学的始终，是保证课堂教学有序进行的基本条件之一。组织教学技能不仅能够集中学生注意力、管理纪律、引导学习、建立和谐的教学环境、帮助学生建立起良好的学习和行为习惯，而且影响到整个课堂教学的效果。教师和学生是教学组织的参与者，教师在组织教学中是起主导作用。一个组织得当、秩序井然的课堂，在教师循循善诱下，学生的注意力集中，积极参与教学过程之中，必然会使课堂教学取得较好的效果。

二、影响组织教学技能的因素

（一）教师的教学设计

成功的课堂组织来源于好的教学设计。在教学活动前，教师首先要确定教学活动的目标，选择实现目标的方法、步骤，分配教学时间，分析教学环境条件，预估教学效果等。教学设计工作如果做得好，准备充分，那么教师在课堂中就可以胸有成竹地按计划组织、推进教学，避免一些因准备、设计不足而造成的课堂失误，保证教学活动在设计方案的基础上高效运行，从而达到预期的目的。

（二）教学的信息量

教学的信息是指教师在有限的课堂内传授给学生的知识量。对一节课所应该容纳的信息量，教师必须做到心中有数。信息量过少，必然导致课堂纪律松散；信息量过大，学生则难以接受，会影响学习积极性。一节课的教学信息量应以学生恰好接受为准。教师也不能照本宣科，这不仅会造成学生知识面狭窄，而且会使学生丧失学习兴趣，从而影响学习效果。

（三）教学的节奏

教师如果在课前没有认真备课，不明确重点、难点，不了解学生情况，不注意课堂反馈，只注重机械训练，重复训练，板书书写速度过慢或过多，讲解时语速过慢、语言不简练等，都会造成教学节奏的缓慢，致使课堂教学气氛沉闷，师生间难以交流。

（四）教学的手段

教学中只应用传统的教学方法，不善于充分利用现代教学手段，如录音、投影、多媒体、录像等，会使学生觉得单调乏味，不利于学生各种感官的综合利用。

（五）教师的威信

教师的威信对课堂组织的效果有直接影响。有威信的教师，可以用轻轻一句话或一个眼神就能使乱哄哄的课堂顿时安静下来。教师良好的威信会使课堂教学事半功倍，教师所上的每一堂课，所说的每一句话，都会给学生留下深刻的印象。不断加强个人修养、对学生言传身教，是一个教师树立威信所必需具备的。

三、幼儿教师组织教学的类型

《幼儿园教育指导纲要（试行）》指出："教育活动的组织与实施是教师创造性地开展工作的过程。"教师要"从本地、本园的条件出发，结合本班幼儿实际情况，制定切实可行的工作计划并灵活执行。"《幼儿园教育指导纲要（试行）》对教师的这种要求不只是观念更新的问题，还是专业技能提升的问题。

以往大多数幼儿教师对如何组织教学知其然而不知其所以然；有的甚至不知道怎样来组织教学，既不考虑教育内容选择与设计安排，也少有考虑教什么、怎么教才真正对幼儿有帮助。因此，帮助幼儿教师获得组织教学技能相关知识，了解和掌握幼儿教师组织教学的基本类型越发显得重要和迫切。

（一）幼儿一日生活的组织

幼儿一日生活是指幼儿在幼儿园每天进行的所有活动，如入园、自发性的活动、进餐、睡眠、如厕，活动区游戏、户外活动、教学活动、收拾整理活动、环节转换等。

在幼儿教师组织一日生活时，经常会看到这样一些情况：教师正在前面展示自己精心准备的教具，并积极准备开展活动，外面突然传来一些声响：鞭炮声、喇叭声、雷声等，孩子们的头齐刷刷地转向声音传来的方向，甚至会有一些孩子叽叽喳喳地议论，以至于刚刚组织稳定的课堂气氛被打乱了；户外活动时，孩子们会突然被某种动物或植物吸引，自发围在一起七嘴八舌地讨论，教师设计的活动内容无法正常进行；在游戏中，幼儿只会关心感兴趣角色，扮演不喜欢的角色便会十分马虎，精力分散。

对这些突发情况，幼儿老师如果漠然处之，或者敷衍了事，就会贻误一个良好的教育机会。孩子的知识往往是在一日生活中获得的，寓教于生活之中、游戏之中、玩乐之中。正如陶行知先生所说"生活即教育"，它体现在幼儿园的日常生活之中。

因此，幼儿教师学会一日生活的组织和监控，重视一日生活中各个环节的教育机会，及时对幼儿进行适时的教育，以促进幼儿的全面发展。

（二）为活动开展提供保障的组织

当制定好课程目标，设计了完善的课程执行计划之后，为了避免教师在开展教学活动时忙乱，还要有活动开展提供保障的组织。

1.教学场地的组织与布置

幼儿园的教学活动大都以游戏的方式进行，幼儿"上课"不像中小学生那样排排坐着、规规矩矩的。因此，教学活动的组织要为孩子们准备一个宽松自在、方便活动的场地。这个场地除了必要的物质准备，还要注重心理场建设，它超出了物理场的意义，是学习者在活动的过程中心理氛围的营造，它在很大程度上影响着孩子们在教学活动中的学习行为。活动场地的设计布置不仅是活动开展的硬件保障，更是创建良好心理氛围的教学组织活动。

总之，教师必须根据自己教学所具有的条件和设施，扬长避短，合理调配组织。要用孩子的眼光去看看场地，亲自去场地走走，看看座位距离是否合适、走动路线是否合理、材料筐的摆放是否方便等。如果场地中有电化教学器材，还要看看其电线的走向是否安全、会不会绊倒孩子等。做有心人，做有准备的事情，才能为教学活动的开展打下良好基础。

2.教学工具的准备与选用

幼儿园教学活动中，教玩具是承载教学信息、帮助实现教学目标必不可少的。如语言活动中使用的图书和图片；数学活动中供孩子们操作的花片和数字卡片等，一般来说，教师常常会非常注意教学玩具的设计和准备，而忽视了教学活动中另一类材料——工具的准备。工具虽不直接对教学活动开展产生意义，但它能保障教学活动顺利进行。我们在幼儿园教学中，常会见到这样的情形：教师故事讲到最精彩时，图片突然掉落下来，于是孩子们争先恐后地跑上来捡；活动进行到一半，孩子们有不同的意见和表现，需要教师增添或者调整一些小教具，却因为缺少合适的纸和笔而束手无策。这就是教学工具的价值。

第二节 幼儿教师课程教学目标的设计

哈希姆（Yusup Hashlm）等人指出，要根据对教学任务的分析来设计教育活动的具体目标。如果目标的陈述不准确，在检测与评价教学效果时就会遇到定位不准的问题。

如在大班"我要上小学"的主题中，教师设计了一个名为"好朋友"的活动，试图通过表达、识别及操作，认识学具、学会整理书包。根据这样的内容，教师的目标定位是：认识学具，尝试学会整理书包。经过与专家的互动交流并反复斟酌、思考、研讨后，共识是：认识学具、整理书包不是最紧要的，最关键的是通过这个活动引导幼儿逐步养成物品归类摆放的良好习惯。知识经验的学习固然重要，但就孩子的成长而言，良好的学习习惯才是真正能让幼儿受益终生的。可见，幼儿园的教学活动中，教师的课程目标设计是非常重要的。

一、厘清教学活动的目标

幼儿园的教学活动，是一门科学，更是一门艺术。然而现实中，许多教师在课程目标设计时，经常会出现目标偏离，重点不准，表述不清，宽泛、空洞的问题。如"鼓励幼儿大胆地表达自己的感受和理解""发展自我保护能力""培养集体的合作精神"等，这样的目标对具体的某一个教学活动没有多少指导的作用，也不能表现出这个教育活动的真正意义和价值。所以，教师在制定课程教学目标时应该做到以下几点。

（一）确定每个教学目标的重点

教学目标的重点就是教师在整个教学活动中最想要传递给幼儿的观念。

（二）注意内化长远目标，外显现实目标

内化长远目标是指在教学活动中提出对儿童综合发展的要求，比如关于情绪方面的——能快乐、精神饱满地参与活动，专注而投入；关于社会化方面的——乐于参与活动，乐于与同伴互助合作，乐意分享，有耐心、能细心、有恒心；关于学习习惯方面的——能动手、动脑，灵活思维，具有创造性等。这些针对儿童长远发展的教学目标在每个活动中都会产生，是每个教学活动都蕴含的核心价值和意义，更是教师在每个教学活动实施时都应该关注的。虽然教师可以不必把这些大而空的目标写出来，但应该把这些长远目标与当前的教学活动进行连接，找到当前教学活动承载这些长远目标的落脚点，把大目标具体化。

（三）条理清晰地表述教学目标

当下不少教师在表述教学目标时存在的突出问题是对教学目标的行为主体认识有误，常发生目标主体混淆不清。目前，学前教育界的专家学者认为从儿童角度出发来设计表述课程教学目标，能让教师比较容易掌握教学活动对儿童发展的促进作用。

二、精心设计教学过程

捷克教育家夸美纽斯（JohannAmos Comenius）将教学设计看作是一个艺术创作的过程，要使教学设计真正成为一种艺术，需要教师不断地探索。

（一）选择适合的切入点

选材是设计一节课的前提，但有了好的选材还远远不够，其中开篇十分重要。如在"我要上小学"主题活动中，前阶段幼儿园安排了参观小学的活动，可班上有大部分幼儿迟到了，影响了集体参观活动。针对此情况，结合平时班中不少幼儿也经常迟到的现象，教师设计了"今天不迟到"这样一个主题活动，在活动开始，教师选取了一段趣味横生的动画片，以此来让孩子们感受到时间无处不在，建立起初步的时间概念，以为后续的守时、合理安排学习时间埋下伏笔。如此开场，不仅仅是孩子，连现场观摩的教师们都看得津津有味。在大家欣赏了动画片之后，教师随即抛出了这样一个问题："猜猜刚才我们看动画片用了多长时间？"让孩子们在问题情境中获得对于时间这一抽象概念的最真切的体验。

（二）注重环节的设计

依据设定的教学目标，一是合理安排活动的各个环节，二是对每一个环节设计相应的引导策略。在"今天不迟到"活动中，教师通过三个环节的设计起到层层衔接、层层递进的作用。如第一环节安排两次动画片让孩子们观看，让他们体验到时间无处不在，第二环节播放其他班级幼儿兴高采烈地参观小学的视频，感受守时的重要性。第三环节通过分享交流，让幼儿在共同探讨解决迟到问题的过程中尝试学习自己安排时间，养成守时的好习惯。

三、教学环节设计的基本原则

（一）明确各环节的目标

幼儿园教师有相当一部分在安排教学活动时往往只注意到活动的整体目标，没有考虑到活动的整体目标是要靠一个一个环节来逐步达成的。所以，教师在进行课程教学设计时，必须明确每一个环节的目标。

（二）紧密结合幼儿认知发展的实际

教学环节的变换意味着教学活动的不断深入，也意味着儿童发展循序渐进。因此，教学活动的每一个环节的设计都应该紧扣幼儿在学习过程中的认知发展路径，这样才能使教学内容真正地满足儿童发展的需要。

比如"电动玩具动起来"的活动中，第一个环节让孩子们自由玩玩具是为了唤起儿童的原有经验，他们大多数玩过电动玩具，知道打开开关玩具会动。当他们打开开关玩具不动的时候就激发起好奇心，产生认知冲突，为活动的开展打开思维之门。第二个环节则顺应儿童此时的认知冲突，让孩子们用自己已有经验去尝试"假设—验证"，此时很多孩子会对如何让电动玩具动起来有自己的想法，那么教师就给机会让幼儿去操作探索，验证自己的想法，如果成功了，他们对正确安装电池的认知便清晰起来；不成功则会迫使他们重新思考，找到新的方法来进行试验，直至成功。如此，幼儿的认知能力在这样的矛盾纠结中得以发展起来。第三个环节的设置是第二个环节的学习点的延伸，成功的孩子有很多感悟和体会要告诉大家；有困惑的孩子需要老师的点拨，完全没搞懂的孩子则有一堆问题需要解决，那么经验梳理环节自然而然地出现了。最后当然是给予孩子们更多的机会去再次尝试或者去巩固新认知获得的经验。

（三）及时对前一环节进行总结，对后一环节进行提示

有些教师常常感到困惑，自己的教学环节设计安排得很合理，但孩子为什么总跟不上节奏呢？究其原因是教师只考虑了环节，没有重视环节之间的过渡。一节课的每一个新环节的出现总是伴随学习内容的加深和学习要求的提高而递进，同时伴随转折，这就需要教师及时对前面的环节进行总结，并对下一环节进行恰当的提示。比如，在"火眼金睛"的活动中，第一环节教师在孩子们练习完投掷动作后说："现在小孙悟空已经学会打妖怪的方法了，我们要出发去打妖怪啦！"此话就是对本环节的小结，并提

示孩子们接下来的动作是对准目标进行投掷。虽然只有一句话，但它起到了承上启下的作用。

另外，教师的提示要及时，这样可以让孩子们对下一环节将要出现的问题或任务、将做什么动作有一个预期，不仅能发展孩子们的思维能力，还可以使他们集中注意，屏气凝神期待着下一环节的到来。如果提示落在孩子们思维活动后面，就很难使他们顺利实现环节之间的过渡，有时还会干扰其认知活动的展开。比如，在很多语言活动中，教师经常需要用一幅幅图片来展开内容，这一幅幅图片就构成了一个个小环节的递进，吸引着孩子们的注意力，学习活动步步深入，这就更需要教师运用一些过渡环节来提示孩子，提示语必须出现在画面变化之前，否则，就达不到应有的效果。

（四）灵活安排把握各环节之间的衔接

环节递进安排一般由教师对儿童学习进程的预测来设计的，既然是预设，就会有孩子的思维或动作超出预设。教师要灵活地把握各个环节，从儿童的实际情况出发，调整环节进程。

第三节　幼儿教师教学组织技能的运用

一、组织教学技能的基本要求

（一）教师要更新观念，目的明确

营造和谐的课堂氛围，保证幼儿课堂教学的顺利开展，是课堂组织的最主要目的。任何背离这一目的的认识和行为，诸如追求绝对安静，企图在课堂上树立教师的绝对权威，把学生的每一个不端行为都看成是对教师的侮辱等，都不是真正意义上的课堂组织。

从素质教育的要求看，课堂秩序不仅需要安静、有序，也需要一定条件下的动、无序的状态。课堂上的热烈讨论，幼儿对老师的质疑，学生动手做练习、演小品、做游戏、谈体会的过程，都可能出现某种无序甚至是"乱"的表象。这种无序、乱，不仅是教师的需要，也是学生的需要。它营造了一种直抒己见的浓烈气氛，有利于激活学生的思维和创新意识，因而是极有价值的。幼儿教师要辩证看待和处理课堂上的"治"和"乱"，"有序"和"无序"的关系，努力使二者相辅相成，实现辩证的统一。

（二）教师要了解学生，尊重学生的主体性

教师组织课堂教学，必须体现出对幼儿的关心和尊重。教师要把全体幼儿作为一个独立的主体来对待，应尽快知道每个幼儿的名字，并在课堂上以名字称呼幼儿，这样做不仅使幼儿感到亲切，还能提醒幼儿。教师对幼儿违纪行为的批评应注意方法、场合，不要简单粗暴，伤害其感情。教师在任何情形下都应控制自己的情绪，绝对禁止采用惩罚手段处理课堂上有违纪行为的幼儿。

（三）因势利导，运用教育机智

课堂教学情境千变万化，突发情况随时都有可能发生，这就要求教师能够灵活应变，因势利导，运用教育机智。课堂教学机智是指在教学过程中面对千变万化的教学情景，迅速、敏捷、灵活、准确地做出判断、处理，保持课堂平衡的一种心理能力。教育机智是教师智能的灵活性与机敏性的统一，是一种"应急"的智能活动过程。这就要求教师要注意了解幼儿的年龄特点和个性特征，根据实际情况随机应变，灵活地运用适当的教学形式，有针对地对幼儿进行教育，维持教学系统的动态平衡，保证教学过程的顺利进行。把教育机智发挥到极致是每位教师在课堂教学中应该追求的境界。

（四）教师应具有良好的心理素质

遇事不骄不躁是教师必备的一种心理素质。教师必须以对幼儿的热爱、尊重、理解以及高度的责任感为基础，从教育的根本利益和目标出发，处理好所面临的各种复杂的问题，要有驾驭教学全过程的能力。教师要善于控制自己的情绪，在任何情况下都不能在课堂上流露、发泄自己的消极情绪。如果课堂上教师在良好的心境下授课，就会思维敏捷，表情丰富，教学艺术能得到发挥；在教师的良好情绪的感染下，幼儿会处于兴奋的状态中，学习兴趣浓厚，教师的教学也必然会渐入佳境。

二、导入技能的运用

（一）导入技能的含义

导入技能是教师在进入活动时运用建立问题情景的教学方式，引起幼儿注意，激发活动兴趣，明确活动目标，形成活动动机和建立知识联系的一类行为，是在活动开始或进入活动新单元、新段落时，教师所采取的一种教学技能，它的目的是将幼儿的注意力吸引到特定的教学任务和程序之中。

（二）导入技能的作用

1. 提供与活动相关的必要信息，给予适当的刺激，引起和集中幼儿的注意，使幼儿进入活动的准备状态，为活动做好心理准备。

2. 提出问题，创设情境，营造一个轻松自由的活动氛围，激活幼儿的思绪，使他们对于所要参与的活动产生浓厚兴趣，体会到其中的乐趣，保持活跃、高涨的情绪。

3. 让幼儿初步明确所参与活动的学习目标、主要内容、教学活动的方向和方式，使他们对活动的重要性、必要性有所感悟，从而产生对活动的兴趣。

4. 在导入时，对幼儿的良好表现，如注意集中、兴趣浓厚、情绪高涨、积极参与、认真思考等，给予及时的肯定与鼓励，促使他们产生想要进一步参与活动的愿望。

（三）导入方式

1. 故事导入：故事，这里指国内外经典童话故事、神话及民间传说等，对幼儿有极大的吸引力。科学合理地运用它们，恰当地导入，会使幼儿感到亲切、生动，还符合幼儿认知的心理轨迹，引起他们的共鸣。

2. 音乐导入：音乐，这里指的是世界著名乐曲、经典歌曲、歌谣，有欣赏价值，并且幼儿喜欢的和朗朗上口的，能吸引幼儿的注意力。

3. 提问导入：通过提问，引起幼儿对已有经验的回忆，并引导他们发现与该经验密切相关的新活动内容的联系，进而产生探究问题的兴趣。

4. 直接导入：直接导入是教师不用借助其他材料，以简捷、明确的语言直接向幼儿提出教学目标，以及学习内容的各个重要部分与教学程序，以引起幼儿的注意。但是直接导入有其局限性，它过于笼统、概括，也过于刻板、枯燥，缺乏更强烈的感染力，因而不易激起幼儿的学习兴趣。这种导入法只是在适当的时候才选用。

5. 多媒体手段导入：这种方式主要是先让幼儿观看一段录像或影片，由此创设一定的情境，引起幼儿的注意，激发他们的热情，在一种和谐、愉悦的氛围中转入正题。如果在教学内容中活动所需要的感性材料是幼儿未曾接触过的，或者新知识比较抽象，是语言不易表达清楚的，则可运用这种导入方式，生动自然，起到寓教于乐之效。

6. 教具导入：活动前，教师可以向幼儿展示教具，如卡片、挂图、模型、实物等，有目的地引导幼儿观察自己熟悉或不熟悉的事物、图画等，不仅能激发幼儿的学习兴趣，同时也培养他们的观察能力。幼儿对于不熟悉的教具，马上就会提出疑问："这是什么东西呀？"由此，教师可以很自然地导入。

三、提问技能的运用

提问是一门科学，是一种教学艺术，是提高教学质量的有效手段，也是教学过程中的一个重要环节。好的提问能调动幼儿的学习积极性，发挥幼儿的思维、想象、创造力。"问题提得好，好像一颗石子投入平静的水面，能激起幼儿思维的浪花"。提问一般有回忆式、判断式、理解式、运用式、评价式，书上讲得很清楚，这里不再赘述。

（一）根据需要使用不同类型的问题

在教学活动中，教师应根据教学内容、幼儿已有知识经验及应答反应，设计并恰当地搭配、使用不同类型的问题，才能使整个教学活动更符合幼儿认知水平，并进一步促进幼儿认知的发展。例如，在《小兔乖乖》的活动中，当多媒体电脑上出现了各种动物尾巴时，问："这是谁的尾巴？为什么？"在出现下一动物形象前，又问："你猜猜还会有谁来？"抓住作品中有利于幼儿想象的因素，对幼儿提出问题，引导幼儿积极思考、扩散想象，让幼儿暂时摆脱文学作品原有的情节束缚，按照自己的生活经验和合理想象，多角度地回答问题，有利于提高幼儿思维的流畅性、敏捷性、灵活性，充分发挥教材的功能，促进幼儿个性化地发展。这是引发多角度回答的提问。

（二）突出重点，并给予适宜的候答时间

例如：在韵律活动创编动作中，问："春天里小鸟飞来了，他们看到老朋友大树会怎样呢？"，有的幼儿说"大树会摇着树枝欢迎小鸟""小鸟会唱歌给大树听""小鸟会帮大树捉虫"……幼儿为了答问而积极运用已有的知识经验，通过分析寻找答案。这个提问为幼儿的动作创编打下了基础。当有幼儿答对时，如果教师立即予以肯定性表态，那么其他还在思考的孩子就会"共享"这个答案而放弃努力。因此，教师适当延长候答

时间，有利于幼儿思考和组织回答内容，增强提问效果，尤其是认知水平较高的问题，更是如此。

（三）教师应注重发展应答技巧

1.教师可以根据幼儿的回答，进一步提出一些具有探究性的问题。如：为什么？你为什么这样认为？引起幼儿更高层次的认知加工过程。例如，教师问，"夏天有哪些使自己凉快的方法？"有幼儿答"心静自然凉"，教师一愣，应答"哦"后即转问其他幼儿。教师为了完成预定的上课进程，控制问题的答案。结果是在课堂上只能听到教师的观点，而不是幼儿的观点，幼儿也不知道自己的回答是对还是错。这样会贬低幼儿的价值，挫伤幼儿的积极性，同时也把课堂提问变成了教师控制课堂讨论的工具。如果教师此时及时接住幼儿抛过来的球，进一步提问"什么叫心静自然凉"的话，我想教学效果会更好。

2.通过追问，使幼儿进一步阐述自己的观点，从而修正、补充不正确、不完善的答案。如：你说的是……这个意思吗？

3.教师还可以对幼儿的回答进行概括、汇总，使幼儿获得的已有经验得到整理、提升和系统化，并可用其作为教学资源，使每一位幼儿都能从同伴的回答中获得经验分享，提高教学效率和教学质量。提问技能的提高是一个循序渐进的过程，只要在日常教学中不断地对自己的教育行为和教育观念进行反思、分析，教师的提问技能就能不断进步和完善。

四、评价技能的运用

评价是对事物的价值进行判断，本身就是活动的一部分。评价方式是根据评价内容所采用的评价方法。评价不再是把幼儿进行排队，对幼儿进行优劣之分，而是如何发挥评价的激励、诊断、导向作用，关注幼儿的成长和进步情况。评价是为幼儿的发展服务，而不是幼儿的发展为评价服务。

（一）评价的目标和内容

目标：通过本课题研究，改变教师的评价意识，了解现有的生活活动评价模式，探索能充分激发幼儿兴趣和积极性的新的评价方式和策略，构建科学的、简约的具有操作性的幼儿一日生活活动各环节的评价指标、逐步建立评价操作体系，提高教师对幼儿的评价能力。

1.在评价方面，以本课题为契机，积累经验，为探究一日活动的其他环节（教学活动、游戏）等能促进幼儿发展的评价方式，为建立一套适合实际的评价机制做铺垫。

2.在生活活动中主要分三环节（幼儿的午餐、午睡、盥洗）来进行探究。如：

A.午餐可分：餐前、餐中（用餐情绪、用餐姿势、用餐量）、餐后。

B.午睡：睡前（脱衣）、睡中（午睡姿势、午睡时间）、起床（穿衣、整理床铺）。

C.盥洗：自己如厕、洗手、洗脸等。

3.建立每日、每周、每月、每学期的适合小、中、大各年龄段的幼儿生活活动评价机制（卡、榜、表、册）。如：

A.设置生活活动家园联系卡（每日）。

B.设置幼儿生活活动"星星榜""笑脸榜""拇指榜"等（每周）。

C.设置幼儿生活活动评价表，以小结的形式进行评价（每月）。

D.创建幼儿生活活动评价册，以评语形式进行评价（学期）。

4.每个环节的每一内容都用一颗五角星（红、黄、蓝）、各种笑脸和拇指表示。

5.设置适合幼儿兴趣的生活活动"小白兔拔萝卜""小刺猬背果果""小超人摘星星"等专栏，评价和鼓励孩子的进步，促进幼儿的发展。

6.构建幼儿一日生活活动的评价体系，初步形成一套适合本园的评价标准和方式，并逐步完善形成模式。

（二）评价方法

1.行动评价法：在研究过程中，提出研究设想，制定研究计划，并根据研究活动的开展情况和幼儿的发展情况，不断调整研究方案，使研究得以顺利进行。

2.比较评价法：是根据一定的标准对不同时期、不同地点、不同情况下所发生的教育现象、教育理论进行考察、分析、鉴别，从而确定其异同，揭示其规律、特点的研究方法。在运用不同的评价方式后对幼儿表现方面进行比较、探索和研究。哪一种评价方式更适合各年龄段的幼儿。

3.观察评价法：通过感官或辅助仪器，有目的、有计划地对自然状态下发生的现象、行为进行系统、连续的考察、记录、分析，从而获取事实材料的研究方法。不同的评价方式，幼儿的兴趣、活动的积极性都会不同，因此，我们选择了观察法，在没有任何因素干扰的情况下，记录幼儿的真实情况。

五、现代教育技术技能的运用

在科学教育活动中，很多内容都需要孩子通过自己的感知、观察和操作来探索发现周围的物质世界，获得粗浅的科学知识和技能。因此，在活动中，若充分利用现代教育媒体优势，有选择地加以恰当运用，能使科学教育活动突破时空限制，变得生动、形象、具体，更容易被孩子理解和接受。

教学过程：

（一）现代教育技术在幼儿园活动中的优势和作用

1.优化教学情境，激发幼儿学习的兴趣。

2.优化教学内容，拓展学习资源。

3.优化教学过程，体现活动的互动性与探究性。

4.应用现代教育技术手段，将教学活动整合于主题活动中。

5.应用现代教育技术，巧妙地解决活动中的难点，化抽象于形象。

例如，在大班幼儿"十二生肖"这一活动中，难点是让幼儿掌握十二个动物的排列顺序。传统的教学方法是教师提供各个生肖的图片，让幼儿记住它们的顺序，并按顺序进行排列。为了帮助幼儿记忆，还会采取儿歌形式，把十二生肖编成儿歌。这种方法的确能让孩子们记住生肖的顺序，但如果抽取出其中一个动物，幼儿往往需要把儿歌从头背到这个动物才能说出其顺序，记忆方法比较死板。我们在传统教学方法的基础上，设计了 Flash 动画游戏：十二生肖大转盘，通过点击鼠标转动生肖转盘，停下来时可随机出现生肖空档，让幼儿按顺序将周围的生肖移入正确的位置。通过这样的游戏，幼儿灵活地掌握了十二生肖的顺序，教学效果也会很好。

（二）教育技术在活动中运用原则

1.渗透性原则：将教育技术渗透到活动教学中，利用教育技术优化探究式学习的环境。

2.自主性原则：在运用现代教育技术手段过程中，鼓励幼儿大胆利用课件提供的信息，独立完成研究任务，增强幼儿实际动手的能力，培养了幼儿自主创新获取知识的能力。

3.整体性原则：在实验研究中，幼儿对概念理解能力的提高，促进了其他方面能力的发展，儿童活动中的合作意识增强，知识面拓宽，学习的积极性得到充分的调动，幼儿创造性思维品质得到迅速发展，这些都促进了幼儿整体素质的提高。

4.灵活性原则：教师能够结合幼儿身心发展的特点，灵活选择学习内容，将多种方式有机地结合在一起，提高了活动的教育教学质量。

5.游戏性原则：幼儿的社会实践活动形式主要有三种：游戏、学习和劳动。而游戏是最适合幼儿年龄特点的活动形式。通过教育技术手段将学习内容贯穿到游戏活动之中，可以使幼儿在玩中学，学中玩，在完成游戏的活动过程中，掌握概念。

（三）运用教育技术应注意的问题

现代教育技术以它特有的科学性和形象性，显示出独特的魅力，丰富了教学活动的形式，使教学过程得到了优化，教学效果得到了提高。运用现代教育技术需注意以下几个方面：

1.教育技术手段不能完全取代传统的教育媒体手段，而要与传统的手段有机地结合，通过精心的教学设计，选择最合适的教学媒体，从而优化教学活动，切不可牵强附会，搞形式上的多样化而滥用现代教育技术手段。

2.要重视幼儿的主体地位和教师的主导作用，要坚决克服重教轻学、以教代学的倾向，始终突出幼儿的主体性，着重于激发、促进、指导幼儿的学习。

3.应用现代教育技术要根据教学的目的和内容，该用时慎重选择应用，力求做到简洁明了、重点突出，不必要的媒体最好不要出现，以免干扰教学重点和难点，占用教师必要的讲解、幼儿的思维活动时间，有时活动中穿插几幅图片、一段动画就能很好地解决了该活动的问题。

4.并不是所有的教学活动都必须辅之多媒体技术，教师应根据具体的教学内容来选择适当的教学策略。

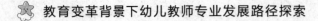

5. 课件制作应以幼儿教育学、心理学理论为指导，依据幼儿获得知识、经验的规律加上科学的设计，注重幼儿的个性特征，使课件的通用性与个别性有机结合。

随着科技的发展、教育手段的现代化，在教育中给我们提供了更广泛的空间和更大的方便。特别是在科学教育领域，运用现代教育手段使幼儿跟随声、像的感染激发其探索的兴趣、探索的情趣，有利于幼儿在愉悦的情境中参与、感知、探索，发现自然的奥秘，充分体验成功的喜悦。

第七章　幼儿教师的自主发展路径探索

第一节　幼儿教师专业自我意识的觉醒

"人啊，认识你自己。"这是刻在希腊德尔菲神庙阿波罗神殿前柱子上的一句名言。古希腊时人们就认为只有认识自己才能富于智慧，得福免祸。今天，学前教育教师为获得自身专业发展而不断地自主学习和自觉调整、完善自身教育教学理念与行为，这种意识和行动建立在教师对自己实践活动及教育观念的一种省察和反思基础上。

一、教师专业自我意识及其作用

对专业自我意识的正确认知是学前教育教师专业自我意识觉醒的基础。什么是学前教育教师的"专业自主发展意识"？要弄清楚其内涵及其对教师发展的意义，首先要清楚与此概念关系密切的人的"自我意识""专业自主"两个概念。

（一）自我意识与专业自主

自我意识是意识的核心部分，是主体对自己及自己与周围环境关系的一种感知，包括对自己存在的认识，以及对个体身体、心理、社会特征以及自己与他人、与社会关系等方面的认识。这种认识是个体通过观察、分析外部活动及情境、社会比较等途径获得的，是一个多维度、多层次的心理系统。

根据自我意识的形式，可以分为自我认知、自我体验和自我控制。自我认知是自我意识的认知成分，指一个人对生理自我、社会自我和心理自我的认识，包括自我感觉、自我观察、自我概念、自我印象、自我分析和自我评价等，主要涉及"我是谁""我是什么人"或"我为什么是这样的人"等问题。自我体验是自我意识的情感成分，指个体对自己情绪的觉知，它是在自我认识的基础上产生的，反映个体对自己所持的态度，包括自我感受、自爱、自尊、自卑、自傲、责任感、优越感等。以情绪体验的形式表现为个体是否悦纳自己，主要涉及"我是否满意自己或悦纳自己"等问题。自我控制是自我意识的意志成分，指个体监督和调节自己的行为，达到自我实现的目标，为自我实现服务，包括自主、自制、自强、自律等。如"我应该做什么？""我应该成为什么样的人？""我可以选择如何做？"等。

根据自我意识的内容，可以分为生理自我、社会自我和心理自我。生理自我是个体对自己生理属性的感知和评价。它使个体把自我与非自我区分开，意识到自己的生存寄托在自己的躯体上，包括占有感、支配感、爱护感和认同感等。社会自我指个体对自己社会属性的意识，包括个体对自己在各种社会关系中角色、地位、权利、义务等的认知、情感和评价，其形成受社会变迁、现实的他人和群体的影响。心理自我指个体对自己心理属性的意识、情感和评价，包括个体对自己感知、记忆、思维、智力、性格、气质、动机、需要、价值观和行为等心理过程、心理状态和心理特征的认知和评价。

根据时间维度，可以分为过去的我、现在的我和理想的我。过去的我是对以前自己的认知和评价；现在的我是对现实中的我的认知；理想的我是认为自己将来应当成为的那种人，是个体追求的目标，不一定与现实一致，但对个体的认知、情感和意志有很大影响。

关于什么是专业自主，我国理论界对此讨论比较多，主要有以下几种说法。宋宏福认为，专业自主是专业人员对其行为表现和所负责任的事务能自主判断和全权处理，而无须外人控制和干扰；刘会莉认为，专业自主是从事专业工作的人员，其专业工作的独立自主，不受行政人员和非行政人员的干预；郑肇桢指出，专业自主是工作者有若干决策自由，以应付常规以外的事态；钟启泉曾指出专业自主是指教师在其专业领域里依其专业智慧，包括课堂教学、学校或是组织决策，以维持其专业品质不受非专业的外界干预的状态。比较而言，第四种解释规范而到位，并点明了教师的专业自主。关于教师专业自主，通过对已有资料的整理，发现现有的研究较为一致的观点有：教师把自身的发展当作自己认识的对象和自觉实践的对象；不断自我反省和反思，以批判的态度面对、审视自我和现实；独立于外在的压力，订立适合自己的专业发展目标和计划；有意愿和能力将所定目标和计划付诸实施；选择自己需要的学习内容和方式；自觉地实行自我发展管理等。

（二）教师专业自我意识

通过对上述两个概念的理解和讨论，我们认为教师专业发展自主意识是指教师在专业生活中，来自个体的内在发展意识，它是建立在教师个人对自己所从事职业的正确认识基础上的，为获得自身专业发展而不断地自主学习和自觉调整、完善自身教育教学理念与行为的意识，是教师对自己实践活动及教育观念的一种省察和反思。

幼儿教师专业自我意识是指学前教育教师在其职业生涯中形成的，与专业相关的一系列情感体验、规划期望以及对自己的认识和评价等。它包括三方面内容，即对过去专业发展过程的总结意识、对自己现在专业发展状态和水平的评估意识、对未来专业发展的规划意识。它反映的是学前教育教师对其自身从事幼教事业的认识、情感体验和专业行为取向等。

专业自我意识是学前教育教师实现自主专业发展的基础和前提，它既能将学前教育教师过去的发展过程、目前的发展状态和以后可能达到的发展水平结合起来，使得已有的发展水平影响今后的发展方向和高度、未来的发展目标支配今日的教育行为，又能增强学前教育教师对自己专业发展的责任感，从而确保幼儿教师专业发展的自我更新取向。

（三）教师专业自我意识的作用

教师专业发展贯穿整个职业生涯，它不仅仅是一个时间的延续，而是教师心理素质的形成与发展，即教师的职业追求、信仰、需要、创新精神、自主意识，职业能力即教育教学能力的发展变化过程。幼儿教育的发展对教师质量提出了全新的要求，教师应该是教育发展的动力与主体，而不是教育改革的对象和别人成果的借鉴者，教师只有在新环境中不断塑造自身，充分发挥自主意识，才能成为教育发展的主动促进者。

专业自主发展意识是促进幼儿教师专业发展的内驱力。每个人都具有自我再生、自我更新和自我完善的能力，但个人的自我意识能力有强弱之分，一个不具备自我意识的人不可能有持续的发展。专业发展自主意识能保证教师不断自觉地促进教师自我专业成长，是教师自我专业发展的内在主观动力，是教师真正实现自主专业发展的前提和基础。深化专业自主发展意识，可以弥补过去教师教育只以教师群体一般需求出发而不考虑教师个人需求的不足，又可以增加教师对自己专业发展的责任感，始终保持一种自觉的状态，有意识地将自己的专业发展现状与教师专业发展一般路线相比较，追求理想的专业发展成为自觉行为，及时调整自己的专业发展行为和活动安排，以致最终达到理想的专业发展。教师只有具有强烈的专业自主发展意识，才能自觉地把社会、教育发展需要内化为自身的需要，把参加教师培训提高自身素质内化为自身迫切的要求，才会产生寻求解决途径的积极态度和动机，将理性与激情、认知与情感、技能与意志成分有机整合，使教师的专业发展呈现出更强的主动性和自觉性，使教师在志趣、能力和心向上具有高度活性，能适应社会与教育的急剧变革，使职业生涯焕发出更加旺盛的生命活力。专业自主发展意识是学前教育教师职业幸福感的重要来源。幸福是一种主观感受，教师能否获得职业幸福感需要一种能力、一种职业境界，这就依赖于教师能否积极主动促使教育教学工作，能否积极主动地从整体上理解和把握自己的职业，成为一个理性思考的人，能否有效克服职业倦怠现象，能否积极主动地规划个人的职业发展，这一切都离不开专业自主发展意识的支撑。人类的幸福有赖于自主意识的深化，教师的职业幸福有赖于专业自主发展意识的深化。

二、幼儿教师专业自我意识的现状

了解幼儿教师专业自我意识的现状，是教师专业发展的现实依据。我们通过对学前教育教师访谈和对已有研究成果的梳理，发现目前学前教育教师的专业发展观、反思习惯、对未来发展方向的把握及自我意识的总体水平等方面体现出以下特点。

（一）学前教育教师的专业发展观

教师对专业发展持什么样的价值观、认同感，达到何种程度等一些因素影响甚至决定着教师对专业发展的需要和意识、情感与能动作用。学前教育教师对职业的认同程度显示出教师专业发展意识的水平。有研究表明大部分学前教育教师对所从事的职业的专业化性质已有相当程度的认可，然而对其职业及个人的专业发展却存在着较为明显的认知上的不足，不少教师仅凭个人经验认定教师发展应着眼于工作的前三年，对终身发展需求缺乏必要认识。

（二）学前教育教师的反思习惯

无论是教师对自己过去专业发展过程的意识，还是对自己现在专业发展状态、水平所处阶段的意识，都包含着教师反思的过程。反思的结果往往能促使教师对自己的专业发展进程保持清醒认识，而这种认识又反过来有效地刺激教师的专业再发展。因

教育变革背景下幼儿教师专业发展路径探索

此，教师的反思习惯是衡量教师专业发展意识强弱的因素之一。我们在访谈中发现仅有部分学前教育教师具有良好的反思习惯，能对自己的教育教学做出有效总结和思考，大多数教师则是偶尔为之，教师自觉反思的意识和能力都比较弱。

（三）学前教育教师对未来发展方向的把握

目标的功能就如同灯塔一样起着整体的导向作用。教师只有清晰地认识到自己的发展目标，并形成与获得所希望的成果相应的预期时，发展才可能成功。虽然多数教师愿意继续从事本职工作，但是有更高精神追求的教师却为数不多。长期被动的发展模式使许多幼儿教师养成了安于现状的心态，甚至出现职业倦怠、转岗再就业现象。

（四）学前教育教师自我意识的总体水平

教师自我专业发展的意识包含了教师对自己当前专业发展状态、水平所处阶段的清晰认识。这种认识显然是重要的，教师不仅应对自己在教学工作中存在的劣势项目有一定了解，并在未来的发展过程中做出适当的规划，而且应当发现自己的优势项目，以提升个人的自信心，获得较强的教学效能感。陆玲的研究显示：幼儿教师专业自我意识的总体水平基本呈正态分布，大多数幼儿教师的专业自我意识处于中等偏上水平，少数幼儿教师的专业自我意识总体水平较低。在专业自我意识的自我认知、自我体验、自我调控三个因素中，专业自我体验的得分最高，幼儿教师对自己在工作中的肯定性评价较多，从工作中体验到和感受到了较多正向情感情绪；专业自我调控得分最低，说明幼儿教师在个体的自我学习、自我反思、专业规划上目标不是很清晰。

三、影响幼儿教师专业自我意识的个体因素

幼儿教师专业自我意识是当今学前教育教师群体职业生活质量的重要参考指标，也是影响幼儿教师专业发展的重要方面。影响幼儿教师专业自我意识水平的因素主要有环境因素和个体因素。其中环境因素包括社会价值观、组织文化等，这在本书的第二章已有所涉及，为了避免重复，本章仅从影响专业自我意识的个体因素这一维度加以阐述。

（一）择业动因和工作动机

选择职业的意愿，是从事职业的内在动力。择业动因是个体选择某一职业的理由和原因，它受多种因素影响，如个体性格特征、家庭情况、周围环境、生活经验、时代背景等。积极的择业动因可能会给个体的职业生活带来积极的情感体验；反之，消极的择业动因可能带来消极的情感体验。一般来说个体的择业动因主要考虑两个方面：一是内在条件，即出于对生存发展、所选职业基本方面的认知；二是外在条件，即择业行为是一定外部因素驱使，这些外部因素来自家人、亲友、同学和社会等，既有亲情、友情、归属、赞许、地位、名誉等精神因素，又有收入、待遇、奖励、工作条件、环境等物质因素。

如果个体的择业动因是自发的，则会发自内心地喜欢，履职有一定的自觉性；若是来自外部的因素，则会有一定程度的排斥和抱怨，履职就缺乏自觉性。进入这个行

98

业后，教师的择业动机在很大程度上对激活和强化教师的专业行为、保证教师教育行为和活动的有效性起着重要的作用。择业动机如果是外在的，如仅仅把这份职业当作获取收入的一种手段，就很难获得自我成长或满足。

教师的工作动机是一种内在的相对稳定的心理反应倾向，它能通过个体的感情、认知以及行为等媒介，对其行为和知觉起到一定的影响作用。高水平的职业态度能使教师对自己教学教育活动的自我效能感增强，认识到自己工作的重要性，能从工作中体验到自我满足，并能从知觉认识上对教师职业产生强烈的职业认同感，在教育教学行为上表现为富有热情，充满爱心、耐心、责任心。

当学前教育教师坚持继续工作的动力是积极的、主动的、内在的，往往能体验到更多的职业幸福感。通过对学前教育教师教学行为的观察，我们发现优秀教师更加喜欢教师这个职业，对自己的教育在幼儿发展中期待的作用有较高的评价，并且更愿意参与教学改革、尝试新的教学方法；而对学前教育教师这个职业不喜欢或因为某种原因勉强为之的教师，则会对自身的教学能力和环境中的不确定因素表示怀疑，并表现出一种消极的教学态度。

（二）职业认同感

职业认同是个体对所从事职业的肯定性评价，指一个人从内心认为自己从事的职业有价值、有意义，并能从中找到乐趣。职业认同一般是在长期从事某种职业活动的过程中，对该职业活动的性质、内容、职业社会价值和个人意义，甚至对职业用语、工作方法、职业习惯与职业环境等都极为熟悉和认可的情况下形成的。

学前教育教师职业认同的高低，关系到他们对本职业的热爱和肯定程度，这既是干好本职工作的前提和保障，也是教师专业发展的内在动力。学前教育教师对本职工作越是认同，在感情上越是依恋，就越能促使他们将其本职工作视为有意义和有价值的工作，从而主观上更愿意去调动内在经验去调节情绪。对职业的强烈认同能引导教师积极评价自己的能力，体验到满足感，能更好地考虑和规划职业生涯。

教师职业认同的程度影响其自我专业发展意识的高低。教师对自己职业的认同度高，意味着教师对自己职业的性质、功能、意义的认识深刻，对其在职业活动中的情感体验、工作的成就期望、自身专业技能的自我评价做出的反应是积极的，注重积极的反应表现为教师在平时的生活中，更关注教育方面的信息，主动接受新的教学思想、教学工具，探究新的教育方法、教育政策；往往更满意自己的工作，愿意在工作上积极进取。只有当教师对所从事的专业有一定的认同与信念，并且愿意继续从事这一专业时，才会自觉地对这一专业产生内在的信念与承诺，并成为自我专业成长的动力。

（三）工作成就感

工作成就感是指教师在工作中因为个人的成长与进步或幼儿的成长与进步而体验到的积极情感。教师的工作成就感是激励教师从事和热情投入教师专业的主观因素，顺利、成功时产生的积极情绪及舒适的身心状态会使幼儿教师获得良好的情绪体验，提高自我评价，增强教师的自我期望。

根据马斯洛的需求层次理论，工作成就感越高，其自我价值实现越充分。自我实现的价值得到了满足，更能促进个体的进取心。教师本身就是最需要信心、最需要感受成功的人，当他们相信自己所做的工作具有很高的价值，社会影响极大，或者是富有挑战，他们就会倾注极大的热情，全神贯注地投入他所承担的项目中。

成就感较强的教师对教育工作通常抱有积极的看法，同时也认为自己具有较强的能力和教育影响力，因而他们往往具有较强的自我胜任感，并认为自身的教育能力在教育中可以得到不断发展，因此产生的是促进性的、适应性的工作动机。同时，他们倾向于已设定和选择富有挑战性的任务与目标，并积极努力地使自己的行为和活动朝向这些任务和目标，在面对困难时也往往更能主动积极地想办法克服并努力地坚持下去。这种良好的动机最终也将促进教师教育行为的改善，并不断促进其教育能力与教育有效性的提高。

四、唤醒幼儿教师自我专业发展意识的有效策略

（一）明确"我"在自我专业发展中的地位和作用

1."我"是教学者

这是对教师最基本的要求。只有当教师意识到自己承担的教育责任，才能在专业发展中有意识地提高与自我专业发展相关的各种知识和技能；才能在教学实践中依据我作为一名教育者所承担的教书育人的责任来规范和调控专业发展的行为，增强自我专业发展的主动性，明确自我专业发展的方向；才能通过"我"的发展服务儿童，并最终达到自我价值的实现。

2."我"是研究者

只有当幼儿教师具有了研究的意识、研究的精神和研究的习惯，才能在新形势下把握发展规律、转变发展理念、破解发展难题，实现又好又快的专业发展。这就要求教师做到在困难面前勇于挑战自我、在合作中勇于批判自我、在实践中善于反思自我。只有对自己的专业实践活动有高度的问题意识，并愿意尝试解决问题，教师才能将解决问题的经验上升到具有一定高度的实践智慧。

（二）明确"我"所处的专业发展阶段

只有当幼儿教师对自我专业发展的起点有了明确的意识，才能提出合理的发展目标，才能根据起点和目标制定切实的发展规划。这就需要教师对自己已达到的发展状态和水平有个较清晰的意识，具体来讲主要包括对自我专业结构的各个方面的意识，明确已有专业结构中哪些方面还需要提高、哪些因素需要调整、"我"已具备了哪方面的能力、"我"还有哪些方面仍需改进、"我"应重点关注专业发展中的哪些方面等。

（三）将反思作为自我专业发展的主要途径

首先，在刚入职阶段，若新手教师不能很好地利用反思这一手段促进自我发展，那么幼儿园应创造多种条件，增强对幼儿教师的指导，提升其反思能力，引导教师主动地、全面地、有针对性地进行反思。其次，幼儿教师应主动增强问题意识和反思意

识，努力做到反思习惯化、反思主动化、反思系统化。教师在教学活动中的反思可以是教学活动实施之前对已经确定的教学方案的科学性、教学材料准备的充分性、教育过程的合理性的全面权衡，可以是对教学活动过程中出现的具体问题的即时调控，也可以是教学活动实施后对教学活动各要素的全面分析。通过反思主要帮助教师明确教学中存在的问题。

（四）通过多种途径促进自我的专业发展

首先，问实践要发展。这里的实践是指教师的专业活动，即要求教师在教学实践中树立主动发展的意识，以日常教学为发展平台，从发现问题、解决问题到总结经验，构成一个促进自我专业发展不断循环的动态系统，在实践中发现问题、解决问题，做到发展来源于实践并指导实践。其次，问环境要发展。这里的环境主要指幼儿园为教师专业发展提供的各种条件和机会。有些幼儿园非常重视教师的专业发展，为其创造了各种条件。教师可以依据自己的实际情况，着眼于自我的专业发展，有选择地参加，有针对性地补短。

第二节　幼儿教师职业生涯的规划管理

所谓教师职业生涯发展就是指个人预备或选择教师这个职业，并决定进入这个职业，适应教师职业中的各种规定或要求，以及在这个职业中扮演和学习各种角色，逐渐由较低层次向上发展，逐步达到较高层次的过程。幼儿教师职业生涯发展包含职前、入职、职后三个时期。在这几个不同的职业生涯发展阶段，幼儿教师可能面临着许多关于职业发展方面的困惑，但这些困惑具有一定的规律和阶段性特征，如果能够做好幼儿教师职业生涯的规划管理，能更好地促进幼儿教师这一职业和教师自身的专业发展，为国家、民族和社会呈现出更加富有创造力的幼儿教师的风采。

一、幼儿教师的职业特点

（一）教育对象的特殊性和主动性

幼儿教师每天面对的是一群 3 ~ 6 岁之间的儿童，这一年龄段的儿童是一群特殊的群体，他们普遍都是自控能力低，在生活中自立能力较弱，活泼好动，注意力不集中，自觉学习能力几乎是没有。这一年龄段的幼儿对周围事物充满好奇，探索欲、表现欲强烈，还处于认知水平发展的初级阶段，以具体形象思维为主。由于幼儿教师教育对象的特殊性，使得幼儿教师在教育过程中扮演多重角色，在幼儿学习过程中，老师要扮演好引导者和研究者的角色，在生活中要当妈妈承担着服务者和陪伴者的角色。在游戏中与幼儿一起游戏，又是参与者、组织者和协调者的角色。

除特殊性外，教师教育的对象还具有主动性。幼儿既是教育对象的客体，又是主动学习的主体。幼儿在学习过程中不是被动式的接受学习，而是主动选择外界的活动。

教育对象主动性的特点要求教师在教学过程中要充分调动幼儿的积极性和主动性，以儿童为中心。所以在课程内容的设计上要根据幼儿活泼好动的天性和幼儿生理、心理发展的水平和特点将预设课程与生成课程相结合，因为偶发事件在幼儿园课堂上经常发生，要适时调整学习内容，充分调动幼儿学习的兴趣，促进幼儿的健康发展。

（二）教育内容的全面性和细致性

幼儿教师的教育内容要具有全面性，这是因为幼儿教师要根据幼儿自身发展特点和水平，结合教育目的，对幼儿进行"五育（德育、智育、体育、美育、劳育）教育"。这就要求幼儿教师不仅要有丰富、全面的专业知识储备，教育幼儿掌握较浅的知识，发展他们的智力，而且需要幼儿教师具有将专业技能与通识性知识相结合的能力，丰富幼儿的情感，促进幼儿的全面和谐发展。教育内容的细致性具体表现在幼儿教师需要细心照顾教育幼儿，学龄前的儿童独立意识、动手能力较差，对危险意识不强，因而需要幼儿教师的细心照顾和关爱保护。

（三）教育过程的创造性

幼儿教师的教育对象具有特殊性，他们服务的学龄前幼儿来自不同的家庭背景，具有不同的行为习惯、兴趣爱好，并且活泼好动、注意力易分散。要求教师的教育工作要具有创造性。学龄前的幼儿身心发展变化迅速，每个幼儿都是独特的个体，教师需要根据幼儿的身心发展规律，创造性地运用专业知识和科学的教学方法设计教学内容。幼儿教师的教育对象除具有特殊性外还具有创造性，这一创造性具体表现在：教师要根据幼儿差异因材施教；在突发事件的处理上要兼顾情感、理性的结合；在幼儿游戏中教师要注意幼儿的微妙变化，适时地给予教育，幼儿教师的教育工作发生在任何时间、任何地方，没有固定教育模式可循，要求教师创造性地解决问题，完善教育效果。

（四）教育效果的长期性和隐蔽性

幼儿天性爱模仿，作为学生第一任教师的幼儿教师，其言行举止对幼儿的影响至关重要。幼儿学习到的行为习惯、道德、知识技能为继续接受中小学教育、大学教育甚至之后的生活、工作奠定基础，短期内的影响不明显，这种影响是长期性的甚至是终身的。中小学的教育效果可以用分数、升学来测量，立竿见影。而幼儿教育具有不可测量性、隐蔽性，受教师潜移默化的影响较大。由于幼儿教育效果的隐蔽性和长期性，家长对幼儿教师的认可度不高，教师的成就感低，教师工作的期待和坚持工作的信心不足。幼儿教师要学会合理规划自己的职业生涯，提高自身素质，调整心态、接纳自我，提高职业幸福感。

二、影响幼儿教师职业生涯规划的因素分析

（一）社会环境的影响

幼儿教师的社会环境即幼儿园以外的环境，包括社会职业观念和国家教育政策。社会职业观念影响一个人的职业选择，国家教育政策变化影响一个人的职业生涯规划。

受传统职业观念的影响，幼儿教师的学历普遍低于其他类教师的学历，许多人认为幼儿园就是照看孩子的地方，幼儿教师就是负责给看孩子的，收入也颇低。这种观念和收入低的状况导致很多幼儿教师无法对未来的职业角色产生浓厚的兴趣，更别提对幼儿教师这一职业角色产生足够的认同感了。众所周知，幼儿教育事业的健康快速发展离不开高度认同感的幼儿教师队伍，中国幼儿教师普遍表示工作压力大，工资低。这导致当前相当一部分的幼师，特别是刚毕业进入工作岗位的年轻教师对幼儿教师这一角色的认同度较低，从而影响幼儿教师职业生涯规划发展的轨迹，影响职业生涯规划。作为功能主义奠基人的迪尔凯姆表示，社会产生分工的主要原因有：社会中的一些工作较为重要，从事较为重要工作者，会得到社会给予的较高的地位与薪酬。人与人之间的知识、智力、才能与技术水平是有差别的，社会分工的本质就是让最有能力者从事最重要的工作。从上述理论可以看出，当今幼儿教师的经济、社会地位对其职业生涯规划具有重要影响。

在政策方面：幼儿教育不属于义务教育阶段，国家尚未制定相关法律对幼儿教师这一职业给予一定的要求，这一方面影响当前幼儿教育事业的发展，另一方面也影响幼儿教师的职业生涯规划。民办幼儿园是我国幼儿教育事业的主要力量，但是多数的民办幼儿园是刚兴起的，存在的时间稍短，相关的管理者对这一方面的管理经验不足，职能部门间协调不平衡，政策法规在一定程度上具有滞后性。以资金投入的倾向性为例，各地方政府对公办幼儿园的投入明显高于民办幼儿园，公办幼儿教师的福利待遇高于民办幼儿教师，民办幼儿教师的工资由幼儿园负责，而有的幼儿园由于资金短缺，教师的薪金跟不上，幼儿园就不得不降低师资标准，招聘工薪要求较低的幼儿教师，这样就导致师资力量薄弱，影响教学质量的提高。以教师编制为例，幼儿园教师编制较少，合同制教师和临时教师为幼儿园教师队伍的主力，这样教师流动比较频繁，长此以往，幼儿对教师的适应性以及幼儿园办园质量势必会受到影响。另外，在教师职业生涯规划教育上，政府对幼儿教师的职业生涯规划重视度也不够，比如在政策上的扶持仅限于高校的教师及中小学教师，幼儿教师并不在政策之列，这在一定程度上也阻碍了幼儿教师职业生涯规划推行及实施的步伐。

（二）幼儿园内部影响

幼儿教师的职业生涯规划既受社会环境外部影响，还受幼儿园内部的影响。这里的组织内部因素包括幼儿园对幼儿教师职业生涯规划的重视程度、园所管理风格。这是因为一个幼儿园的教育理念，对幼儿教师的职业生涯规划起着引导、激励和约束的作用。园所管理类型中的内部组织文化和幼儿教师的职业生涯规划相互联系，引导并激励教师将园所发展与个人职业理想挂钩，进而成为幼儿教师职业生涯规划发展的重要动力。《国家中长期教育改革和发展规划纲要（2010～2020年）》及各省市出台的"学前教育三年行动计划"，使得学前教育事业蓬勃发展，我国民办幼儿园的数量也是与日俱增。为了追求利益的最大化及迎合家长的需求，民办幼儿园招聘的教师更关注教师的技能及教学能力，并且要求幼儿教师必须有耐心、爱心和细心，然而对教师个人的心理健康和工作压力问题关注度不够，甚至忽视幼儿教师的生命安全问题，使得教师容易产生职业倦怠并且幸福感不强，影响教师的稳定性与职业生涯的发展。幼儿园在入职前很少关心教师的职业生涯规划，入职后对教师的培训体系不完善。目前大部分幼儿园还不能做到协助教师通过测验了解自己的兴趣、能力，也不能向幼儿教师提供与职业生涯相关的课程，对幼儿园未来发展方面的信息与幼儿教师交流的较少导致幼儿教师与园所融合力不强，教师流动频繁，影响教师的职业生涯规划。总之，幼儿教师的职业生涯规划与其所在园所管理风格有密切关系。如果园长在管理中所做的工作能与幼儿教师的职业生涯规划相互协调，那么就会在幼儿园引起教师的积极反应，有利于幼儿教师的职业生涯规划持续、稳定进行。如果园所在管理中所做的工作不能重视幼师的职业生涯规划或者是不支持，那么就会在幼儿园这个内部组织里引起幼儿教师的消极反应，相应的幼儿教师的职业生涯规划工作也很难继续下去。

（三）个人因素

幼儿教师的职业生涯规划虽受社会环境、园所管理政策等客观环境的影响，但最主要的因素还是源于自身主观因素的影响。我们知道人的身心发展是有阶段性的，每一阶段都有其独特的特性，相应的幼儿教师的教学生涯发展也具有阶段性，职业生涯规划亦呈现阶段性的特点。幼师在职业发展中心理目标的达成度和满意度在一定程度上影响幼儿教师的工作热情、教师职业的发展、学习的特征等，同样的幼儿教师对自己未来的规划与期待、教师自身职业承诺、职业观念都影响教师的专业发展，进而影响职业生涯规划。在进入幼儿园之前，教师学习的关于职业生涯规划的知识较少，甚至没有涉及，这就导致幼儿教师自身的职业生涯规划意识不足，职业生涯规划的能力缺失。此外幼儿教师的家庭状况对个体的职业生涯规划亦有不同程度的影响，例如父母的身体健康状况、家人对幼儿工作的态度、另一半的地域问题、孩子的照顾问题等，当这些问题和自己的工作角色发生冲突，教师就不能全身心地投入到工作中，致使自己的职业生涯发展与规划受到限制。

三、幼儿教师职业生涯规划的对策

（一）社会环境方面

1.提高社会认可度，激励教师做好职业生涯规划工作

随着社会的发展、义务教育的普及，家长学历水平普遍提高，越来越多的人认识到幼儿教育的重要性，幼儿教师的地位日益提高，得到社会的认可和尊重。但是，在经济发展相对落后的偏远地区，幼儿教师仍被看作没有什么知识含量的类似"保姆"的一种职业，不能得到应有的重视和关注。虽然公立幼儿园教师的工资报酬相较于民办幼儿园的更为稳定，但是教师基本权益及保障的获得不高，教师教育过程的长期性、隐蔽性使社会上部分家长对教师的职业认同感不高，相应的教师的地位也需要社会的认可，增强教师的成就感与幸福感。近年来，教育部在各大会议上都重点强调了发展学前教育事业的重要性。幼师的重视与关注问题、福利待遇问题、生存环境问题急需

解决。提高幼儿教师的社会地位，不仅有利于解决当前幼儿教师稳定性较差、职业幸福感不强的问题，而且可以激励教师做好教育教学，更好进行职业生涯规划，提高教师整体队伍素质。

2.贯彻落实相关政策，建立机构指导职业生涯规划

随着《国家中长期教育改革和发展规划纲要（2010～2020年）》及各省市关于"学前教育三年行动计划"的启动加速了学前教育事业的发展，幼儿教师的归属、民办幼儿园教师的在职及退休的福利待遇问题也随之而来，需要政府及教育行政部门充分考量与落实相关教育政策。根据我国教育法中的《教师法》规定，我国的教师平均工资要不低于或高于公务员工资，退休时享受国家的退休补助。然而这些关于教师的待遇仅限于公立幼儿园，绝大多数民办幼儿园教师没有享受到该待遇。政府及教育行政部门要加大对幼儿教育事业的投入，保障幼儿教师的基本权益，增强幼儿教师工作的信心和幸福感。政府教育行政部门还可以设立职业生涯管理机构，加强对幼儿教师职业生涯规划的指导和培训工作，将幼儿教师的职业生涯规划与职称评定、绩效考核、晋升相结合，把教师个人的职业发展与当前的政策相结合，使之对幼儿教师的职业生涯发展发挥监督指导作用。幼儿教师深造、进修的机构应把幼儿教师职后职业生涯规划纳入培训课程之中，并组织相关人员对幼儿教师的职业生涯规划进行评估与追踪查访，做好幼儿教师的职业生涯规划指导与培训的评价与反馈工作。

（二）幼儿园内部管理方面

1.加强对幼儿教师职业生涯规范指导

幼儿教师进行职业生涯规划可以帮助其具体全面地认识自己的专业，然后审视自己，对专业的发展的优势和劣势进行分析，制定出科学合理的发展目标，从而使自己的专业发展得到提升。教师的职业生涯规划可以充分了解个人的兴趣、能力、优劣势，制定自己职业的详细计划，并按计划进行一步步实施，从而实现自己的职业目标。好的计划是成功的一半，有目标就有动力，因而幼儿园这一内部组织要明确幼儿教师职业生涯规划的意义和作用，充分利用好幼儿教师的职业生涯规划，将教师的职业生涯规划与幼儿园的长远发展挂钩，加强对幼师的指导与引领作用。首先，帮助幼儿教师客观评价自己与外部环境，可以通过权威的测验，如霍兰德的职业兴趣量表、卡特尔的16种个性因素测验，以及MBTI职业性格测试等正确认识自我、分析自我、了解自己的人格特征及职业倾向，提供给教师园所未来发展策略方面的信息以及进行职业生涯规划的方向和方法，激励幼儿教师进行职业生涯规划。职业生涯规划不应作为幼儿教师的一项必要完成的任务，使幼儿教师感觉到有压力，是一种负担。这就需要相关部门鼓励但不强迫教师去进行职业生涯规划，设置奖励机制等，使幼儿教师积极主动地认识职业生涯规划的重要性，并付出行动。其次，幼儿园给教师提供职业生涯相关课程，设置职业生涯管理部门，当教师在执行职业生涯规划时遇到困惑与困难时有可以咨询的部门，并采用多种途径和方法对幼儿教师的职业生涯规划进行追踪考察，不断修正职业生涯规划，最终设置一份合理、有效、可行的职业生涯规划，并定时给予

反馈评价与再修正。密切联系幼儿园所未来的发展与教师职业生涯发展的关系，让幼儿教师在幼儿园感受到家的氛围，这样可以稳定教师队伍，大大提高幼儿教师队伍的整体素质与教学质量，幼儿园才能长远地发展。

2. 加强对幼儿教师职业生涯规划职后培训

幼儿园要在教师入职后做好培训工作，加大职业生涯规划在培训中的比重。当前幼儿园对教师的培训主要集中在教学理论、教学技能、教学方法、观摩课学习以及园本理念等，对教师职业生涯规划内容的培训鲜有涉及。幼儿教师对职业的满意度与教师培训内容有重要的联系，让教师满意的培训内容有利于增强教师的职业认同感，因而教师培训要与教师的实践相结合，将职业生涯培训与教学理论培训相结合，为教师提供交流学习的平台，多渠道对教师的职业生涯规划给予培训指导，提高教师的专业水平。教育部原部长周济曾在全国性高校会议上强调"教师队伍建设的职业化和专业化必须按照专业化、制度化、信息化和全程化的要求"。所以幼儿教师职业生涯的科学规范发展还需要幼儿园专业化、职业化的师资队伍建设。再者，幼儿园内部这个组织还要关注教师的职业倦怠问题，积极关注教师情绪，对出现不良情绪的幼儿教师进行及时关注并给予指导，设立情绪宣泄室。落实幼儿教师的激励机制，积极关注教师的职业成长并及时进行肯定。加强与教师的沟通交流，在交流学习过程中对教师进行的发展性评价，提供教师间相互学习的机会，并对教师的职业生涯规划进行科学指导与监控。

3. 加强对幼儿教师的职业生涯规划管理

幼儿教师的职业生涯规划不是一时兴起，这一规划实施是持续的、终其一生的。因而教师不应将教师做的职业生涯规划成为幼儿园的摆设，要充分理解教师的内部需求，不断改革幼儿园的绩效考评与评优评先、职务晋升制度，调动幼儿的积极性，主动为自己的规划而努力奋斗，使之获得成就感与幸福感。在绩效考评中可年终考评与月末奖励相结合，拉大教师间的收入差距，职业生涯规划实施标兵进行奖励并鼓励向其他教师分享心得体会，可作为教师职业生涯管理技能上的导师。幼儿教师是职业生涯规划的主体，是职业生涯规划的实施者，同样也是职业生涯规划的受益者，幼儿园要充分调动教师的内驱力，提供学习场所，减轻工作压力，提高教师待遇。可通过缩小专任教师与幼儿师资比、把午觉和周末还给教师、补助教师继续进修受教育的学费、提高教师的学历、缴纳教师保险、建立教师成长档案袋让教师看到自己的成长以激励教师进步、减少教师教学任务之外的工作负担等，使幼儿教师在工作中充满幸福感与成就感。职业生涯管理是员工所在组织为了实现个体对资源自主开发而采取的管理，用来保障员工进行职业生涯发展和计划的活动，职业生涯管理能调节员工认识上的偏差，提高员工工作的积极性和主动性。当今社会上出现的民办幼儿园师资流动现象严重影响了幼儿园的教学质量以及园所的稳定发展，因而通过对幼儿教师的职业生涯规划进行管理，能够稳定幼儿园师资队伍素质需求与幼儿教师职业生涯发展需求之间的问题。这就需要幼儿园应建立教师职业生涯规划管理部门，充分发挥教师职业生涯规划的监控与指导作用，设立意见箱，匿名听取教师的建议并给予实施的反馈评价。联合国教科文组织教育丛书《教育——财富蕴藏其中》中提到"要做好教师工作，自身需要有足够的能力，还需要有外部的支持。外部支持包括物质条件、教学手段，评价和检查制度也应成为教学和激励的手段。"通过反馈评价能够及时理解教师职业生涯规划实施的现状并对偏差给予及时修正，积极总结规律，从而使职业生涯规划更加科学。

（三）幼儿教师个人方面

1.幼儿教师自身需提高职业生涯规划意识

幼儿教师的成长发展需要自身具有成长的意识。我们将幼儿教师的职业生涯规划定义为一种有目标、有计划、有行动实施的社会性行为。在这一行为中，社会、幼儿园、教师个体三者相互影响、相互促进，所以教师在职业生涯发展中化弊为利，积极克服不良因素需要提高职业生涯规划意识。幼儿教师要认识到职业生涯规划对自己的职业发展、专业发展与幸福感的重要性，积极进行职业生涯规划设计。幼儿教师要正确评价自己的内外部环境，主要包括自我认知（能力、兴趣、个性）、了解组织发展机会（幼儿园环境、当前社会政策背景、家庭情况）、利用工作之余学习职业生涯知识，关注教师专业发展，并及时与幼儿园园长及同事进行沟通交流，通过书籍、报刊、视频等多途径拓宽职业生涯规划有关知识，并在工作中充分挖掘自己的兴趣爱好，找出自己的优势与劣势，取长补短，感受职业生涯规划的成就感，有利于个体主动地进行职业生涯规划。

2.幼儿教师自身需知晓职业生涯规划阶段

幼儿教师在职业生涯发展过程中既需要职业生涯规划的意识更要有职业生涯目标，明确职业生涯发展的各个阶段。没有目标就没有行动方向，体会不到成功的喜悦，教师这一职业更应该有目标，目标更应该关注自己的职业生涯所处阶段。通过了解我国教师职业生涯的发展阶段，进行科学合理的职业生涯规划。关于幼儿教师职业生涯发展的阶段，第1~2年为幼儿教师求生阶段，在这一时期的幼儿教师关注自己能否在新环境中生存；巩固阶段（第2~3年）这一时期的幼儿教师已初步具备适应能力，开始以儿童为中心进行授课；求新阶段（第3~4年）教师对机械、重复的工作感到厌倦，已开始不愿与儿童一起做事情，转向关注专业领域的发展；成熟阶段（第3~5年）在这一时期教师的教学经验已经充足，能够较为深刻、抽象地提出一些探索性的问题。幼儿教师在进行职业生涯规划时，准确地把握职业生涯发展各阶段特点，关注自己所处的阶段，并加以克服和解决各阶段的典型问题，能够促进幼儿教师对职业生涯进行科学、合理规划。

3.幼儿教师需树立终身职业规划意识

美国埃德加·施恩（Edgar H. Schein）教授认为，职业规划实际上是一个持续不断的探索过程，《国家中长期教育发展规划纲要》也明确提出了"实现教育现代化，建成学习型社会，形成终身学习"的教育理念。因而，需要幼儿教师把握职业生涯规划的步骤，树立终身职业生涯规划的理念。幼儿教师的职业生涯规划把终身教育作为一种教育理念，它贯穿人的一生。幼儿教师根据职业生涯规划的步骤积极进行个人职业生涯设计并做好培训、学习，不断提高自己的专业发展水平以适应当前新社会素质人才的需求，制定终身教育目标，树立终身教育理念。积极主动地与幼儿园的领导、同事进行沟通交流，把职业生涯规划做得较好的教师作为自己学习的模范，主动学习终身规划的方法和能力，充分发挥自己的潜能，进而提高自己的职业成就感与幸福感。

随着社会的发展，时代的进步，人们对幼儿教师提出了更高的要求，幼儿教师的教育为其终生发展奠定基础。幼儿教师做好职业生涯规划管理对自身以及幼儿园的长远发展都具有重要意义。

第三节　幼儿园教师专业自主发展的实践

教师专业能力强才能实现幼儿园的快速发展，这是因为教师是幼儿园发展的基础。在课改不断推进的过程中，幼儿园以及教师本身都应该重视教师的专业发展工作，促进教师专业能力的提升。并对幼儿教师针对特定情况进行专业性的培训，这样才能更好地促进幼儿教师的专业性发展，提升幼儿教师的教学能力，同时也能促进幼儿园更好地发展。

对待幼儿心浮气躁，对待教学一成不变，对待学术思维守旧……这些都是幼儿园教师缺失核心素养的表现。进入新时期，我国幼儿园教育教学也开始转型、升级。基于此，本节从更多元化的角度，探讨我国幼儿园教师专业发展的实践策略。

一、幼儿教师专业发展的基本情况

（一）缺乏职业生涯规划的指导

现阶段从事幼儿教学工作的教师，有少数部分专业素养并不是很高，不能够对自己进行明确的职业生涯的规划。在进行幼儿教师的培养时，主要是采取两种形式。第一种是就职前的师范类教育，这种教育侧重于一般知识的教学。或者是在教师就任幼儿教师后，再对幼儿教师进行专业技术能力的教学。而且现阶段在社会上对幼儿教师的认识深度还不够，无论是教育部门还是社会上都对于幼儿教学并没有太强的重视度，这也就导致在选择对幼儿实施教育的教师时，所规定的要求并不高。也是这些现象导致现阶段有部分在从事幼儿教育的教师得不到专业的培训，专业性并不够，所以很少有教师能够对自己的职业生涯进行合理的规划，自己也没有明确未来的发展方向，以及自我提升的方向。

（二）对专业素养的提升不够重视

虽然在幼儿教学中还是有很多教师比较重视自己的工作，会做好自己的教学反思，希望可以提升自己的教学能力。但是还有很多教师并不重视自身能力的提升，只是为了完成工作而工作，只求不出错，对自己未来的发展并没有规划，也没有明确的要求，对于自己教学水平的提升也没有要求，都是顺其自然，并没有意识到提升自己的职业素养有多重要，这一类教师也很难做到专业素养的提升。

（三）教育经历过短，需要提高专业水平

对于有多年教学经验的幼儿园教师来说，他们已经将自己的教学经验融入长期的教学实践中。他们可以将专业理论和教育实践有机地结合起来。在实践过程中，他们可以进一步完善自己的知识体系，丰富自己的专业结构。根据孩子身心发展特点，合理设计教育活动，科学评价孩子的教育活动。但是，他们缺乏幼儿教育经验，不能充分理解幼儿教育的要求，不能及时改进幼儿教育活动，在工作中缺乏具体反思。

二、幼儿园教师专业发展的实践策略

（一）尊重幼儿主体地位

培养新时期幼儿园教师核心素养，首先要尊重幼儿主体地位。一方面，在幼儿园教育教学中，教师要认识到灌输式教学的不足，积极实施启发式教学、引导式教学。如教师在开展体育教学时，除了让幼儿模仿、练习，还可以让幼儿跟随音乐、视频等，自主进行小组形式的体育活动。在活动场地，教师可以提供皮球、乒乓球、毽子等，让幼儿结合自己的兴趣爱好，选择自己喜爱的体育项目。这样的体育教学没有限制具体的体育项目，体现了教师对幼儿的尊重，满足了幼儿差异化学习的需求。另一方面，在幼儿园教育教学中，教师整合的教育内容要与时俱进，实施的教育形式要多元化，满足幼儿对"新、奇、特"的向往。如教师开展艺术教育时，可以用"小视频"的形式，记录幼儿唱歌、跳舞过程，让每一个幼儿都拥有难忘的艺术表演记忆，还可以将小视频作为档案资料，为幼儿建档保存，并分享给家长。教师对幼儿学习成果的珍视，体现了教师对幼儿学习主体地位的尊重。

（二）加强培训，提升教师的专业知识

在对幼儿教师进行培训时，应该有针对性地实施培训。在实施培训工作时，首先应该保证幼儿教师能够定期接受培训，保证幼儿教师接受培训的频率。其次，要保证培训的内容能够满足教师教学的要求，提升教师的教学实践能力。最后，在培训中应该教会教师对自己的教学进行反思，并总结培训的结果。这样的培训才有利于教师综合能力的提升。例如，在应急事件期间，幼儿园就应该给教师组织针对性的培训，让教师知道在应急事件期间应该如何维护师生之间的关系，教会教师在应急事件期间对幼儿进行教学的内容，让教师得到系统的培训，这样才能保证应急事件期间教师对幼儿的远距离教学，让家长更信任幼儿园，更信任教师。

（三）保持与时俱进的学习精神

教师的求学热情显示出其核心素养。首先，在幼儿园教育教学中，教师要对幼儿教育工作有深刻认识，从社会影响力的角度找到工作责任感和工作自豪感，愿意通过不断学习，做好这份工作。幼儿园可以积极联系活动资源，举行"幼儿园与小学教育学术论坛""幼儿园与高等教育学术论坛"等活动，让幼儿园教师与小学教师、大学教师

多交流，突破学前教育的界限，拓展学前教育的深度，督促幼儿园教师不断进步；其次，幼儿园除了要组织常规培训，还要慎重制定培训机制的细节。如幼儿园可以改变"领导给教师培训"的单一模式，组织"教师与教师相互培训"活动。在培训之前，幼儿园可以通过"每周优秀教师评选"，选出一名优秀教师，发起培训活动。这样一来，不仅可以发挥优秀教师的才能，还可以帮扶没有经验的青年教师，且活跃了幼儿园教学氛围。

（四）构建以幼儿园为主体的支持体系，保障幼儿教师专业发展

一是要构建以幼儿园为主体，支持幼儿教师专业发展、辅助教师专业发展的体系。同时，需要完善相关管理制度，科学规范幼儿园教师的专业行为，有效激发幼儿专业发展的主动性和积极性。该体系确保幼儿园教师有条不紊地开展教育活动，在日常工作的基础上不断深入学习，借助主题沙龙、教育研究活动、专题讲座等方式，完善教育知识体系。二是幼儿园教师要制定分级培养计划，有针对性地培养教师专业发展能力。具体来说，幼儿园根据适应、稳定、突破等特点，结合幼儿园教师的专业地位，尽快融入幼儿园的人文氛围和工作环境，该平台可以展示他们的才华和能力，帮助他们完成专业发展的突破性目标。

在幼儿教育事业中，教师既是启蒙者、引导者，也是一个很好的榜样。探索幼儿园教师专业发展的实践策略，有利于幼儿的学习和成长。这不仅是幼儿园质量的标志，也是幼儿园实现专业化的重要保证，所以应该予以重视，以促进学前教育水平的提高。

第八章　幼儿园教师专业发展动力

第一节　影响幼儿教师专业成长动力的因素分析

幼儿教师专业成长动力是推动幼儿教师专业成长的力量系统，它的运行既受幼儿教师个体内部因素影响，也受幼儿教师工作所在幼儿园生态系统的影响。

一、影响幼儿教师专业成长动力的幼儿园因素

如果把幼儿教师的专业成长动力比喻成推动大树成长的力量系统，幼儿教师专业成长动力的外部影响因素是大树生长所在区域环境的水、温度、土壤和阳光等。树苗纵然有成长为大树的基因和潜力，但是如果没有适宜外部条件的支持，潜力将难以变为现实。幼儿园管理和人际交往氛围是影响幼儿教师专业成长动力的重要因素。

（一）幼儿园管理

1. 幼儿园管理的内涵及价值

幼儿园以团队的形式存在，正常运转离不开管理。广义的幼儿园管理是主管幼儿教育部门的管理人员和幼儿园内部管理人员，遵循一定的教育方针和保教工作的客观规律，采用科学的工作方式和管理手段，将人、财、物等各因素合理组织起来，调动各方面的积极性，优质高效地实现国家所规定的培养目标和工作任务。狭义的幼儿园管理是幼儿园内部的管理，即幼儿园内部管理者按照国家教育方针和政策法规的要求，遵循幼儿身心发展的规律，通过履行计划、组织、领导、控制和创新等职能，对幼儿园里的人、财、物、时间、空间、信息等资源进行科学的组织和合理的调配，充分调动各方面的积极性，不断提高保教工作质量，促进幼儿健康成长的活动过程。

本书所指的幼儿园管理是狭义的幼儿园管理，是以园长为核心的管理人员对幼儿园的管理。幼儿园管理是用科学的管理方式，对影响幼儿园运行的各种要素进行合理组织和调配，关键是调动幼儿教师的积极性与主动性，目的在于人的成长和保教质量的提升。人的成长不仅是幼儿的成长，幼儿的成长依赖幼儿教师的成长。幼儿园如何为人的成长创设适宜的环境，调动人的积极性与主动性是管理的核心。

2. 幼儿园管理模式与幼儿教师专业成长动力

所谓幼儿园管理模式是管理者在幼儿园管理中呈现出来的样态。当前我国幼儿园管理实行园长负责制，《幼儿园工作规程》和《幼儿园管理条例》明确规定由园长全面负责幼儿园保教管理和行政管理，教职工参与民主管理，非行政组织进行监督。因此，幼儿园园长的管理理念和管理能力在幼儿园管理模式的形成过程中起着主导作用。当前我国幼儿园内部管理呈现出两种典型的模式，即以人为本的民主型管理和以权为本的权威型管理。

以人为本的民主型幼儿园管理模式以人性本善为前提假设，关注、关怀和支持人

的成长，尊重每个人的价值，公平、公正的对待他人。幼儿园管理者能够正确认知自己在团体中的角色和定位，将自己定位为幼儿教师开展保教活动的服务者、支持者和合作者，而非高高在上的主宰者和控制者。注重为幼儿教师的学习和专业成长提供时间、空间、政策和资金等方面的支持，为幼儿教师的价值实现提供平台和机会。本书通过对问卷调查结果分析发现，幼儿教师专业成长动力与幼儿园外部支持呈显著正相关。

以人为本的民主型幼儿园管理模式在重视幼儿教师个体学习的同时，还注重幼儿园团队的学习，为幼儿教师学习搭建共同体。视幼儿园管理为所有幼儿园团队成员共同参与的事情，吸引和调动每个人参与幼儿园管理。具有海纳百川的胸怀，允许并接受不同观点的存在，尊重、正视和理解团队成员的观点、想法。并在尊重个人想法的基础上，引导全体成员形成共同愿景，鼓励成员自动承诺或加入共同愿景。幼儿园管理具有浓厚的人文关怀，能够真诚的理解和关心每位成员。

以权为本的权威型幼儿园管理将团队成员作为控制和支配的对象，认为团队成员如不被控制就无法顺利完成本职工作和既定目标，对团队成员的信任度较低。幼儿园的政策和决策由核心领导层尤其是园长决定，团队成员只能服从并执行。较少听取或只是象征性听取团队成员的意见，未真正尊重和理解团队成员的想法和观点。难以容许不同观点的存在，习惯以自己的观点代替团队成员的观点，作为团队共同的观点。习惯性防卫较为严重，且难以被自己所觉察，倾向于以职权管人，缺少温度。管理者将自己定位为高于团队其他成员，有权利决定利益和资源分配的主宰者，而非平等的合作者、服务者和支持者。较难公平、公正的对待每位团队成员，团队成员的个人价值难以获得应有的尊重，管理者的价值成为整个团队的价值。管理者的自主权过大，导致团队成员个人的自主权严重受限。

以权为本的权威型幼儿园管理下的幼儿教师团队有一定的目标，但是难以形成共同愿景。教师个人只是尽力完成本职工作，不会有更多付出，更难以产生奉献精神和行为。纵使团队内个体成员的专业基础较好，但难以形成团队凝聚力，难以创造共同愿景和现实之间的张力。整个团队只能维持正常运转，而难以突破和创新。幼儿教师个人和幼儿园团队处于封闭的状态，束缚个人与团队的学习和成长。这正如罗杰斯在《论人的成长》中所阐述的"'强权就是公理'是一条自我毁灭的道路。'对生命中的事物施加干预意味着同时伤害他们和自己，突出自己的人拥有微小且显著的力量，不突出自己的人拥有强大且神秘的力量'"。

本研究通过访谈的形式总结出幼儿园管理的五大法宝：其一，真诚。真诚的对待每个老师，包括幼儿园临聘教师、保安和炊事员。核心是给予他人发自内心的尊重、认同和欣赏。其二，公平。把公平、公正作为解决矛盾、冲突和问题的首要原则。其三，人文关怀。能够设身处地地理解团队成员的处境，并给予发自内心的关心。特别注重在细节处对"处境不利"的团队成员进行关注、关心和尊重。其四，建立团队共同愿景，注重团队的凝聚力和团队成员归属感和幸福感的获得。这样的管理理念和模式让整个幼儿园团队形成了强大的凝聚力和明确的共同愿景。激发出团队成员的奉献精神、专业学习和专业成长动机。其五，率先垂范。要求团队做到的，自己以高于对他人的要求率先做到。为团队成员树立榜样，用自己的真行动、真尊重和真关怀影响团队成员，形成良好的文化氛围。

（二）幼儿园人际关系

1.幼儿园人际关系的内涵及价值

人具有社会性，交往的需要是人的社会性需要的重要组成部分。幼儿园是幼儿教师专业成长的生态圈，幼儿教师与生态圈内其他人的人际关系对其专业成长动力起着重要的影响。所谓幼儿园人际关系是指幼儿园内部人员，包括幼儿教师、管理人员、幼儿园后勤服务人员（保安、伙房工作人员、保洁等）等在沟通和交往中所建立起来的直接的心理上的联系。以人为本的民主型管理理念与模式有助于形成真诚、民主、开放、尊重、和谐和轻松的人际交往氛围，助力幼儿教师个人和团队学习，为幼儿教师个人和团队的成长提供适宜的环境。良好的人际关系也会助力幼儿园实行以人为本的民主型管理。研究发现，幼儿教师非常看重与同事之间的人际关系，人际关系不和谐是导致专业成长动力不足的主要原因。

良好的人际关系能够打开幼儿园团队成员的心扉，团队成员之间能够互相信任、真诚合作与帮助，团队成员有归属感和凝聚力，能够助力幼儿教师学习和专业成长，团队成员之间的关系相互依赖大于竞争。相反，僵硬的人际关系将会使幼儿园团队成员的内心大门封闭，出现强烈的惯性防卫心理，出现冷漠、不信任、勾心斗角、矛盾重重和互相猜忌，难以进行合作。团队成员难以形成归属感和荣誉感，团队凝聚力较低，处于松散状态，团队成员之间竞争关系大于依赖关系，最终结果是束缚和阻碍幼儿教师的专业成长动力。

2.有益幼儿教师专业成长动力提升的人际关系特征

有助于幼儿教师学习和专业成长动力的人际关系尽管不尽相同，但具有一些普遍性的共同特征。主要有以下几个：其一，真诚透明。所谓真诚透明是指幼儿园团队成员的言行与内心高度一致，个人所说和所做的是内心情感体验的表达。所谓透明是指团队成员的内心大门处于打开状态，个人的思想和观点都可以在团队内流动，自由进出每个人的内心。其二，无条件接纳每个成员。有助于专业成长的团队，能够欣赏和接纳每个人，不仅能接纳每个人的优点，还能接纳每个人的不足，允许每个人有自己的愿景。其三，倾听和移情性理解。这里的倾听和移情性理解是指别人的观点能够进入自己的心，能够与别人产生共鸣。自己可以不赞成别人的观点，但通过倾听能够理解别人的观点。而非表面好像在听，实际习惯性的防卫心理坚不可摧，别人观点完全无法进入自己的内心。当别人遇到困境或者出现过失时，首先是站在当事人的角度理解其过失，而非一味的指责和批评。其四，有共同愿景。团队越是允许和接纳个人价值和个人愿景，个人就越能接纳别人，共同的愿景才可能形成。不接纳和尊重个人的团队，不可能形成超越个人愿景的共同愿景。共同愿景是团队成员发自内心对理想境界的追求，它促使团队内每个成员充分发挥个人优势，共同致力于实现大家的愿景，让团队成员成为相互依赖的合作者，而非相互嫉妒的竞争者。

这正如马丁·布伯（Martin Buber）所言"完美的人……不会干涉生命中的个体，他不会将自己强加于其上，但是他会帮助所有生命获得自由。通过他的合一，他带领大家达到合一，他解放了万事万物的本性和命运，也将其中的"道"解放。"这也正如罗杰斯所言"当得到别人的接纳和重视时，个体往往会对自己更加关注。当人们得到移情式的倾听时，他们能更准确地聆听丰富的内在体验。当一个人理解与重视自己，自我与其体验更加一致。个体由此变得更真实与真诚。这些倾向会使个体成为促进自我成长的有效强化者。他们将会更自主地成为真正的人、完整的人。"总之，真诚、一致、透明、开放、接纳、理解和有共同愿景的人际交往氛围会让幼儿园团体和幼儿教师个人的生命由刻板走向灵活，由静止走向流动，由被动依赖走向主动自主，由惯性自我防卫走向接纳，由现实状态走向理想状态。

3. 阻碍幼儿教师专业成长动力的人际关系特征

幼儿园不适宜的人际关系将阻碍幼儿教师的专业成长，改变幼儿园团队和成员正向的成长轨迹。以人为本的民主型管理模式有助于形成促进幼儿教师专业成长动力提升的人际关系。而以权为本的权威型管理将会形成封闭、僵化、呆板和紧张的人际关系，阻碍幼儿教师的专业成长动力。明确阻碍幼儿教师专业成长动力的人际关系特征是破解问题的首要条件，明确特征相当于正视和理解人际关系的现实状态，如能在此基础上形成共同愿景，在共同愿景的引领下，僵化、封闭和呆板的人际关系才可能向灵活和开放的方向变化。

阻碍幼儿教师专业成长动力的人际关系具有如下特征：第一，封闭。团队内绝大多数成员的自我价值无法获得应有的尊重和实现，权力集中在少数人手中。团队成员逐渐隐藏自己内心的情感体验，外部表现出顺从的言行，但内心充满不满和排斥。个人内心被封闭起来，导致团队成员之间无法坦诚相待，习惯性防卫大于真诚接纳。内心的封闭会导致两个方面的后果：一方面，导致自己内部情感无法释放，其结果是压抑的情绪逐渐堆积，最终出现职业倦怠。另一方面，导致外部信息无法进入自己的内心。内部释放和外部进入的过程就是学习与交流的过程。外部信息被排斥在外的结果就是学习通道被堵塞，专业成长之门被封闭。第二，无法形成共同愿景。幼儿园团体成员的个人价值、想法和观念无法获得尊重，导致无法形成团队共同愿景。基于个人愿景而又超越个人愿景的共同愿景是幼儿园团队全体成员的承诺和发自内心的追求，它能整合团队内所有成员的力量和优势，汇聚人心和力量，激发团队成员的热情和奉献精神，为了实现大家内心深处的愿景而倾注全部力量，可以最大程度地减少消耗。阻碍幼儿教师专业成长动力的人际关系中只有任务和短期的目标，团队成员只会被动完成任务和目标，缺少热情、激情和奉献。

二、影响幼儿教师专业成长动力的个体内部因素

影响幼儿教师专业成长动力的个体内部因素包括幼儿教师的生命理解、教育与职业信仰、专业成长需要和专业成长动机等。生命理解决定教育与职业信仰，教育与职业信仰决定专业成长需要，专业成长需要决定专业成长动机。

（一）幼儿教师的生命理解

1.生命理解的代表性观点

本研究通过调查发现，幼儿教师的信仰、需要、动机与专业成长动力相关，这三种因素背后还有一个深层次的生命理解，它们共同构成幼儿教师专业成长的内部动力。生命观是人对生命的看法、态度和理解。人之谜是宇宙之谜的核心，而生命之谜又是人之谜的中心。在马克思理论体系中关于人的理论认为生命观是个体或群体对人的生命本质的认识，是对生命本质、生命过程、生命价值、生命意义和生命归宿等问题的理解。我从哪里来，我是谁，我到哪里去三个问题构成人类探索生命的三大核心主题。古今中外的哲学家、心理学家、社会学家、人类学家和教育学家对相同的问题给出了不尽相同的答案。

西方对生命的理解主要存在四种观点：第一种观点是实体论、一元论或预成论的生命观，认为人的生命是给定的，只有唯一的本质解释，寻求对人的生命的绝对解释和终极理解。例如，被誉为西方哲学始祖的拉尔夫·泰勒（Ralph W. Tyler）认为，水是生命的原质和动因。阿那克西曼德（Anaximander）认为，生命出于一种简单的原质，它是无限的、永恒的而且无尽的。"万物所由之而生的东西，万物消灭后复归于它，这是命运规定了的，因为万物按照时间的秩序，为它们彼此间的不正义互相补偿"。赫拉克利特（Herakleitus）认为，火是生命的实质；万物都像火一样，是由别的东西的死亡而诞生的。"一切产生于一、一产生一切"一就是神。心理学家西格蒙德·弗洛伊德（Sigmund Freud）认为，基于生物性冲动的本能是生命的原始动力。以福禄贝尔（Friedrich Wilhelm August Fröbel）为代表的教育学家从上帝造人的视角出发，认为人的生命是上帝本性的彰显。

第二种观点认为人的生命本质是精神主体的自我创造与发展。代表人物是德国哲学家黑格尔（Hegel），他认为人的生命是一种超越物质的精神性存在，精神的实质是自由，是对物质的超越。"理念正如同灵魂向导默久里神，真正是各民族和世界的领袖；而精神，即这位向导的理性的、必然的意志，是世界历史的种种事件的指导者，而且一向就是。按精神的这种指导职能来认识精神，便是我们当前工作的目的。"理性是一切自然生命和精神生命的无限素材与无限形式，是宇宙的实体。"精神的实质是自由，物质的实质是重量。物质在自己以外，而精神在自身以内具有中心，精神是自足的存在。精神是自身均一的无限，是纯粹的同一性，这同一性把自己同自己分离开，作为自己的另一个东西，作为和共相对立的'向自有'及'内自有'"。这种生命的理解赋予人主动性和自由。

第三种观点是生命哲学流派的生命观。生命哲学反对生命的机械论，赋予生命的本质以非生物学的意义，认为生命是富有创造性的活动，是一种可以自由释放的能量，是非物质的、不能度量的连续体，非实体和非理性。生命哲学与传统哲学相比，强调生命的生成和过程，而非强调本质。生命哲学认为领会、说明和体验是认识精神世界的方式，其代表人物有叔本华（Arthur Schopenhauer）、尼采（Friedrich Nietzsche）、伯格森（Henri Bergson）等。叔本华认为，感觉是人的生命意义同一性的基础，感觉背后的自在之物是生物冲动的意志。尼采则认为，意志具有超越性和创造性，二者共同构成生命意义本身。伯格森认为，人内心深处的具有绵延性的生命感觉推动人们不断创造个人生活。

第四种观点是马克思对人的生命的理解。马克思立足于人生活的社会实践理解人的生命，认为人的生命是在生命实践中展开自身并领悟和通达自身"存在"的存在者。人的生命生存是人在生活实践活动中自觉展开的感性对象性活动，而非抽象的实体。人不仅有生物性的自然属性，而且人具有源自内部的价值需要和追求。人作为类的特质就在于人是自由的和有意识的生命活动，在现实性上是一切社会关系的总和。马克思最终从人真实生活场域的社会关系上理解生命，这也为本研究提供重要的指导。幼儿教师的专业成长动力与其教育生活中的他人所构成的社会关系的性质密切相关。

生命观是中国文化的重要组成部分，主要贯穿在道家文化、儒家文化和佛家文化中。道家文化中蕴藏着丰富的生命智慧，重生乐死、生死俱善。老子和庄子是道家思想的最具代表性的人物。他们将对人的生命的理解放置到整个宇宙天地和自然中，而不仅限于人类社会中。老子主张，天地万物之生的总原理是道。"道者，万物之所然也，万理之所稽也。理者，成物之文也。道者，万物之所以成也。""人法地，地法天，天法道、道法自然"。人的生命生成有自然之道，那生命的运行也要尊重自然之道。老子既重视人的肉体生命，也重视人的精神生命，主张在自然中将人的精神生命与肉体生命合二为一。老子期望将肉体生命与精神生命融合于天地自然中，从而实现生命的死而不亡。庄子将生命完全融化于天地自然之间，生命由天地所造，在天地中运行，复归天地自然。他希望人可以超越肉体生命和社会文化生命，解救被困于现实生活中的生命。庄子追求幸福，认为"凡物皆有道，而各得其德，凡物各有其自然之性。苟顺其自然之性，则幸福当下即是，不需外求。"

2. 生命理解在幼儿教师专业成长动力系统中的定位与价值

生命观是世界观的有机构成部分，幼儿教师对生命的理解在其专业成长的动力系统中处于最深层次，在幼儿教师专业成长动力系统中直接决定着幼儿教师的信仰。观念虽然不等于行动，但正确的观念是正确行为的前提条件。幼儿教师作为生命的主体，对生命的理解影响价值观、儿童观、教师观和教育观，影响专业成长与工作的积极性与主动性，进而影响幼儿教师的教育行为。幼儿教师如果仅仅从生物学的角度理解生命，往往会认为人是动物的一种，将生命看成是物质的或肉体的。生命的历程就是从身体的出生到身体的死亡，最长不过一百多年。这种纯物质的生命观极易导致幼儿教师陷入过度的物质追求，而缺少精神追求。纯物质的生命观主要表现为以工资收入、身体享受、物质工作环境和社会地位作为自己从事幼儿教育的主要追求。当这些外部物质追求无法满足时，幼儿教师就会出现消极情绪和职业倦怠。在工作中表现出过强的自我中心，移情能力较差，较难站在幼儿、家长和同事的角度思考问题，较难出现基于生命关怀的发自内心的爱和奉献，导致人际关系陷入僵硬状态。具有这种生命理解的幼儿教师面临当前我国幼儿教育事业发展中普遍表现出的社会要求明显提升，工资收入相对较低，工作内容繁杂且量大，工作对象具有幼稚性和复杂性等现实问题时，就会出现内部需求与外部现实无法满足的矛盾，使专业成长的动力受阻。

如果幼儿教师侧重从精神维度理解生命，会倾向于认为精神生命而非物质生命是人的生命本质。人作为高级动物与其它动物的区别就在于人是具有精神属性的，生命追求应以精神追求为主。当精神与物质发生矛盾时，重精神而轻物质。这种生命理解取向的幼儿教师在工作中追求精神的满足，面对专业成长和工作中遇到的问题有坚韧不拔的精神。具有一定的教育信仰和职业信仰，职业道德感较强，有较强的责任心和使命感。职业成就感需要较强的幼儿教师，当遇到相对宽松的工作氛围和外部积极评价时专业成长的积极性与主动性较强；而遭遇不适宜的环境时，则容易走向自我封闭，出现适应困难的情况。

如果幼儿教师侧重从基于积极生命定向的自我实现视角理解生命，就会正视和理解生命的差异，信任、尊重自我生命和他人生命，能较好地处理物质生命和精神生命的关系。马克思和罗杰斯均具有从这种视角理解生命的观点，将人的生命理解置于具体的场景和活动中，赋予人的生命以自由性、创造性和巨大的潜力。这种生命理解取向的幼儿教师较容易形成自我定位和自我价值的正确认知，适应能力较强，能在有限的环境中积极主动地寻求自我价值的实现，具有适度的责任感和使命感，较易以积极、主动的态度投入到专业成长和工作中。遇到专业成长瓶颈和工作困境等不良环境时，不容易陷入迷茫和沉浸在消极情绪中，在内部需要与外部环境产生失衡时，能积极寻求平衡的出现。同时，由于对每个幼儿、同事、家长的生命价值给予充分的理解、信任和尊重，这样的幼儿教师会在争取自身生命价值实现的同时，为他人生命价值的实现提供力所能及的支持与帮助。具有这种生命理解的幼儿教师较容易形成和谐的人际氛围，内部自我呈现开放的状态，能够将生命价值实现与专业价值实现有机融合，其专业成长动力带有持续性，容易丰盈。

3.幼儿教师通过学习形成并完善生命理解

个体的生命理解不是先天的，而是后天逐渐形成并变化的，其过程受个体生命所在生态圈的自然环境、历史、文化、政治、经济和教育等影响。个体是在具体的生活场景中通过不断地学习来建构生命理解。幼儿教师所从事的幼儿教育工作是一个为了释放、提升和成全生命，在生命过程中展开的职业，对幼儿教师的生命理解具有很高的要求。幼儿教师自在的学习和自为的学习形成与提升生命理解。自在的学习是幼儿教师和其他职业人群一样受历史、文化、政治、经济的影响潜移默化、自然形成的生命理解。

自为学习是幼儿教师为满足幼儿教育职业要求，主动将外部社会要求内化为自我专业成长理想，正确认知自己当下专业状态与理想专业状态的差距，主动寻求从当下状态向理想状态成长而进行的学习。从历时维度上看，教育本身就是个体和人类族群生命延续的过程。从空间维度上看，教育本身就是人类生命存在的方式。人类通过教育正确认知自己的生命、创造生命、完善与提升生命。幼儿教育是教育的奠基部分，幼儿教师应基于整个人类学的视野理解、学习教育学学科理论和开展幼儿教育活动。幼儿教师自为的学习有两条途径：第一条是通过课程和书籍阅读进行学习。幼儿教师通过《中国哲学史》《西方哲学史》《教育哲学》《马克思主义哲学》等课程或书籍的学习，汲取哲学中关于生命理解的精华，拓展生命理解的视野，以多元的视角理解生命；通过批判性、反思性和辩证性地看待各种生命理解观点，为完善和提升自己的生命理解提供哲学基础；通过《儿童哲学》《学前儿童心理学》《学前卫生学》等课程或书籍的学习基于对学前儿童身、心、灵的理解来完善和提升自己的生命理解；通过阅读福禄贝尔、蒙台梭利、马拉古奇、斯坦纳、陈鹤琴、陶行知、张雪门等中外学前教育家的专著来完善和提升自己的生命理解。幼儿教师阅读与幼儿教育相关的人类学、伦理学、哲学、心理学、教育学、社会学、文化学、艺术学、宗教学、医学、数学等理论书籍对完善和提升生命理解具有重要价值。然而，当前幼儿教师对这类书籍的阅读极为欠缺，并从观念上认为这些专著抽象、晦涩、难懂，难以应用到实践中，进而产生专著理论无用的观点。这样的观点严重限制了幼儿教师从根源上认知和理解幼儿教育，同时也阻碍了幼儿教师理想幼儿教育愿景的形成，束缚了专业成长的动力。

幼儿教师以自为的学习来完善和提升生命理解的另一种途径是在幼儿教育实践中学习。幼儿教师带着自己课程学习或书籍阅读所形成的生命观、儿童观、教师观和教育观进入幼儿教育实践的现场，在实践中利用先前积累的生命理解指导教育实践活动的开展。幼儿教师在教育实践活动中，通过与幼儿、同事、家长的交互作用，持续不断矫正、提升和完善生命理解。尤其是在与幼儿的交互作用中，幼儿教师的生命理解受到深刻影响。幼儿期的儿童具有如下特点：内部情感体验与外部言行一致，真诚开放；万物有灵论赋予花草树木、鸟兽鱼虫以人的心灵特点，可与之对话和交流；内心世界纯净，精神世界丰富，可游走于童话世界与现实世界之间。幼儿教师打开心扉、放低身段，虚心向幼儿学习可以完善和提升自己的生命理解。在人类学家斯坦纳（Steiner）所创立的华德福幼儿教育中，每周教研活动的首要内容就是幼儿教师分享所发现幼儿的优点及启示。笔者也发现，专业成长水平高、专业成长动力充足的幼儿教师一大特征就是善于向幼儿学习，虚心向幼儿学习，能在与幼儿的交往中体验到幸福感和成就感。一个学习需求强烈的幼儿教师，能够在日常教学活动中看到幼儿的闪光点，虚心向幼儿学习，并反思自己的教学方法与思维模式，这正是一个幼儿教师持续成长的关键所在。总之，幼儿教师的生命理解是通过其自在和自为的学习不断完善和提升，为幼儿教师专业成长注入动力。

（二）幼儿教师的教育与职业信仰

1.具有代表性的典型信仰

许慎在《说文解字》中对"信"的解释是："信，诚也。从人，从言。"信的原义是语言真实。《说文解字》将"仰"解释为"举也"。原义是抬头向上。由此可见，信仰是人深信不疑和仰赖的，是最深层次、最坚定不移的观念，影响人的思想和行动。

信仰具有超验性、超自然性和超理性，但并非没有理性，并非与理性冲突，而是理性尽善尽美的表现。信仰并非天赋，而是人赋的结果。信仰是绝对的，是事实存在的，同时也是历史的，具有时间性，但信仰并不神秘。法国生命哲学家伯格森（Bergson）认为，人并非只有现实世界，而是具有虚拟本能，这种虚拟本能催生了神话。人类的信仰大多以神话的形式存在，因此人类的虚拟本能也催生了信仰。人类在种族延续的过程中遇到靠人力无法解决的现实问题，尤其是关于生与死的问题，就会借助想象和思维创造出超越现实解释的答案，经过数代人的传递最终形成深信不疑并对此依赖的信仰。德国哲学家卡西尔（Ernst Cassirer）提出人类对死亡的恐惧是最根深蒂固的普遍本能之一。例如，人类对鬼神的信仰，是面对死亡无法接受，面对降生无法解释。利用想象期望人死后进入另外一个世界，并在某个节点重新降世为人。人类对山、河、湖、海的信仰是由于面对自然界的干旱、洪水、海啸、地震等无法解释的自然灾害，跳出现实世界寻找答案，将其解释为山、河、湖、海等神发怒的结果，以绝对的尊敬，祈求平安、风调雨顺、五谷丰登和生命延续的结果。当前人类的信仰根据所追求、依赖的侧重点不同，将其分为入世信仰、出世信仰和介于二者之间中间阶段的信仰三种类型。

入世的信仰是指以物质追求和依赖为主的信仰。人类种族和个体在生命延续的过程中，首要的需要是生命保存与延续，这需要一定的物质基础。吃、穿、住、行等构成人生命活动的有机组成部分，这些活动的开展均需要物质基础。因此，物质需要是人作为有生命生物的基本需要。经济关系之所以是社会生存和发展的基础，主要原因就在于它首先是一种物质关系，可以满足人的物质需求。入世信仰主要表现为对财富、住房、物质环境、职位、功名及其它福利待遇等有助于人保存和发展的物质利益和经济利益的追求和依赖。对物质的信仰是人类延续和个体生命展开过程中最基本的信仰。马克思（Karl Heinrich Marx）认为"人类通过积极的活动来获取所需的外界物，从而满足人的物质需要"。人类在动物界中脱颖而出，能够"为天地立心，为生民立命"，是通过劳动改造自然的结果。人类第一个历史活动就是生产满足这些需要的材料，也就是生产物质生活。人改造世界的实践活动，在本质上是一种为了自身特定需求而从事变革世界或创造世界的、自觉的物质活动。通过这种活动，既发展了人造客体，也发展了人之需要。在这个不断拓展的人之需要系统中，基础和核心是维持人生存和发展的物质需要。

入世信仰源于对生命物质性的理解，将肉体生命视为生命的核心组成部分，认为人的生命只有现世当下，忽视精神生命对物质生命的超越。在人生态度上，入世信仰的人倾向于将现实生活中的物质利益得失、生物本能欲望、人际交往中的利害关系、个人成败作为为人处世的准则。在人生追求上，入世信仰的人尤其注重物质财富和功名利禄，将其作为自我价值实现的表现。在价值观上，入世信仰的人将立身处世的基础放在人与人相处的社会中，将主要精力放在社会秩序的建构和维持上。

入世信仰类似于存在主义哲学家克尔凯郭尔（Kierkegaard）三阶段生存理论中第一个存在领域，即审美生活领域，或叫感性生活领域。生活在这个领域的人是"俗人"，追求物质需要与感性快乐，具有欲望化的人格。人一旦完全局限于物质追求中，会被物质欲望拖着生活，追求物质欲望的瞬间满足，最终导致个体陷入空虚与绝望。处于审美生活中的人关注现在，漠视作为忏悔的过去或作为义务的未来。"除非是考虑到有益于现在，他们是不会关心过去和未来的"。④因入世信仰是对外界物质的追求与依赖，追求能否获得满足是个体所无法主宰和控制的，即使满足也是瞬时而难以持久。当外界无法满足个体的物质需要时，则极易出现矛盾，陷入消极情绪中。

出世是佛家文化的用语。佛家认为，俗世间充满苦，应通过修行跳出俗世。出世信仰的人以绝对的内部精神为追求和依赖的对象。人是物质的，同时又是精神的。人类在延续的过程中突破了物质生命，产生了精神生命，这是人之为人，人类之为人类的本质。人的精神生命为人突破现实束缚，游走于神与人之间，为人的想象和创造提供了可能。"精神作为一种力量比人的肉体更富于生命力"。马克思也曾提及："工人必须有时间满足精神的需要，这种需要的范围和数量由一般的文化状况决定"。

古希腊哲学家亚里士多德（Aristotle）对精神作了比较系统的阐述，提出了"第三个人"的论述："如果一个人之所以为一个人乃是因为他像那个理想的人，那么就必须有另一个更理想的人，而普通的人和理想的人都应该像这个更理想的人"。这里理想人和更理想的人就是精神层面的人，意即精神生命是物质生命存在的依据。他在《论灵魂》中，把灵魂看成是与身体结合在一起的，是质料与形式的关系。"灵魂一定是一个物体形式的内部就潜存着生命的那种意义上的一种实质。实质是现实，因而灵魂就是具有上述特征的身体的现实。灵魂是与事物本质的规定公式相符合的那种意义上的实质。灵魂是身体的目的因。"在论述灵魂的同时，亚里士多德又对心灵进行了阐述。他认为，灵魂是推动身体并直觉可感觉对象的东西，它以自我滋养、思维和动力为特征。心灵具有更高的思维功能，是不朽的。灵魂最本质的特征就是它让身体成为一个有机统一的整体。人应当尽自己的努力使自己不朽，依照人类生命中最美好的东西而生活。亚里士多德充分地论证了精神生命的重要意义，从哲学层面指引人应该进行不懈的精神追求。

具有出世信仰的人以历时的思维看待生命，认为生命具有过去、现在和未来，三个部分互为因果。在人性上主张性善论，具有慈悲心。在人生追求上，通过向内的精神追求与依赖，追求自我的终极解脱，寻找心灵的安身之所，舍弃对物质财富、性欲、名利等一切身外之物的追求与依赖。出世信仰的人在人生态度上，尊重天道，尊重自然，尊重生命，尽全力身体力行。在价值观上，与入世信仰将自我价值实现放在社会上不同，出世信仰的人将人生价值的实现放置于整个宇宙自然，力求做到天人合一。

出世信仰类似于克尔凯郭尔（Kierkegaard）的三阶段生存理论中的信仰生活领域，是个体化存在的最高阶段，强调超越理性的信仰。克尔凯郭尔认为，信仰的"跃迁"是进入信仰领域生活的前提条件，同时也是个体化的最高存在形式。在信仰生活领域，操作性的范畴既不是审美领域中的苦乐，也不是伦理领域的善恶，而是罪和恩。在此阶段个体将产生绝对的信和绝对的仰，个体的思想和行为完全依据绝对的信仰，信仰客体与信仰主体成为有机统一的整体，内部自我与外部自我实现有机统一，绝对自由出现。

人既有精神性，也有物质性。精神性与物质性交互存在，构成人的复杂性。从人类产生与延续的历史看，人首先是作为大自然物种的物质存在。其次，人类在延续的过程中突破了物质现实的束缚，产生了精神，从而"为天地立心，为生民立命"。因此，人的生命有物质性，也有精神性。绝大多数人的信仰既有物质信仰也有精神信仰，介于物质信仰和精神信仰之间，即处于中间阶段。人在宇宙自然中生存，生命的保存需要基本的物质条件保障。因此，对物质的追求与信赖是最基础的。同时，人具有主体性和主动性，需要不断丰富精神世界，努力寻求自我价值的实现。因此，精神的追求与信赖也是必不可少的。平衡并整合物质信仰与精神信仰成为人在世间自我价值实现必须要思考的问题。

具有中间阶段信仰的人，既有物质追求又有精神追求，能以精神追求限制和平衡物质追求的膨胀；在生命保存所需的基本物质追求满足的基础上，追求精神生命价值的实现与提升；相信生命的积极定向，通过自己的行动不断追求自我生命价值实现与他人生命价值实现的有机结合；为人处世积极性与主动性较强，有较强的责任感。这类似于克尔凯郭尔三阶段存在理论中的伦理生活领域阶段，或道德生活领域阶段。在这一阶段，人能够以社会公共准则来约束自己的欲念和行为，在合理的范围内追求物质的满足，生命所需的基本物质需要满足后更倾向于精神追求。正如，全国德育教育先进个人，92岁高龄的叶连平先生为学生义务辅导19年。在接受采访时，叶连平说："在物质上我要求不高，精神生活要高标准"。当记者表示"挣一点点钱没有坏处"时，他的回答是"我拿着国家的工资，要取之于民而用之于民"。

人生的意义取决于对这三种信仰的平衡与整合。正如克尔凯郭尔所说："如果你做不到把审美、伦理和宗教看作三大盟友，如果你并不知道如何去保持不同事物在不同领域中的不同表面现象的统一性，那么，人生就缺乏意义，人就必须承认你正确地坚持了你所珍爱的，并能用来说明一切事物的理论，'做或者不做——你都将后悔'"。

2.信仰在幼儿教师专业成长动力系统中定位与价值

信仰是人基于生命的理解所形成的把握世界的一种特殊方式，它反映人的意识特性，以观念的方式介入并指导人的实践。信仰在无形中引导并带领人的精神生活与生活实践。具体到幼儿教育和幼儿教师职业，信仰表现为幼儿教师的教育信仰和职业信仰。幼儿教师教育信仰是幼儿教师对幼儿教育活动、对幼儿和社会发展价值及其实现方式的极度信服和尊重，是幼儿教师教育思想和教育行为的基本准则，是一种超越性、统整性和教育性的力量。这种以极度信服和尊重为特征的精神追求、情感与价值认同使应然引领实然的改进并不断超越。幼儿教师的教育信仰由教育认知、教育情感和教育意志等要素构成，同时又具有认知功能、情感功能和意志功能。教育信仰是幼儿教师个人愿景和幼儿园团队共同愿景的基础和根基，愿景与现实形成一种张力，引领幼儿教师不断从当下现实状态向愿景状态成长。

幼儿教师只有带着科学且坚定的教育信仰才能充满生机的开展幼儿教育活动，没有教育信仰的幼儿教育只能是一种技术。幼儿教师的教育信仰是幼儿教师对学前儿童、学前教育本质及学前教育理想境界的深层理解与尊重，是对学前教育尊重生命、释放生命、成全生命、改造与完善人类社会和个人价值的信服与追求，是幼儿教师投身幼儿教育事业，专业持续成长和实现生命价值的不竭动力。其本体价值指向幼儿教师生命价值实现，学前儿童身、心、灵不断成长，社会相关人员学前教育认知不断完善的高度统一，指向学前教育对于人类完善的责任与使命。正如蒙台梭利所说"我的目的（教育）在于所有儿童的发展，我的更大的目的在于人类的最终完善。"正是这样的教育信仰促使蒙台梭利为了儿童的发展和人类的完善奉献了一生。瑞吉欧幼儿教育体系的创始人马拉古奇等人看到二战后的意大利生灵涂炭，在思考战争产生的根源以及如何避免战争再次发生等问题的基础上，选择了幼儿教育，希望以幼儿教育为中介增进人与人之间的相互理解和尊重，避免战争再次发生，让人类拥有更美好的未来。正是这样的教育信仰，让马拉古奇带领志同道合的同事在二战的废墟上用自己的双手建立起了早期的瑞吉欧幼儿学校，并逐渐完善。

幼儿教师的教育信仰影响职业信仰的形成，二者相互融合。幼儿教师是以生命完善为宗旨的职业，要求从业者具有较高的职业信仰。幼儿教师的教育理想、专业成长规划、教育态度、教育价值观和教育境界等构成其职业信仰。教育信仰的作用就在于对这些要素进行统摄和整合，为幼儿教师从事幼儿教育工作提供职业情感、职业道德和职业信念。幼儿教师的教育信仰是一种整体性的精神追求与状态，是幼儿教师在专业学习和教育实践中形成并不断提升的精神结晶，对维系幼儿教师的职业理想与追求、职业道德、职业使命和责任起着重要作用；为幼儿教师专业成长、人生价值的实现和人生境界的提升提供内在动力。幼儿教师的教育信仰与专业情感有着某种程度的内在契合，可以在价值观层面上为幼儿教师持续不断成长提供意识规范。教育信仰和职业信仰是幼儿教师个人愿景和幼儿园共同愿景形成的源泉，如未形成科学的教育信仰和职业信仰也就无法形成科学的个人愿景和共同愿景。愿景与现实构成幼儿教师和幼儿园团队成长的创造性张力。

3.幼儿教师通过学习形成并完善教育与职业信仰

幼儿教师的教育信仰与职业信仰是幼儿教师基于生命理解、科学的学前儿童认知和学前教育认知，在学前教育实践中通过不断学习而逐渐升华和完善的，不是给定的和静止不变的。在人类发展的过程中随着对教育认知的深化，形成了一些教育信仰。

例如，孔子的"学而不厌、诲人不倦""有教无类"。《中庸》所提出的"天命之谓性，率性之谓道，修道之谓教"。韩愈所论及的教师职责在于传道、授业、解惑。以及中国传统文化将"师"与"天""地""君""亲"放在一起崇拜的文化都是教育信仰的文化源。幼儿教师在未专门学习教育学学科和学前教育专业以前，在文化中通过有意识与无意识的学习形成对幼儿教育的初步认知，这是教育信仰和职业信仰形成的第一步。

幼儿教师在职前培养阶段，学习教育学学科和学前教育专业以后，通过《教育学原理》《教育哲学》《教育心理学》《普通心理学》《教育社会学》《教育文化学》《课程与教学论》《中外教育史》《中外学前教育史》《学前教育学》《学前心理学》《学前卫生学》《儿童哲学》《幼儿园课程论》《儿童游戏论》等课程学习，对教育和学前教育初步形成科学的认知。幼儿教师以教育学学科或学前教育专业课程所学知识为基础，通过对哲学类经典著作（《中国哲学史》《西方哲学史》《人论》《存在与时间》《小逻辑》《论自由》《时代的精神状况》《论语》《孟子》《大学》《中庸》《道德经》等）、教育哲学类经典著作（《理想国》《躁动的百年》《教育哲学》《康德教育哲学文集》《哲学的改造》《幼童与哲学》《儿童哲学》等）、教育学类经典著作（《大教学论》《普通教育学》《爱弥儿》《教育漫画》《民主主义与教育》《经验和教育》《什么是教育》等）、学前教育类经典著作（《人的教育》《童年的秘密》《蒙台梭利教学法》《儿童的一百种语言》《童年的王国》《陈鹤琴全集》等）的阅读，不断反思与总结形成对学前教育本质、学前教育个体价值和社会价值的专业认知与理解，这是教育信仰和职业信仰形成的第二步。

幼儿教师在开展幼儿教育活动中，将教育认知、教育理想、教育情感、教育热情和教育意志等付诸实践，与幼儿、同事和家长等相关人员交互作用，在反思与理论学习中逐渐完善教育信仰和职业信仰，这是教育信仰和职业信仰形成的第三步。教育信仰和职业信仰形成和提升过程是循环往复的，教育信仰、职业信仰与学习互相影响。幼儿教师通过学习形成、修正、提升和完善教育信仰与职业信仰。反过来，教育信仰和职业信仰的形成、修正、提升和完善又促使幼儿教师萌发进一步学习的需要、动机和行为。

研究发现，专业成长动力充足的幼儿教师有较明确且坚定的教育信仰和职业信仰，在此基础上形成了明确的幼儿教育愿景和职业愿景。他们对幼儿教育和幼儿教育职业有发自内心的热爱和情怀，这种积极的情感成为幼儿教师专业成长动力的重要来源。在共同愿景的引领下，更愿意努力追求理想境界，内心较为开放，能进行系统的思考，能在自己的幼儿教育工作中体验到职业幸福感和成就感，将个人生命价值与专业价值有机融合。

笔者本科和硕士研究生所学专业均为学前教育，当前也在从事高校学前教育专业人才培养工作。结合自身学习和工作经历，发现当前学前教育师资职前培养和职后培训，对教育信仰和职业信仰的价值未给予充分重视，导致部分幼儿教师过于注重物质追求，缺少精神追求和实现自我价值的追求。2012 年，教育部颁布《幼儿教师专业标准（试行）》对合格幼儿教师专业素养结构提出明确要求，第一部分就是专业理念与师德。教育部在学前教育专业师范认证的二级和三级标准的"毕业要求"中强调教育情怀和师德规范。这些都是在引导学前教育师资培养与培训要重视教育信仰和职业信仰的培养。

（三）幼儿教师的专业成长需要

1.代表性的需要理论

《说文解字》中解释："需，须也，遇雨不进止须也。""需"具有等待的意思。"等待必有所求，延伸指索取。""用作名词指需用的东西。""要，身中也。""要，要（腰），身躯的中部。"古人以腰作为身体储藏精气之所，尤其重视腰在生命中的重要意义。同时，赋予腰精神的意义，例如"不为五斗米折腰"的风骨。延伸意指邀请；纲领、关键；将要，即将来临。《辞海》将"需要"解释为"应该有或必须有；对事物的欲望或要求。"由此可以看出，需要是人基于生命的需求，出现的欲望或索求。人作为一种生命的存在，生命过程具有一种积极的、正向的定向。加之人的生命具有精神性和自由性，赋予人超越性。因此，需要是人的生命本性之一。人类在诞生和延续过程中，正是需要推动物质文化和精神文化的发展。同时，需要也推动人的物质财富和精神财富的增加。人的需要千差万别，影响需要的因素错综复杂。从根源上来看，人的需要主要由信仰决定，需要是动机产生的内部原因，动机则直接推动行为的产生。

需要是人成长的动力系统的核心构成要素之一，在动力系统中起着连接信仰与动机的桥梁作用。黄希庭在1997年的《心理学》一书中将需要界定为"人对客观事物的需求在头脑中的反映。它是以人内部的某种缺乏或失衡状态，表现出其生存和发展对于客观条件的依赖性。当个体需要未获得满足时，就会促使个体开展从事满足需要和寻求平衡的行为活动，产生动机。"在2008年出版的《心理学基础》中，将其界定为"某种只要给予就会有助于改善个体健康幸福的事物或事态。可以是生理的，也可以是心理的"。在2015年出版的《心理学导论》中指出："需要是有机体内部的某种缺乏或不平衡状态，它表现出有机体的生存和发展对于客观条件的依赖性，是有机体活动的积极性源泉。"彭聃龄在《普通心理学》中指出"需要是有机体内部的一种不平衡状态，它表现在有机体对内部环境或外部生活条件的一种稳定的要求，并成为有机体活动的源泉。"由此可以看出，人的需要包括物质需要（或生理需要）和精神需要（或心理需要），对需要的理解越来越强调精神需要和个体生命健康幸福的需要。

关于人的需要种类划分方式不一。有研究者按照需要的起源将其分为自然需要和社会需要。自然需要是人的生物需要，包括饮食、睡眠、排泄和性等。社会需要是作为人类的需要，如交往需要、成就需要、求知需要、自尊需要和权利需要等。按照需要指向的对象，分为物质需要和精神需要。物质需要是指向生命维系所需物品的需要，精神需要是对精神产品的需要。还有研究者将人的需要分为生理需要和心理需要。生理需要类似于自然生物需要，心理需要类似于精神需要。心理需要与生理需要具有不同的特点，主要表现为：首先，心理需要的产生不一定是以匮乏状态为基础；其次，心理需要可以通过经验而被习得。当前关于需要的理论影响最大的是人本主义心理学家亚伯拉罕·马斯洛（Abraham Maslow）的需要层次说。

马斯洛的人本主义心理学理论形成过程受到霍尼（Karen Horney）和弗洛姆（Erich Fromm）社会文化精神分析理论、马克斯·惠特海默（M.Wertheimer）的格式塔心理学理论、阿尔弗雷德·阿德勒(Alfred Adler）的精神分析理论和人类学家鲁思·本尼迪克特（Ruth Benedict）的影响，最终形成了整体的、动力的人格观。马斯洛认为：动机是人类存在和发展的内在动力，动机引起行为，需要是动机产生的基础和源泉。人类的需要是一个复杂的系统，需要与动机之间并非简单的对应，只有一种或几种占优势的需要成为行为的主要动机，马斯洛将人的需要分为两大类七个层次。

基本需要与人的本能相联系，关系个体的生命保存，因缺乏而产生，又称匮乏性需要或缺失性需要。在健康人身上，处于静止的、低潮的或不起作用的状态中。包括以下四种：第一，生理的需要。这是维持个体生命和人类种族延续的需要，在整个需要层次中处于最原始、最基本、最优先满足的地位，是人与动物共有的需要。如进食的需要、喝水的需要、性繁殖的需要和睡眠的需要等。第二，安全的需要。这也是人与动物共有的低级需要，安全的需要是对组织、秩序、安全感和预见性的追求。第三，归属和爱的需要。这是人在社会群体中生存，基于人际交往所产生的需要。如与他人建立友情，渴望家庭的温暖，希望得到所在团队和组织的认同。这种需要获得满足，会产生归属感，不能被满足就会产生孤独感。第四，尊重和自尊的需要。尊重需要是人类个体对尊严和独特价值的追求。一方面，是个体追求别人的尊重。例如，人际交往中他人对自己的认可、重视、赞许、支持和理解等。另一方面，是个体对自己的尊重。例如，个体对自信、成就、独立、自由的追求和期望。尊重的需要如果获得满足，个体就会真诚、开放、透明，产生自信心、价值感、成就感和积极性与主动性。否则，就会产生自卑感和无能感。

成长性需要又称心理需要或发展需要，它不受人类动物性本能的支配。这类需要是在人基本需要满足以后产生，具有如下三个特点：不受人的生物性直接欲望左右；以个体自我潜能的发挥为动力；需要的满足会使个体产生最大程度的满足与快乐。这类需要主要包括三种：第一，认知的需要。人在社会生活中，为了更好的生存和成长，就会产生对周围环境和探索事物发展规律的需求，这类需求就是认知的需要。正确的认知需要可以帮助个体确定活动目标，指导活动方向，设计合理的活动计划和行为。此需要如不能获得满足，就会产生心理上的压力。第二，审美的需要。审美需要属于高级层次的需要，这种需要是人类发展到一定阶段的表现，是对人的成长具有重要意义的社会需要。马斯洛提出，在所有的文化背景下，都有一部分人产生这类需要，并非全部人。有此需要的人，希望自己生活在精神美、道德美、自然美和物质美的环境中。当这类需要无法满足时，会产生心理障碍，对个体成长有消极影响。第三，自我实现的需要。这是人类最高层次的需要，并非每个人的需要都能达到这个层次。自我实现的需要表现为个体对完整、圆满、公正、丰富、质朴、活跃、美、善良、独特、幽默、真实、自主和人生意义的追求。马斯洛将其描述为个体想要变成越来越像人的本来的样子，实现人全部潜力的欲望与追求。

研究发现，真正能够达到完全自我实现的人只占百分之一。个人之所以不能自我实现主要原因有：个体无法正视、理解或学习关于自我实现所需要的知识，缺乏对自我实现知识的正确认知，使自己处于不确定的状态；人生活在文化环境中，受文化环境的强力影响，让个体无法突破，从而阻碍自我实现；自我实现的人是由成长性需要推动，并非依靠基本需要推动，其发展和持续成长依赖于自己的潜力。人只有自我实现才能是真正的自己，自我实现的存在是人本质的存在，实质是人超越了物质需要的直接缺失性动机之上的高度精神境界，是人的最高动力。

马斯洛提出人的需要具有层次性，低层次的基本需要获得满足之后高层次的需要才会出现。但是这种层次的划分只是一般模式，并非适用于所有人。个人需要结构的发展并不是间断的，而是呈波浪式发展。较低层次需要高峰过去以后，较高层次需要才起主导作用。与此同时，较低层次需要并不消失，只是在人的需要结构中不再起优势和主导作用。

2.需要在幼儿教师专业成长动力系统中的定位与价值

需要在幼儿教师专业成长的动力系统中连接着信仰和动机。需要在幼儿教师专业成长动力中的价值主要表现为以下几方面：第一，幼儿教师的需要是其专业成长内驱力的基础，是幼儿教师专业成长内部动机的源泉。影响幼儿教师专业成长的因素众多，但需要是推动幼儿教师专业成长的主体核心内部要素。幼儿教师只有产生专业成长的需要才有可能激发其进行专业成长的动机，进而产生专业成长行为。第二，需要是幼儿教师进行有助于专业成长活动的诱因。在通常情况下，幼儿教师的专业成长行为是由幼儿教师专业成长的内部需要和外部诱因两个方面因素共同驱动的。第三，为促进幼儿教师专业成长所提供的外部条件、激励措施、目标等，只有转化成幼儿教师的内部需要才能发挥持续性的最大功效。

作为幼儿教师的需要与其他人群的需要，既具有共性又具有特殊性。从共性上来看，幼儿教师的需要也是由基本需要和成长性的需要，或者生理的需要和心理的需要构成。按照马斯洛的需要层次理论看，幼儿教师的需要也是由生理需要、安全需要、爱和归属的需要、尊重需要、认知需要、审美需要和自我实现需要构成。学前时期是人一生发展的关键期，幼儿教师所从事的教育工作是为了幼儿生命质量的提升和人类社会的延续和完善所进行的工作。幼儿教育的价值和使命对幼儿教师高级需要提出更高要求。幼儿教师在教育信仰和职业信仰的驱动下，在基本需要获得满足的情况下，认知需要、审美需要和自我实现的需要应成为推动幼儿教师专业成长的核心需要。成长性需要的不断产生与实现的过程就是幼儿教师专业持续成长的过程。

3.幼儿教师通过学习提升专业成长需要

人的需要由基本需要和成长性需要构成，并呈现出一定的层次性。低级需要由动物性本能所决定，高级的需要则是可以通过学习提升的。幼儿教师的基本需要获得满足后，学习与成长性需要之间呈现出相互影响和相互促进的关系。一方面，成长性需要的产生促使幼儿教师出现学习动机，产生学习行为，从而实现持续成长。另一方面，幼儿教师学习的展开与提升促使新的不平衡出现，从而进一步产生更高层次与更多的成长性需要。幼儿教师通过学习可以协调和平衡基本需要与成长性需要，增加成长性需要，让成长性需要成为优势需要，弱化或者限制基本的生物性需要。

专业成长动力不足的幼儿教师往往不能正视或者刻意回避现实中客观存在的矛盾与问题，安于现状，其结果就是无法产生学习的需要和成长的需要，使需要处于较低层次，无法向更高层次需要流动和转化。尊重的需要是幼儿教师由基本需要跃升至成长性需要的过渡环节。当前幼儿教师尊重的需要未获得充分的满足，主要表现为家长、幼儿园管理者和社会对幼儿教师不信任、不尊重，在幼儿教师开展幼儿教育活动的场所安装摄像头就是最明显的表现。尊重需要的无法满足成为制约幼儿教师由基本需要跃升至成长性需要的瓶颈。

（四）幼儿教师的专业成长动机

1.动机种类及有代表性的动机理论

动机与需要密切相关，动机基于需要而产生，当人的某种需要没有获得满足时，会推动个体去追求需要的对象，即产生动机。但需要并不等同于动机，动机在人的动力系统中比需要朝向行为的发生又前进了一步。需要在需要者主观上以意向和愿望的形式被体验着。在人的需要中被模糊意识到的，未分化的需要叫意向。意向虽有一定的指向，但却不知道满足需要的具体方式和途径。在需要体系中被明确意识到并有意去寻求满足的需要叫愿望。静止停留在头脑里，而不付诸行动的愿望不能成为动机。只有当需要推动个体做出行为，并把行为引向特定的目标时，需要才成为有机体活动的动机。所以，动机是激发和维持个体进行活动，并导致活动朝向某一目标的心理倾向或动力。

动机来源于需要，人的需要的复杂性决定了动机的多样性。不同的研究者对动机的种类的划分标准与界定不尽相同。有代表性的观点主要有以下几种：第一，根据动机的来源，可分为生物性动机（又称生理性动机，亦或称原发性动机）和社会性动机（也称心理性动机，亦或称习得性动机）。人是生物性与精神性构成的复合整体。生物性动机是由人作为生物的一个种类的生物学需要为基础的动机，是人的原发性动机，是基于人类种族延续和个体生命保存和维持所产生的动机。例如，进食动机、睡眠动机、排泄动机、趋利避害动机和性动机等。社会性动机是以人的社会属性为基础，源于社会文化需要的动机。社会性动机来源于人类社会生活的需要，属于人类社会历史的范畴，是人后天习得的。例如，交往动机、成就动机、劳动动机、权利动机和认识动机等。戴维·保罗·奥苏泊尔（David Pawl Ausubel）对成就动机进行了进一步划分，认为学校情境中学习者的成就动机包括认知内驱力、自我提高内驱力和附属内驱力。

有研究者根据引起动机的原因将动机分为外部动机和内部动机。外部动机是来源于个体和具体任务之外的动机，由外在因素引起，追求活动之外的某种目标。例如，幼儿教师做科研、写论文是为了完成幼儿园布置的任务或评职称，而非自己的专业成长。内部动机是来源个体和具体任务本身的动机，该类型的动机出自行为者本人并且行为本身就能使行为产生者的需要得到满足。个体本人从观念上认为行为本身是有趣的或者有价值的。例如，幼儿教师阅读学前教育专著就是为了提升自己的专业素养，提升自己的专业境界。外部动机和内部动机都能激发并促进个体的行为。但是外部动机只会让个体付出成功完成任务所需的最少的行动和努力，且一旦外部强化停止行为就可能终止。内部动机在很多方面优于外部动机。具有内部动机的人其行为的积极性与主动性较强；乐于从事任务重有挑战性的工作；理由充分时会改变自己的原有认知；能创造性地完成任务；具有坚持不懈的毅力；主动寻找额外机会完成任务。

有研究者根据动机在人的行为和活动中所起的作用，将动机分为主导动机和次要动机。人的活动通常由多方面的动机推动，以动机系统的形式发挥作用，在推动人做出行为和开展活动的动机系统中起主导的、关键的、决定作用的动机被称为主导动机。不起决定作用的其它动机被称为次要动机。在动机系统中，主导动机和次要动机是不断变化和发展的。例如，在幼儿教师专业成长过程中，刚入职初期内部动机占主导地位，而随着职业的适应，外部动机逐渐占主导地位，进入专家型教师阶段后内部动机又占主导地位。

当前关于动机的理论较多，具有代表性且与本研究密切相关的理论有以下三个：第一，内驱力降低理论。美国心理学家赫尔（Clark Hull）所提出的动机理论，他认为内驱力是中间变量，个体行为是由内驱力激发的，而内驱力来自个体的机体需要。内驱力分为原始性内驱力和继发性内驱力。原始性内驱力是由人的生物性需要产生。继发性内驱力是针对情境而言的，或者是针对环境中的刺激而言的。外部的情境或环境的刺激伴随着原始性内驱力的降低而成为主导性内驱力。他认为个体要出现学习行为，就需要降低需要或由需要而产生的原始性内驱力。具备外部诱因，且产生内驱力，才能使被强化的习惯产生行动。个体产生学习行为反应潜能是内驱力、诱因和习惯强度的乘积。个体的行为在于降低或消除原始内驱力，原始内驱力降低的同时，个体行为活动受到强化。因此，原始内驱力降低是提高学习行为概率的基本条件。

第二，成就动机理论。成就动机理论的代表人物有默里（Murry）、麦克利兰（McClelland）和阿特金森（Atkinson）。默里对成就需要进行了界定，认为个体的成就需要是个体克服障碍，施展才能，力求尽快、尽好地解决难题的需要。麦克利兰在此基础上形成了成就动机理论，认为成就动机是一种力求成功并选择朝向成功目标活动的一种倾向。个体的成就动机由力求成功和避免失败两种意向组成。个人行为活动目标的确定与具体行为受成就动机决定。若个体力求成功的动机高于避免失败的动机，就会确定成功的目标并在行为中付出全力，追求目标的实现。若个体避免失败的动机高于追求成功的动机，个体就会确立极力避免失败的目标。阿特金森发展了麦克利兰的成就动机理论，将其发展为动机的期望——价值理论。阿特金森提出个体追求成功的动机是个体成就需要、成功的主观期望和成功的诱因之间的乘积。避免失败的倾向是追求逃避失败的动机、失败的可能性和失败的诱因之间的乘积。个体的成就动机是力求成功的倾向值减去力求避免失败的倾向值。个体在适宜的环境中如果力求成功的需要大于力求避免失败的需要，就会全力付出力求成功。

第三，自我决定理论。由美国心理学家德西（Deci）和瑞安（Ryan）提出的动机理论。该理论的假设是：人是积极的有机体，个体的成长和发展动力是与生俱来的，这种与生俱来的成长和发展动力帮助个体努力掌控生活环境中的挑战，并将其整合到自己的自我概念中。自我决定是一种潜能，这种潜能是关于经验的选择，是个体在充分认识自己需要和环境信息的前提下，做出的对行动的自由选择。个体自我决定的这种潜能引导其从事感兴趣的、有益于自己能力发展的行为活动，形成对社会生活环境的灵活适应。自我决定是人类个体的一种需要，而不仅仅是一种能力。自我决定理论认为人类在延续的过程中一直在争取最大的自主性、自我决定感与他人归属感，以获得胜任感、自主性和归属感三种基本的心理需要的满足。人在感受到效能感的同时，还必须感受到自己的行为活动是由自己决定而非外在支配和控制的，这样才能对内在动机起积极的促进作用。与之相反，在行为活动或任务完成中，个体感受不到自我决定，而是在威胁、强制命令、非接纳性评价、截止日期和强制性目标等氛围下去完成任务将会削弱内在动机。该理论将动机分为内在动机、外在动机和内化动机。通过研究发现，外在动机使用不当将会抵消内在动机。内化动机是指由外在因素激发个体对学习活动、意义的内在认同和追求，从而成为学习主导动机。该理论强调外部动机的内化与所有动机的整合。

2.动机与情感、价值观

需要除了是动机产生的基础，也是情绪产生的基础。情绪是主体根据需要是否满足所做出的心理上的反应。情感是人类个体对自己情绪过程的主观体验，也就是对情的感受，是人类个体在活动中所产生的体验、情绪，以及一般的心境。情感对人类个体动机的计划、思考起着重要作用。通常个体感觉如何取决于需求是否被满足以及目标是否被实现。当人在追求一个目标或失去时，同样会考虑自己随后会获得怎样的感受，特别是成功时快乐和自豪的情感，失败时悲伤或羞愧的情感。积极且正向的情感对个体动机的思考、分析和确定，激发具体的行为起着积极的促进作用。消极的情感有时也会对人的动机的确定和行为的激发起着积极的作用。例如，幼儿教师因自己的专业素养问题，不能很好的解答家长在家庭教育中遇到的问题和困惑，会出现羞愧感，这种羞愧感会促使幼儿教师产生提升自己专业素养的需要和动机，做出学习的行为。

价值观与动机密切联系，价值观通过对激发并维持行为活动的外部诱因的机制评判而起作用。价值观是个体按照外部客观事物对个体自身及社会意义或作用进行评价和选择的标准、原则和信念，是一个人思想意识的核心。动机是个体行为调节系统的一个组成部分，其中价值观起到核心的作用。价值观不仅是人认知范畴的概念，而且具有情感和意志功能。个体价值观影响动机的性质、方向和强度，同时影响人对事物的需要，进而影响行为的调节。价值观为个体正确的行为提供依据，融合于整个人的个性之中，对个体的行为、态度、信念和理想起支配作用。价值观具有社会历史性，个体价值观是在生活实践中通过学习逐渐形成并稳定下来的。价值观内隐于个体的思想系统中，一般对外表现为兴趣、信念和理想三个方面。

3. 动机在幼儿教师专业成长动力系统中的定位与价值

动机在幼儿教师专业成长的动力系统中连接需要和行为，是推动幼儿教师做出专业成长行为和开展专业成长活动的直接推动因素。幼儿教师专业成长动机与专业成长行为之间的关系是辩证的，专业成长动机推动专业成长行为，专业成长的结果反过来助推更多、更高层次专业成长动机的产生。通常来讲，幼儿教师的专业成长动机并不直接卷入专业成长过程，而是以专业成长情绪状态的唤醒、专业成长准备状态的增强、专业成长意志的提高和专业成长活动注意力的集中为中介来影响幼儿教师专业成长的过程的。犹如"催化剂"间接的增强与促进幼儿教师专业成长的过程。

幼儿教师的专业成长动机具有唤醒和引发作用，能够唤醒和引发专业成长行为。当幼儿教师对专业知识、专业能力和专业理念产生迫切的成长与提升需要时，就会引发成长的动力，唤起内部机动状态，产生专业成长的焦急和渴求等心理体验，激发起专业成长行为。幼儿教师的专业成长动机还具有定向作用，它以专业成长需要和专业成长期待为出发点，使专业成长行为在初始状态下就指向一定的成长目标，推动幼儿教师为实现目标而努力。幼儿教师的专业成长动机还具有维持功能，维持幼儿教师参与有利于专业成长活动的心向。幼儿教师的专业成长动机还能调节行为的强度、时间和方向。

专业成长动力充足的幼儿教师以专业提升的内部动机为主，能够主动的将外部动机内化和整合；成就动机较强，以力求成功的动机为主；自我决定空间较大，有较大的专业自主权，自我价值能够获得实现和尊重；原始性内驱力保持在最低限度，以继发性内驱力为主；表现出积极且正向的情感和价值观，能够正确对待和解决从现实向理想愿景推进中出现的消极情感和困难；内心理想的职业愿景明确；易于在从业过程中体验到价值感、成就感和归属感。

专业成长动力不足的幼儿教师以外部动机为主，外部动机难以内化，内外动机难以有效整合；成就动机较弱，习惯安于现状，得过且过，通常以避免最低限度的失败为主；自我决定空间非常小，专业自主权极为有限，自我价值难以获得实现和尊重；内心往往处于封闭的状态，自我防卫习惯明显；通常以降低理想愿景，解决由现实状态和向理想状态推进中所产生的消极情感，沉溺于现实问题，不敢正视现实。专业成长动力充足的幼儿教师学习需要和专业成长需要强烈，学习动机和专业成长动机以内部动机为主。会主动创造条件，克服困难进行学习。而专业成长动力不足的幼儿教师逃避问题，不愿正视问题，习惯为自己的不学习寻找外部原因，例如时间不足，事情过多等。

4. 幼儿教师通过学习确立并完善专业成长动机

幼儿教师的专业成长动机与专业成长需要、情感、价值观密切联系。需要、情感和价值观的复杂性决定了专业成长动机的复杂性。幼儿教师的专业成长动机由外部动机、内部动机、生物性动机、社会性动机、主导动机和次要动机等组成。幼儿教师职业要求幼儿教师应以认知动机、成就动机、自我实现动机等内部社会性动机为主导动机。幼儿教师专业成长动机的提升与优化通过学习实现。首先，幼儿教师通过学习形成和提升认知动机和自我提高动机。幼儿教师通过学习正确认知学前教育的重要意义和做好幼儿教师的高要求，感受从事幼儿教师工作所需要的素养与自身现有素养之间的不平衡，产生提升专业素养的需要，形成认知内驱力、自我提高内驱力等内部动机。《礼记·学记》"虽有至道，弗学不知其善也……学然后知不足……知不足然后能反也"解释了学习与专业成长动机的关系。

幼儿教师通过学习形成并提升成就动机和自我实现动机。成就动机和自我实现动机是基于幼儿教师的成就和自我实现的高级需要而产生的，是通过学习而出现和提升的。幼儿教师在从业过程中，会直接或间接接触一些当下和历史上有成就和自我实现状态好的榜样人物。例如，最美乡村教师、最有爱心教师等。有些榜样教师在物质条件和专业基础均不利的情况下，依然做出高成就和达到自我实现，幼儿教师通过对榜样先进事迹的学习可以激发追求成就和自我实现的动机。幼儿教师通过学习陈鹤琴、陶行知等教育家的职业生涯，可以了解他们从事学前教育的初心是为了办中国化、大众化的学前教育，是为了民族的未来办学前教育。他们为了实现教育理想，在战火中、在物质条件极度匮乏的条件下，全身心投入所追求和向往的事业中，他们永远是我们学习的楷模。

再次，幼儿教师通过学习提升自己的交往动机和归属动机。幼儿教师在教育实践中会发现幼儿教育工作的复杂性，需要团队合作完成，交往能力是幼儿教师必备的能力。若幼儿教师的实际交往能力无法满足工作需要，就会产生不平衡，这种不平衡促使幼儿教师产生提升交往能力的需要和动机。幼儿教师在实践中发现具有团队合作能力更容易实现自己的教育目标，得到团队成员的认可，实现自我价值。幼儿教师通过反思学习和观察学习也会激发团队归属的需要和动机。

第二节　幼儿教师专业发展动力提升策略

幼儿教师专业成长动力受幼儿园管理者的管理理念与行为、幼儿园人际交往氛围、幼儿园学习氛围等外部环境的影响，也受幼儿教师个人的教育信仰与职业信仰、学习需要与学习动机等个人因素的影响。本书认为要提升幼儿教师专业成长的动力应优化园长管理理念与行为、建设学习型幼儿园和强化幼儿教师的教育信仰。

一、园长优化管理理念与行为

教育部在 1989 年颁布的《幼儿园管理条例》、1995 年颁布的《幼儿园工作规程（试行）》和 2015 年颁布的《幼儿园工作规程》中明确了"幼儿园实行园长负责制"，由园长全面负责幼儿园的保教管理和行政管理工作。园长负责制明确了园长对幼儿园工作具有最高行政权,园长有决策指挥权、人事管理权、财务管理权和奖惩权。因此,园长是幼儿园教师团队的"领头羊",其管理理念与行为直接影响团队的人际交往氛围和教师的专业成长动力。

当前在我国幼儿园管理中最常见的组织形式是马克思·韦伯(Max Weber)所归纳提出的"科层制"。这种组织管理模式的优点是结构简单、权力集中、指挥统一、等级严格、责任明确。同时在管理运行中也存在过于理性化、等级森严,长久下去使成员心力疲惫、沟通不畅,从而降低工作热情;强化个人和部门分工,不利于取得整体效益;没有充分考虑组织的复杂性和多样性,在管理中不易保持足够的灵活性以应对多种实际需求的问题。因此,园长要提升幼儿教师专业成长的动力应从以下方面优化管理理念与行为。

(一)园长遵守和落实民主管理原则

教育部于2015年颁布《幼儿园园长专业标准》在专业职责"优化内部管理"中明确提出"尊重幼儿园管理规律,实行科学管理与民主管理"。幼儿园民主管理原则是指园长在管理中,既要处理好完成工作任务和关心广大幼儿教师之间的关系,也要处理好管理者与广大幼儿教师的关系,调动幼儿教师的主动性和积极性,发挥管理的激励机制,促进幼儿和幼儿教师的成长。人是管理的核心,在管理的要素中,人既是管理的手段也是管理的内容,现代管理强调"以人为本"的管理理念。园长要较好实现幼儿园的任务目标,关键是在管理中实行民主管理,调动幼儿教师的主动性和积极性。园长遵守和落实民主管理原则,应注意以下几点:

第一,树立和践行人人平等的管理思想。园长要充分认识到自己与其他教职工的不同在于岗位分工不同,全员教职工均是平等的幼儿教育工作者,均是幼儿园这个大家庭的主人。在管理过程中充分调动广大幼儿教师参与的主动性和积极性,以开放的心态理解和接纳每位幼儿教师的想法和建议,尊重幼儿教师的人格尊严,肯定幼儿教师的独特价值。在幼儿园各项规章制度制定和重大事项决策上尊重广大幼儿教师平等参与的权利。在规章制度面前人人平等,带头遵守各项规章制度。在评优、评奖、职称晋升、外出培训学习、参加比赛等机会面前要公平和公正。

第二,树立和践行以幼儿教师专业成长为本的管理理念。园长要充分认识到幼儿教师团队的专业素养是幼儿园发展的核心软实力,直接影响和决定幼儿园的保教质量。园长管理过程中应以教师为本,为幼儿教师的专业成长提供适宜的环境;尽力提供幼儿教师专业成长所需的时间、空间、制度和学习资料等资源;通过教研、科研、读书会、兴趣小组等形式搭建幼儿教师专业成长的合作互助平台;分析和理解幼儿教师专业成长的问题与瓶颈,帮助幼儿教师制定切实可行的专业成长规划。正视并尊重幼儿教师的成就需要和自我价值实现需要,为幼儿教师自我价值实现提供平台和机会。在制度管理的基础上,兼重情感管理,给予幼儿教师必要的情感关怀。

第三,注重营造有利于提升幼儿教师专业成长动力的助益性人际交往关系。罗杰斯认为在助益性人际关系中至少有一方有明确的意向，即促进对方的成长、发展和成熟。换言之，助益性人际关系中某个参与者意欲使另一方或者双方发生某种变化，使个人的潜力得到更多欣赏、更多表达、更好发挥。园长在管理中营造有利于提升幼儿教师专业成长动力的助益性人际交往关系应做到真诚、透明、接纳、欣赏和理解。所谓真诚、透明是指园长在与幼儿教师交往中言行应与内心的感受和态度一致，也就是说园长在幼儿教师面前应表现出真实的自己，这样幼儿教师才会展现真实的自己。

所谓接纳、欣赏是指园长在与幼儿教师交往中要热情关注幼儿教师，尊重和欣赏幼儿教师的独立价值。接纳和尊重幼儿教师的态度，无论态度是积极的还是消极的。园长对幼儿教师的接纳和欣赏会形成一种开放和信任的人际关系，使幼儿教师感到温暖和安全。园长在接纳和欣赏的同时还应理解幼儿教师，理解教师的感受和情感，以换位思考达到共情。这种助益性的人际关系是一种充满信任的关系，园长与幼儿教师之间互相信任，遇到问题同心协力地应对。幼儿教师在这种人际关系中，将会在意识的以及更深的人格层面上，用一种更具建设性的、更为理智的、更主动的、更积极的方式投入学习和工作中。换言之，幼儿教师的专业成长动力将更充足。

本书认为如果园长能够为幼儿教师专业成长营造这样一种人际关系：每个人都能在人际交往中对彼此真诚与透明；每个人都能热情地接纳以及欣赏彼此的独立个性；每个人都能以换位思考的方式彼此达到共情。那么，人际关系中的双方将会：体验并理解自身先前被压抑的情感；发现自己变得更真实、更完整，更能有效发挥机能；更善解人意，更能接纳别人；更具有独特的个性，更会自我表达；具有更好的自我导向，更自信、更主动和更积极地投入到学习和工作当中；更自如轻松地处理工作和学习生活中的问题。

（二）园长克服等级管理体系的弊端

传统的权威型幼儿园组织里，园长的主要信条是控制、干预、组织和管理，具有鲜明的等级体系，采取自上而下的管理模式，对幼儿教师缺少情感支持。但是园长对幼儿教师过多的控制和干预，也意味着不信任和伤害。园长的眼中充满任务、目标和规章制度，幼儿教师的情绪、情感和独立的尊严和价值却很少有机会成为管理者关注的对象。园长以职务赋予的权力开展管理，有明确的规章制度和目标，但难以形成幼儿教师团队的共同愿景。大多数幼儿教师的归属感、集体荣誉感、奉献精神、使命感和责任感较低，自主权受到极大限制，积极性与主动性较低。

幼儿教师在等级森严的幼儿园管理下，往往习惯于被动按照领导安排和规章制度"努力"完成分内工作，绝不让工作影响生活。正如访谈对象谈到的"那就是一份工作，是我必须要完成的，但是绝不会让这份工作影响我的生活"。这导致幼儿教师只有通过工作以外的娱乐生活寻求价值感和满足感。园长需要进行管理文化变革，为提升幼儿教师专业成长动力提供文化环境支持。这正如奥布莱恩（Obrien）提出的"文化变革是关于根本的'传统等级体系弊病'及其去病药方。我们开始的任务，就是发现用什么样的组织方法才能使工作岗位与人性相吻合。我们逐渐发现了一组核心价值，这就是克服等级体系根本弊病的一组原则"。管理者克服等级森严的管理弊病关键是在幼儿园团队内努力宣传并践行"开放性"和"公德心"的原则。

幼儿园管理的开放性原则是指园长应带领幼儿园团队成员营造一种开放的心理氛围，让成员打开心扉，以真诚、真心和真情对待彼此。幼儿教师的内心只有处于打开的状态，内部的情感才能释放出来，外部的经验也才能进入内心，学习才能真正发生。团队成员彼此的想法外显出来并进行有效的交流，才能达到化解矛盾和互相学习的目的。园长在管理中应时刻提醒自己践行开放性原则，以开放的心态接纳幼儿教师。幼儿园管理中的公德心是指园长在带领幼儿园团队成员决策时应以团队最高利益，而非以自己最高利益或某个人的最高利益作为基本准则。开放性和公德心结合起来代表一种深层的信念，就是说如果园长带领幼儿园内的所有教师开发更大的能力去探究并显露各自的内心世界，并对其进行富有成效的探讨，那么幼儿教师的专业成长动力就可以获得极大提升，幼儿教师专业成长的主动性和积极性将大大增强。

二、建设学习型幼儿园

幼儿教师以学习实现专业成长，学习是推动幼儿教师专业成长的重要动力。当前幼儿教师学习总体呈现出学习动机功利化严重、学习所需专业基础差、学习需要弱、学习资源有限、学习共同体平台的搭建不足、学习氛围有待优化、学习激励机制有待健全等问题，成为制约幼儿教师专业成长动力提升必须要破解的问题。幼儿教师的个人学习与团队学习相互联系和相互影响，因此，要提升幼儿教师专业成长的动力需要在个人学习与团队学习之间架起沟通的桥梁，学习型幼儿园建设就是这个桥梁。学习型幼儿园建设会加强幼儿教师个人和团队的系统学习和交流互动，使教师个人和团队更具活力和生命力，激发专业成长的需要。建设学习型幼儿园需要从幼儿教师团队学习、建立幼儿园共同愿景、鼓励幼儿教师自我超越和强化幼儿教师的反思能力等方面着力。

（一）加强幼儿教师的团队学习

幼儿教师团队学习是学习型幼儿园建设的关键之一，将为幼儿教师的学习搭建共同体，为幼儿教师专业成长提供伙伴和资源支持。幼儿教师团队学习氛围与制度的形成，将助力幼儿教师专业成长，优化幼儿教师专业成长动力的结构，使幼儿教师专业成长的动力由内而外和由外而内交汇融通。幼儿教师团队学习主要借助园本教研、课题合作小组、读书会、工作坊、兴趣小组、集中政治学习等活动进行。其精髓是"协同校正"，即幼儿教师团队中出现整体功能的现象，融合与协调个体的能量和精力，共同作用于共同愿景的实现。幼儿园进行团队学习有两个关键：首先，对复杂问题要有深入的思考和清晰的理解。幼儿园团队要挖掘每位幼儿教师的思想潜力，让团队力量超越个人力量。其次，幼儿园团队需要有协调一致和具有创新性的行动。这需要幼儿教师之间形成一种真诚、透明、信任和尊重的人际关系。每位幼儿教师都能保持对自己和他人的清晰认识，在工作和学习中相互帮助和相互依赖。

幼儿教师的团队学习将会优化团队成员之间的人际关系，提升专业成长的动力。要达到上述目标需要注意以下两个问题：第一，以深度会谈形成真诚、开放、尊重的团队学习氛围。幼儿教师团队学习目的是为幼儿教师搭建学习共同体，从而超越个人学习，整合团队成员的力量。因此，团队学习最关键的是如何打开每位幼儿教师的心扉，从而进行深度合作学习。团队学习既追求学习过程中的参与、共享、贡献、交流和宽松的氛围，又追求学习成效高于个人学习。因此，深度会谈和商讨成为团队学习的核心。

深度会谈的英文为 dialogue，源自希腊语 dialogos。其中 dia 有"通过"的意思；logos 通常指"意义"，也有"词语"的意思。该词的原义是"意义的流过……是意义在人与人之间的自由流动，就好像河水在两岸之间的流动"。深度会谈是幼儿教师团队通过对话交流探寻某个议题或进行某项思考和学习时，通过探寻、反思和分享个人的思维模式，达到团体成员思维模式的共享、共通和共融，汇集成超越个人思维模式的强大团队思维模式，从而体现出主动创造和以过程为本质的对话学习方式。深度会谈不同于头脑风暴，头脑风暴与深度会谈相同点是鼓励个体充分表达自己的观点，但头脑风暴最终要挑选出一个胜利的观点。而深度会谈注重在会谈中绝对尊重每个成员的价值，所有参与会谈的成员均赢得胜利，并非只有唯一的胜利观点，是团队成员发自内心的真诚交流。深度会谈适用于幼儿园的教研活动、课题研讨以及园所文化建设研讨等需要团队力量完成的事项中。

幼儿教师团队要进行深度会谈需要具备以下四个条件：其一，参与深度会谈的所有成员必须打开自己的心扉，形成真诚、透明、平等和尊重的人际氛围，杜绝一言堂和随声附和。这样每个参与者内心的想法、思想和能量才能和谐。其二，参与深度会谈的幼儿教师应先"悬挂"自己的假设。悬挂自己的假设并非放弃或压制自己的假设。而是不固守自己的假设，不将自己的假设作为客观事实，或者唯一正确的假设。以包容和开放的心态接受其他人对假设的质疑和评论。如果在会谈中先入为主，坚持自己的假设和观点，无论如何绝不妥协，辩争到底，那深度会谈就无法进行。其三，参与深度会谈的幼儿教师要把其他人看成平等的同事。深度会谈的参与者只有将其他人看成具有共同愿景、共同事业目标的平等同事才能有安全感，深度会谈才可能发生。这个条件在深度会谈中观点不一致时特别重要。在观点不一致时，将对手看成有不同观点的同事，能获得最大的利益。其四，在幼儿教师团队中必须有一位德高望重的人时刻护持深度会谈的要素和氛围。在传统等级制幼儿园管理中，形成了管理人员发布命令、任务、目标和指导思想，普通教师理解和贯彻执行的习惯，领导的假设成为大家的事实。幼儿教师团队要进行深度会谈首先要摒弃或最大限度地控制这种习惯。幼儿园核心管理人员或者骨干教师必须准确把握深度会谈的精髓，护持深度会谈所需要的场景，让参与深度会谈成员的思想观点流动起来。护持者在深度会谈初步尝试和推进阶段起着非常重要的作用，一旦深度会谈氛围形成，深度会谈的理念为全体成员理解，深度会谈的成效动人心扉时，每个人都会成为深度会谈的护持者。

第二，破解幼儿教师人际交往冲突和惯性防卫问题。任何团队、任何人际关系都必然存在冲突，不存在无冲突的团队关系。冲突既可能成为团队成长和个人专业成长的动力，也可能成为阻力。学习型幼儿园建设很重要的内容是要正视冲突、审查冲突、理解冲突和消解冲突。学习型团队要努力通过深度会谈让冲突的观点在团队成员内心深处流动起来，冲突观点流动的过程就是反思和探寻的过程，也是学习发生的过程，更是成长的过程。与学习型幼儿教师团队相比，平庸的幼儿教师团队面对冲突会表现出两极分化的特征。一极表现为隐藏冲突，回避冲突，表面上看不出冲突，内心深处冲突逐渐膨胀。另一极表现为僵硬的团队关系。幼儿园管理方式强硬，幼儿教师的想法无法获得尊重和实现，彼此不妥协和松动，僵硬的感觉无处不在，消耗着团队和个人的精力。

面对冲突会产生惯性防卫，所谓惯性防卫是为保护自己，把问题和差距隐藏起来，刻意回避不足，根源是担心暴露观念背后的思维模式所带来的尴尬、窘迫和危险等消极情感。它是人为了保护自我，减轻心理挫折，求得内心安宁经常使用的潜意识心理机制。惯性防卫是阻碍幼儿教师团队学习和个人学习的重要因素，会导致团队和幼儿教师内心封闭，观念和想法无法在团队内流动，他人的思想无法进入教师个人的内心，感到四面都是陷阱和高墙，最终结果是团队和个人学习停滞，专业成长动力受阻。幼儿教师的惯性防卫是应对现实问题的方式，问题是需要通过学习解决的。这种需要来源于已知与未知而又必须知之间的差距，解决的办法是探寻，这样才能产生新知识和新行为习惯。已知、未知和必须知之间的学习差距会产生学习的需要，差距是一种危险，大多数人会降低学习需要来消除学习差距，这也是惯性防卫为什么阻碍幼儿教师学习和专业成长的原因所在。"惯性防卫在成功防范了眼下痛苦的同时，也阻止了向如何消解带来痛苦局面的肇事者学习"。

要消解惯性防卫，需要幼儿教师团队和个人打开心扉，暴露自己的思维模式，对自我防卫的心态进行反思和探寻，通过反思和探寻将假设和推理公开出来，接受团队其他成员的影响。同时，也要鼓励、感染、支持他人也进行反思和探寻，将惯性防卫控制在最小范围内。当团队和个人正确识别惯性防卫的时候，惯性防卫就成为现实，就会与共同愿景构成成长的张力。团队和个人意识到惯性防卫就意味着认识到专业成长处于停滞的现实状态，在共同愿景的引领下就会探寻解决停滞状态的方法。当团队和个人将惯性防卫坦露出来进行反思与探寻时，自我封闭的内心就打开了，团队的智慧和能量得以开启，团队和个人的理解力得到建设，就会朝着共同的愿景奋力前进。

（二）幼儿教师团队建立共同愿景

共同愿景是幼儿教师团队共同认同和全力追求的幼儿园理想发展景象，具有凝聚的力量，它可以让幼儿园内的不同个体为共同的期待和追求全力投入工作和学习。对于学习型幼儿园建设来说，形成共同的愿景至关重要，因为它是教师团队和个人专业成长动力的重要来源。共同愿景将激发幼儿教师全身心投入所追求的理想状态，所有成员将会为实现共同的目标而合作学习、合作做事和合作探索，奉献精神将最大程度被激发，矛盾和自私将被控制在最小的范围内。幼儿园如果没有共同愿景，就不可能成为学习型幼儿园，因为缺少共同目标就意味着难以产生为共同目标而合作学习的心向和行为，维持现状的心态就会自然产生。

共同愿景会激发幼儿教师团队和个人不断超越现状的动机与行为；激发幼儿教师工作和学习的热情，使幼儿教育工作成为自我价值实现的核心载体；提振幼儿教师团体和个人的精神，焕发生气和活力。团体内的每个成员会因为核心共同点的形成而有归属感，关系更和谐，彼此之间更加真诚与信任，深入合作的可能性增加，幼儿园变成"我们的幼儿园"。这正如马斯洛所言"个体的工作任务不再与自我相分离……相反，团队成员与其工作任务深度认同，以至其个人自我的界定必须把其工作任务也包含在内"。幼儿园共同愿景的建立还会让幼儿教师勇于承担任务，而非推脱任务。

幼儿园建立共同愿景，提升幼儿教师专业成长的动力需要注意以下事项：第一，激励并支持幼儿教师建立个人愿景。正确理解个人愿景与共同愿景之间的关系，明确共同愿景建立的关键点和原则，理解并尽力避免共同愿景建立过程中的消极因素是建立共同愿景必须注意的内容。幼儿教师团队共同愿景基于幼儿教师个人愿景，并最大限度体现和整合个人愿景，才能产生凝聚力，才能培育出奉献精神和承诺投入的意愿和行为。个人愿景能够让幼儿教师克服专业成长中的消极情感，真心全力付出，义无反顾，坚持不懈。个人愿景越明确、越坚韧、越合理，幼儿园越可能在诸多个人愿景的基础上找到共同点，建立共同愿景。如果幼儿教师没有建立个人愿景就只能以顺从的方式被动加入共同愿景，难以产生发自内心的奉献精神和专业成长动力。幼儿园管理者在激励和支持幼儿教师建立个人愿景的过程中，要学会倾听，给幼儿教师创设宽松、自由和真诚的氛围，不要以权力侵犯幼儿教师个人的自主和自由。有愿景的幼儿园管理人员，尤其是园长在分享自我愿景的同时，鼓励幼儿教师建立并分享个人愿景，允许多种愿景共存，聆听幼儿教师的个人愿景，探寻找到超越和整合个人愿景的最佳路线，才能形成共同愿景。

幼儿教师团队建立共同愿景最好采取自下而上的方式，在个人愿景分享和分析的基础上，找到个人愿景背后的共同点。幼儿教师建立个人愿景虽然是个人的事情，但是个人所建立的愿景必须符合幼儿教育的规律，应是科学的、合理的。违反幼儿教育规律的、违反科学的、不合理的愿景，就不应成为具有专业素养的幼儿教师的个人愿景。基于幼儿教育的规律建立个人愿景，为建立共同愿景提供了前提。好的共同愿景应是每个人在共同愿景中都能找到个人愿景的影像，这样团队成员才能真正成为为共同事业而坚持不懈奋斗的合作伙伴。幼儿园建立共同愿景切忌管理人员闭门造车，自上而下的模式，这样的共同愿景是行政命令，是领导者的愿景，并非团队共同的愿景，无法激发奉献和投入。

第二，正确理解并识别幼儿教师对待共同愿景的不同态度。从幼儿教师对待共同愿景的态度，可以正确理解和识别共同愿景的层次，帮助幼儿园管理者和幼儿教师体悟共同愿景建立的精髓。幼儿教师对待共同愿景的态度有以下几种：第一种，承诺投入共同愿景。共同愿景是基于个人愿景，对个人愿景的超越和整合；团队成员发自内心地想要和自愿去实现；愿景成为超越个人的被团队成员公认的"法则"。第二种，报名加入愿景。通过对共同愿景的正确认知，愿意在"法则的内在精神"范围内做自己力所能及的事情；找到个人愿景与共同愿景的融合部分。第三种，真心顺从共同愿景。幼儿教师能够辨识共同愿景的优点；会完成任何为了实现共同愿景而分配的任务。第四种，顺从共同愿景。幼儿教师基本认清了共同愿景的优点；会完成分配的不超越职责内的任务，但不会承担多余的任务。第五种，勉强顺从共同愿景。幼儿教师不能辨识共同愿景的优点；为了保住自己的工作，勉强完成分配的任务，但不会尽力完成，只是按照要求勉强做；明确表达并非自愿合作。第六种，不顺从共同愿景。幼儿教师完全无法辨识共同愿景的优点，甚至排斥共同愿景；不愿意承担分配的任务；明确表示不配合。第七种态度，冷漠对待共同愿景。幼儿教师是"破罐子破摔"的心态；冷漠对待事和人；在煎熬中艰难度日。

第七种和第六种对待共同景的态度可以归纳为排斥和反对，这种态度使个体和团体分离，工作与生活分离，自我价值实现的成长性需要和成就动机难以产生，学习难以发生，专业成长的动力严重受阻。第三、第四和第五种是顺从的态度，三种态度之间的区别是顺从的程度不同。第五种勉强的顺从处于排斥和顺从的交界点，具有这种态度的幼儿教师仅仅是勉强完成工作任务，专业成长的动力非常低。绝大多数幼儿教师对共同愿景态度处于形式顺从或真心顺从阶段。幼儿园有一定的愿景，愿景在推广过程中得到幼儿教师一定认可，能在幼儿园领导带领下较好地开展工作，有一定的专业成长动力。第一和第二种是投入的态度，对共同愿景持这两种态度的幼儿教师发自内心认同共同愿景，并与个人愿景有机整合，幼儿教师的专业成长动力将内外交汇，共同推动幼儿教师的专业成长。第三种态度处于顺从和投入的交界点。正确辨识真心顺从和投入两种态度的不同，由顺从进入投入阶段是学习型幼儿园建设的关键之一。投入会激发幼儿教师专业成长的动力，有勇气甘愿冒风险进行改革。而真心顺从，只会照章办事，循规蹈矩。真正投入或加入的幼儿教师有明确且坚定的个人愿景和共同愿景，有真心追求的理想境界。而真心顺从的幼儿教师只是接受了别人的愿景，当愿景与自我利益发生冲突时，常常舍弃愿景。传统完全以行政命令进行管理的幼儿园，过于强调顺从，不关心真心承诺和加入，难以为幼儿教师持续专业成长注入动力。

第三，幼儿园在建立共同愿景中应遵守的以下原则：首先，幼儿园管理者在共同愿景建立和推广的过程中应首先承诺投入共同愿景。其次，应直截了当地描述共同愿景，不要夸大共同愿景的利益。再次，应给全体幼儿教师自由选择的权利，不要试图去说服或者压服任何人顺从共同愿景。越是试图说服或者压服，越会让人感受到操控，越会产生排斥反应。相反，幼儿园管理者应留出足够的时间和创设自由轻松的氛围帮助幼儿教师建立个人愿景，找到个人愿景和共同愿景的共同点，将个人愿景与共同愿景进行有机整合。这样才能让幼儿教师自愿加入或主动投入共同愿景。

幼儿园管理者要把共同愿景融入幼儿教师专业成长和幼儿园发展的指导性理念之

中。建立共同愿景是幼儿教师持续专业成长和幼儿园持续发展规划中的一部分。幼儿园指导性的理念要回答三个核心问题：第一个问题，幼儿园全体成员所追求的理想景象是什么，即共同愿景。第二个问题，幼儿园为什么要像理想的状态那样存在，幼儿园或者幼儿教师的使命是什么，这是比共同愿景更深远的幼儿园发展定位。第三个问题，幼儿园怎么做才能符合使命，并从现实不断靠近愿景，也就是幼儿园的核心价值问题。幼儿园的核心价值应包括公平、公正、尊重、认同、接纳、关爱、平等、公德心、教育情怀、真诚、开放、包容和理解等。这些价值描述幼儿园团队成员在追求愿景和使命的过程中，如何开展工作和与人相处。幼儿园的使命是抽象的，共同愿景将抽象的使命变得更具体、更清晰，核心价值指导使命和共同愿景实现过程中的行为。

（三）幼儿教师个人正确认知自我超越的内涵和特征

《说文解字》对"超"的解释是"跳也"，有跳跃的意思。原义指跳过、跃上。延伸指超过、胜过。对"越"的解释是"度也"，有度过的意思。原义指跨过、跳过。延伸指激昂、远扬，又有抢夺的意思。《现代汉语辞典》将"超越"解释为"超出；越过"。从词义上来看，"超越"具有竞争的含义，带有一点获取对人或物的支配或控制的意思。但同时也可以表达一种特殊的精通和熟练程度。本研究中的"自我超越"是指幼儿教师有持续超越当下专业素养的愿望，有持续不断学习的热情和动力，既能准确认知现实状态，又有明确的个人愿景，努力由现实状态向愿景状态流动。它是指幼儿教师把所从事的幼儿教育工作当成一件创造性的艺术作品，从主动创造的视角开展工作，而非从被动反应的视角开展工作。幼儿教师的自我超越是学习型幼儿园建设的精神基础。

幼儿教师的自我超越基于幼儿教师的教育信仰和职业信仰，来源于对愿景的追求。幼儿教师的成长基于内心对美好幼儿教育愿景的向往，有愿景的幼儿教师才可能去超越，既超越别人也超越自我。自我超越的幼儿教师是持续不断学习，追求幼儿教育工作尽善尽美的教师，所做之事总期望做到极致，这样的幼儿教师有持续专业成长的动力。自我超越的幼儿教师之所以能持续自我实现，除了个人天赋外，最根本的原因是不断学习和实践。幼儿教师自我超越的过程是一个"学习—实践—再学习—再实践"的循环往复的过程。

当幼儿教师进行自我超越时，表现为以下两个方面的行为：第一，明晰对自己最重要的是什么。大多数幼儿教师用大把的时间应付工作中的各种"繁杂之事"，以至于忘记了从事这个职业的初心。结果对"什么对幼儿教师是最重要"这一问题的回答变得越来越模糊。进行自我超越的幼儿教师有明确的个人愿景，能够准确认知自己最需要什么。第二，幼儿教师在不断地学习如何更清晰地观察现实。有些幼儿教师不了解自己真实的工作状态和自己专业成长中存在的真实问题，或者虽然了解但回避现实，导致沉溺于现实而无法自拔。幼儿教师在朝向既定理想目标成长的过程中，清楚地了解自己当下的位置与状态至关重要。因为愿景和明确的现实之间会产生"创造性张力"。幼儿教师自我超越的精义就是掌握如何在工作与学习生活中，不断生发和保持创造性张力，通过学习不断从现实专业状态接近理想专业状态。

正在进行自我超越的幼儿教师有以下三个特征：第一，生活在持续不断的学习状态中。他们的内心处于敞开状态，能够准确认知自己的不足。保持谦虚之心，随时随地学习。第二，有明确的目的和强烈的使命感。对这样的幼儿教师来说，教育愿景和职业愿景是一种召唤，把现实看成盟友，而不是敌人，学会了如何观察和运用变革的力量，而不是抵制这种力量，有深入探究的好奇心，致力于不断改进和提高观察现实的准确性。第三，有较强的延迟满足能力。在开展幼儿教育的过程中能够考虑长远的价值和目标，而非急功近利。

学习型幼儿园之所以需要幼儿教师自我超越，是因为幼儿教师的专业成长是实现幼儿教育目标的基本要素。幼儿教师个人的专业成长将会带来整个幼儿园组织的成长。幼儿教师个人的幸福受专业成长影响，只在工作之余追求个人充实和完善，忽视在工作中所投入的那部分重要的时光，就等于限制了幼儿教师获得幸福和完善人生的机会。

（四）幼儿教师保持专业成长的张力

幼儿教师的教育愿景、专业成长愿景与现实之间存在一定的差距。幼儿教师要保持持续专业成长的动力需要正确看待个人愿景与现实之间的差距。必须将愿景与现实之间的差距看成专业持续成长的动力。而不能因为愿景和现实之间有差距就感到气馁和看不到希望。如果愿景和现实之间没有差距，愿景也就失去动力价值。幼儿教师的愿景和现实之间的差距，是一种创造性的张力，可以激励幼儿教师由现实向愿景逐渐靠拢。专业成长动力不足的幼儿教师往往是降低愿景向现实靠拢。

愿景与现实之间的差距产生创造性张力，创造性张力引导幼儿教师由现实状态向理想状态变化，变化的过程伴随着焦虑、沮丧、压力和失望等消极的情绪。例如，幼儿教师理想的幼儿教育是用生活化和游戏化的方式组织，但现实却因幼儿园管理落后、幼儿人数过多、场地限制和材料限制等问题无法按照理想的生活化和游戏化的形式开展幼儿教育。幼儿教师在现实条件受限的情况下，仍然按照生活化和游戏化的方式组织教育活动，就会碰到一系列的问题，这些问题将引发消极情绪的出现。再例如，幼儿教师希望有自主学习的时间、空间和权利，但现实却因为日常事务过多和幼儿园管理赋权不足而无法进行自主学习，这个差距会导致幼儿教师的沮丧或绝望。这些消极情绪并非创造性张力本身，而是情感张力。

幼儿教师必须清楚地辨析创造性张力和情感张力。当幼儿教师的个人愿景未获实现时，产生消极情绪，进而就会产生舒缓消极情绪的需要和动机。最直接的做法就是降低个人愿景，使愿景更接近现实。愿景是产生创造性张力的一个端点，也是幼儿教师能掌控的一个端点，只要对它进行调整，负面的情绪就会获得舒缓。但是，与之相伴随的是创造性张力的减弱。以降低或牺牲愿景为代价获得情感暂时满足，会降低幼儿教师专业成长的动力。幼儿园组织和幼儿教师个人如对情感张力的承受力不足，就会侵蚀各类目标。其表现是降低评价标准或者刻意回避现实存在的困境。情感张力的作用机制，是一种带人走向平庸、麻木、安于现状的妥协机制。幼儿教师如果能正确理解愿景与现实之间的创造性张力，就会用另外的方式缓解情感压力，而非采用降低或牺牲愿景的方式，这样愿景才能真正成为一股活跃的推动专业成长的力量。

幼儿教师正确的把握愿景与现实之间的创造性张力具有以下积极助益：首先，以积极的心态理解"失败"。将失败看作自己的不足，看作愿景与现实之间的差距，看作学习的机会；它能够澄清对现实的不当理解，能够揭示某些成长策略或教育策略并未满足预期，能进一步提升愿景的清晰度。总之，不会认为失败是毫无价值或无能为力。其次，有更多毅力和耐心。面对幼儿教育和专业成长中的困境，能坚持愿景，并不断探索解决困境以不断靠近愿景的策略。再次，使面对现实状态的立场发生根本性转变。现实不再是万丈深渊，不再是敌人，而是朋友。对现实的准确而深入的认知与对愿景的清晰认知同等重要。如果幼儿教师将现实视为敌人，视为万丈深渊，就会沉溺其中无法自拔。会让幼儿教师用偏见和先入为主的观念理解现实，而不是通过观察来理解现实。正如弗里茨（Fritz）所言"去假定现实与观念中的预想相似，比亲眼观察现实要容易和方便得多"。幼儿教师要保持专业持续成长的张力，一方面，是明确自己的幼儿教育愿景和专业成长愿景，并在内心做出郑重的承诺。另一方面，是基于观察对现实的准确理解与把握，不能臆测。"真正有创造性的人，甚至所有创造都是在一定的约束条件下实现的，没有约束条件就没有创造"。

幼儿教师要保持专业成长的张力还必须化解"结构性冲突"。在幼儿教师由现实向理想的专业成长状态趋近的过程中有另外一种观念，即认为缺乏实现理想专业成长状态的能力，或不配拥有所期盼的理想状态。这就像两条橡皮筋，当幼儿教师逐渐接近自己愿景的状态时，有一条橡皮筋产生创造性张力，拉着幼儿教师逐渐靠近所期望的愿景。另外还有第二条橡皮筋绑在无能为力或不配拥有理想愿景的观念上。在第一条橡皮筋拉着幼儿教师接近愿景时，第二条橡皮筋却拉着幼儿教师回到无能为力或不配拥有理想愿景的观念上。这种拉向愿景和拉回观念之间的张力形成的系统就是"结构性冲突"。幼儿教师越接近实现自己的专业成长愿景，第二条橡皮筋就会越使劲地把他从愿景那里往回拉，最终会耗尽所有的能量，对自己所承诺的愿景产生怀疑。

"结构性冲突"如果不解决将严重束缚幼儿教师专业成长的动力，解决此冲突的最佳策略就是对真相承诺。这种策略远比幼儿教师通常所使用的降低愿景策略、操纵冲突策略和意志力策略更有效。所谓对真相承诺是指幼儿教师自愿抛弃那些限制和欺骗自己，不让自己看到真实现状与问题的习惯；不断反思和质疑自己理解真相的思维方式；不断扩大自己的意识范围，用超常的视野把握自己专业成长与幼儿园生态圈中他人、他物和他事的关系；不断加深幼儿教师对眼下各种事件背后的结构模式的理解和认知，能觉察到自己行为背后的结构性冲突。要解决"结构性冲突"，首先就要明确的识别"结构性冲突"，以及这种"结构性冲突"运作对自己的影响。自我超越水平高的幼儿教师善于发现运作中的"结构性冲突"模式，善于快速识别和创造性地从内部处理冲突，承认矛盾冲突的存在，不与其对抗。一旦"结构性冲突"模式被识别，它就变成了幼儿教师专业成长"现实"的一部分。幼儿教师对自己专业成长现实真相的承诺力度越大，创造性张力就越强，专业成长动力也就越强。

（五）幼儿教师提升反思能力

幼儿教师专业成长的终极追求是形成教育智慧，教育智慧的形成除了要不断学习，还要用心去体悟和反思，这样知识才能融会贯通。因此，幼儿教师反思能力是专业能力的重要组成部分，也是专业成长动力提升的重要影响因素。幼儿教师通过反思将会对专业成长动力不足的问题和原因进行深入分析，并探寻解决策略。教师反思已经成为教师教育研究的热点，教师反思着眼于教学行为的改变，而非只是知识获得；基本的假设是通过自我觉察的改变实现教学行为的改变，而非单凭标准化的知识改变实现教学行为的改变；不仅关注教师所宣扬的理论，更关注教师实际采纳的理论及行为结果。2012 年教育部颁布《幼儿教师专业标准（试行）》明确提出幼儿教师要坚持反思、再反思，不断提高专业能力。实践、反思、再实践、再反思的循环往复过程就是幼儿教师学习和专业成长的过程。

真正卓越人的特点之一就是拥有在行动中反思的能力，正如有的研究者所说"诸如行动中的思考，把你的机智用在你自己身上，以及做中学等，说明我们不仅能够思考自己的行动，而且能够在行动中思考行动……当优秀的爵士乐演奏家们一起现场即兴演奏时……他们通过交织在一起的参与和贡献，来感觉乐曲的生成和进行方向，即时理解乐曲的演进，并根据即时的理解来调整自己的演奏"。如果幼儿教师没有反思能力，学习过程就是被动反应式的，而非主动生成式的。主动生成式的学习实践要求在外部因素强迫自己成长之前，就能够显露并挑战自己。

幼儿教师提升反思能力，提升专业成长的动力应注意以下事项：第一，反思专业成长的实践。幼儿教师对专业成长实践的反思过程是运用相关理论对实践经验进行分析、总结和提炼的过程，目的在于明确专业成长实践中存在的问题和努力的方向，有效的反思过程一定是在相关理论指导下进行的，反思过程本身就是幼儿教师检查自己专业素养的过程。幼儿园应鼓励和支持幼儿教师通过积极参与教科研、写反思日记或教科研论文、阅读专著等形式反思专业成长实践。

第二，反思所宣称的理论和实际执行的理论之间的差异。理念与行为之间是有差距的，幼儿教师所宣称的理论无法完全在实践中实行，导致学习成就感降低，是制约幼儿教师专业成长动力提升的一个因素。例如，幼儿教师通过学习形成了应该以游戏化、生活化的形式组织教学，应给幼儿充足的爱和自主选择喜欢活动的权利等观念，而在实际教育活动开展中还是采用高控的形式进行。宣称的理论和实际实行的理论之间的差距，会引起幼儿教师的沮丧、失望的消极情绪和心态。要避免这种消极情绪，关键是要明确并正确理解它们之间的差距。因此，需要通过审查自己所说的（宣称的理论）和所做的（实际实行的理论）之间的差距来提高意识。

幼儿教师要正确认识宣扬的理论和实际实行理论之间的差距，首先反思所宣扬理论的价值是否是自己真正重视和信仰的；其次反思自己所宣扬的理论是否是愿景的重要组成部分。如果幼儿教师自己所宣扬的理论并不是自己真正重视和信仰的，也不是发自内心愿景的重要组成部分，那么这个差距就不是引领幼儿教师由现实状态向理想状态成长的张力，而只是现实和幼儿教师所向外表白的观点之间的差距，没有力量。

第三，努力做到表达与倾听的平衡。幼儿教师要提升自己的反思能力，要不仅会表达自己的观点与想法，还要会倾听别人的观点与想法，正所谓兼听则明，在表达自己想法和倾听他人想法之间寻找平衡，这样才能真正达到学习的目的。只关注表达自己观点的幼儿教师在一起，不管他们的观点交流有多么直率和开放，学习也很少有收获。只注重表达自己的观点和想法，而不倾听或极少倾听他人的想法是制约幼儿教师专业成长动力的重要因素。幼儿教师只会表达不会倾听，导致表达失去源头，因为表达是建立在倾听学习的基础上的。不会倾听意味着内心封闭，理解难以发生，真正的学习难以发生。幼儿园管理者只会表达不会倾听，就会形成"一言堂"，导致幼儿园管理决策脱离幼儿园实际情况，会限制幼儿教师的积极性与主动性，导致幼儿教师消极应付任务。只关注倾听，而不关注表达，学习成效也会被减弱。只倾听有时候意味着把自己的观点隐藏在不间断问题的高墙背后，是一种回避学习的方式。

当幼儿教师把表达和倾听结合在一起的时候，就会实现学习的最大收获。当幼儿园管理者把表达与倾听结合在一起的时候，幼儿园的氛围机会变得更真诚、轻松和开放，这是一种相互的理解和学习。当表达与倾听完美结合时，个人不仅敢于表达内心的想法与观点，而且会邀请他人来理解和探寻自己的观点，他人也会将内心的想法与观点表达出来，从而达到真正的交流。让个人更进一步明确自己的观点，以开放的心态借鉴别人的观点，用来丰富和完善自己的观点。理想的表达与倾听的平衡境界是富有挑战性的，这主要体现在意见不合、矛盾冲突发生时的应对模式。当意见不合和矛盾冲突发生时，继续坚持表达自己的观点，试图让他人接纳自己的观点其结果只能是事与愿违，增加彼此之间的隔阂。

三、强化幼儿教师的教育信仰

教育信仰是幼儿教师在实践活动中，对幼儿教育观念和幼儿教育实践表现出来的价值态度和行为准则，由教育自觉、教育自律和教育自省三个层面构成，是教师个人的内心力量，属于精神范畴，是对幼儿教育应然价值的坚定期待与尊崇，是幼儿教师专业成长的精神动力。职业信仰与教育信仰密切联系，是幼儿教师对所从事幼儿教育职业理想状态的坚定期待与尊崇。幼儿教师的教育信仰和职业信仰与教育情怀、教育热情、责任感和使命感密切联系，是影响幼儿教师专业成长动力的重要因素。

当前绝大多数幼儿教师未形成坚定且科学的教育信仰和职业信仰，成为制约幼儿教师专业成长动力提升的重要问题，亟待破解。造成这一问题的主要原因有以下：首先，当前幼儿教师队伍中有相当部分是非学前教育专业毕业的幼儿教师，未经过系统学前教育专业理论的学习，对幼儿教育和幼儿教师职业的认识仅仅停留在感性层面，未形成教育信仰和职业信仰。其次，当前幼儿教师职前培养以高职和高专为主，高职、高专学前教育人才培养的技术化倾向，严重忽视了准幼儿教师教育信仰和职业信仰的培养。乃至于一些新建本科院校和部分二本院校的学前教育人才培养也错误地将应用型人才培养理解为技术化人才培养，弱化了教育信仰和职业信仰的培养。再次，当前我国现有的学前教育专业招考制度导致相当部分学前教育专业学生并非出于喜爱学前教育或学前儿童而选择学习这个专业和从事幼儿教师职业，这也影响了教育信仰和职业信仰的形成。最后，职后幼儿教师教育信仰和职业信仰的培训和引导不足，实际上并未引起一线幼儿园管理者的充分重视。强化幼儿教师的教育信仰和职业信仰，提升专业成长的精神动力，需要从以下方面入手：

（一）职前培养重视教育信仰

教育部针对幼儿教师教育信仰和职业信仰的问题，通过颁布政策文件的形式明确提出相关要求，希望以此引领幼儿教师职前培养。例如，2011年教育部颁布《教师教育课程标准（试行）》明确了幼儿园职前教师教育的首要课程目标就是"教育信念与责任"。2012年的《幼儿园教师专业标准（试行）》强调幼儿教师要"理解幼儿保教工作的意义，热爱学前教育事业，具有职业理想和敬业精神"。2017年教育部引发《普通高等学校师范类专业认证实施办法（暂行）》，在随后制定的学前教育专业认证标准的毕业要求中强调"教育情怀"，提出具有从教意愿，认同教师工作的意义和专业性，具有积极的情感、端正的态度、正确的价值观的要求。

各层次院校在幼儿教师职前培养中均应贯彻上述要求，具体可以从以下方面着力：第一，在人才培养中明确提出培养教育信仰的目标。人才培养目标是学校根据国家教育的总目的，结合学校的实际情况，对培养什么样的人的总要求，起着统摄整个人才培养的作用。教育信仰与专业理念、师德、专业知识和专业能力密切联系、相互影响。教育信仰的形成有赖于专业理念与师德、专业知识和专业能力的学习，学前教育专业学生只有具备了正确的专业理念与师德、专业知识和专业能力，才能在此基础上逐渐形成科学的教育信仰。科学教育信仰的形成，又可以进一步优化和整合专业理念与师德、专业知识和专业能力。因此，应在幼儿园教师职前培养目标中明确提出培养教育信仰的目标。

第二，课程设置和教学实施重视学生教育信仰的培养。教育信仰的形成基于系统专业理论、专业知识和专业能力的学习。因此，在课程设置上应按照《教师教育课程标准（试行）》对幼儿园教师职前培养的课程设置要求建构课程体系。学前教育的发展具有连续性，对学前教育诞生和发展历史的准确认知是形成教育信仰的基础之一，因此，应重视《中外学前教育史》《教育史》等相关课程在学生教育信仰形成中的价值。《儿童哲学》《学前儿童心理学》《学前儿童卫生学》等课程学习是理解学前儿童精神、心理和身体的重要渠道，是儿童观形成的基础。《学前教育学》《学前儿童健康教育》《学前儿童语言教育》《学前儿童社会教育》《学前儿童科学教育》《学前儿童艺术教育》《学前儿童观察与评价》等课程学习是教育观和教育能力形成的基础。以上这些课程设置和教学实施均应侧重学生教育信仰的形成。除此以外，还应组织学生阅读学前教育专业经典专著，有效整合各课程的知识点，从而为教育信仰和职业信仰的形成真正奠基。

第三，利用实践教学环节培养准幼儿教师的教育信仰。当前幼儿园教师职前培养特别强调应用型人才培养，因此，实践教学成为人才培养的重要组成部分。承担职前培养的学校应精选实践内容，明确实践教学的目标，做好指导工作，这样才能有利于学生教育信仰的形成。例如，见习和实习的单位一定要优中选优，让学生在见习和实习中看到理想的幼儿教育状态和幼儿教师职业状态。否则，选择办园理念有偏差，教育和保育不规范的幼儿园，只会增加准幼儿教师对幼儿教育和幼儿教师职业的消极认知。利用绘本解读和与幼儿共读、儿童情景剧创作、儿童故事表演等实践训练，引导准幼儿教师树立正确的儿童观、教师观和教育观，助力教育信仰的形成。

（二）职后强化教育信仰

幼儿教师的教育信仰是在整个职业生涯中通过学习不断调整和优化的。除了职前培养重视准幼儿教师教育信仰的形成以外，职后幼儿园管理者还应加强幼儿教师教育信仰的调整和优化工作。幼儿园管理者和幼儿教师自己应充分认识到教育信仰作为专业成长精神动力的重要价值，教育信仰将激发幼儿教师的自觉、自律、自省、热情、责任感和使命感，这些是幼儿教师专业成长和幼儿园保教质量提升的前提条件。为加强职后幼儿教师的教育信仰应注意以下事项：

第一，幼儿教师形成终身学习的意识和习惯。学习可以提升和发展人性、创造知识、获致福德和提升生命价值。《幼儿教师专业标准（试行）》基本理念之一就是终身学习，明确提出幼儿教师要学习先进的学前教育理论，优化知识结构，提高文化素养；具有终身学习与持续发展的意识和能力，做终身学习的典范。幼儿教师应纠正忽视理论学习的偏见，重视专业理论的学习。非专业的教师应系统学习学前教育专业核心课程，为形成正确的学前教育信仰和职业信仰打下坚实的基础。幼儿教师应养成研读福禄贝尔、蒙台梭利、斯坦纳、陈鹤琴等中外学前教育名家经典名著和优质专著的习惯，研读这些专著可以对教育经验进行有效的反思、总结和提升，并在此基础上探索新的教育理念和方法，这是幼儿教师专业持续成长的源泉，也将优化职业信仰。

第二，园长为强化教师教育信仰提供支持。园长作为幼儿园的负责人，应为幼儿教师调整和优化专业素养提供支持。首先，园长应以身作则，不断优化自己的教育信仰和职业信仰，并在工作中展露自己的教育信仰和职业信仰。其次，园长应带领教师学习有坚定教育信仰教师的先进事迹，用先进事迹打动幼儿教师，激发调整和优化教育信仰的需要。再次，园长应为幼儿教师提供外出学习交流的机会，开拓幼儿教师的视野，帮助幼儿教师正确认知现实与理想之间的差距，激发专业成长需要。

第九章 制度体系支持幼儿教师专业发展

第一节　制度及其与幼儿园教师专业发展的关系

幼儿园教师专业发展总是在特定的制度环境中展开与推进，制度既营造了幼儿园教师专业发展的外部生态系统，一定程度上也是幼儿园教师专业发展得以实现的重要教育资源。幼儿园教师专业发展的制度支持研究必须以对制度的有效界定和对二者关系的明确辨析为前提基础。

制度是一个广泛意义上的社会学概念，对制度的界定和解读在不同学科中多有涉及，基于本研究的主题，本章对制度概念的剖析将主要在教育学领域展开，同时以马克思主义经典理论和新制度主义对制度的相关研究为参照，最终落脚于幼儿园教师专业发展中制度内容的模块化分析。此外，制度与幼儿园教师专业发展之间又存在密不可分的相互作用关系，一方面，幼儿园教师专业发展具有强烈的制度依赖，无论是专业身份和专业地位的确立，还是专业理念和师德的形成，或是专业知识与专业能力的提升，制度都发挥着无可替代的基础性作用。另一方面，制度又持续推动着幼儿园教师专业发展的进程，以一种近似于合法性机制的模式在强意义和弱意义两个维度上推动着幼儿园教师专业发展的实现，并具体表现为强迫和诱导。以下将具体展开相关分析：

一、幼儿园教师专业发展中的制度内涵与结构

（一）制度的词源探究与教育学考察

《说文》："制，裁也。从刀，从未。未，物成，有滋味，可裁断。一曰止也。""度，法制也。从又，庶省声"。"制"系会意字，本意为修剪枝条，引申泛指裁断、裁制、制作、规划、规章、制度、限度、控制、约束等。"度"系形声字，本意为伸缩双臂量长短，引申泛指计量、揣测、程度、法度、气度等。

《辞海》中解释制度有三层含义：要求成员共同遵守的、按一定程度办事的规程或行为准则；在一定的历史条件下形成的政治、经济、文化等各方面的体系；旧指政治上的规模法度。

汉语中对制度的含义解释十分丰富，但其核心仍是规范和准则，且尤为强调制度的人为性和历史性（如先王之制、礼制），而非制度的自发性和变革性。

相比，英文中关于制度一词的解释与中文基本相同，同样强调的是其规则、规范性，但更注意强调其机构实体性以及正式与非正式之分。

现实中，制度是一个跨学科概念，主要的社会人文学科对制度的理解都各有不同，文化学主要从文化方面界定制度，将其理解为"文化惯例"，社会心理学从心理方面界定制度为"共同的心理状态"。而最早也最深入研究制度的社会学更是形成对制度的多

重理解，并发展出以制度研究为核心的制度学派和制度理论。鉴于制度首先是一个社会学的概念，因此也较早在教育社会学中得以有效探讨。如马和民指出制度包含三层含义：社会形态意义上的制度（对制度的宏观分析）、社会中的一些具体制度（社会制度的中观分析）和社会规范规则意义上的制度（对制度的微观分析）。同时，由于制度与政治、组织等的密切联系，教育政策学、教育管理学中也不同程度地涉及对制度的讨论。

制度的教育学考察即是在制度的理论框架下探讨教育问题，是探讨教育事业发展中的制度话题，探讨与教育活动相关的制度现象，其核心是教育制度。教育制度是制度的下位概念，也是更贴近幼儿园教师专业发展的一类制度，或者说所有旨在促进幼儿园教师专业发展的制度都可以理解为一种教育制度，是教育体系内部的一种制度。《中国大百科全书》教育卷对教育制度做了两种界定：一是"指根据国家的性质制定的教育目的、方针和设施的总称"；二是"指各种教育机构系统"。相比于无所不包的第一种解释，第二种解释更为聚焦，因此也得到更多认可，例如《教育大辞典》把教育制度解释成"一个国家各种教育机构的体系"。此外，王道俊、郭文安主编的《教育学》将教育制度定义为一个国家各级各类实施教育的机构体系及其组织运行的规则。而现代教育制度的核心部分则是学校教育制度及与其存在密切关系的教学与管理制度，如考试制度、学位制度、教师资格制度、教育督导制度等。同时，正式颁布的各类教育法律、规章、条例等也是教育制度的必要核心构成。

幼儿园教师专业发展制度的界定同样离不开教育制度所内含的组织与规则两条主线。一方面，以各级教育部门、高等院校、幼儿园、教师进修学校为主体的机构组织支持着幼儿园教师专业发展。另一方面，各类教育组织机构所赖以运行的各种规章条例更现实促进着幼儿园教师专业发展。因此，幼儿园教师专业发展制度是兼容了相关组织机构及其运行规则的双重性存在。

同时，鉴于幼儿园教师专业发展首先不是一个实体性概念，而是一种观念性存在，代表着一种价值追求与理想期待。因此，对幼儿园教师专业发展制度概念更准确的表述应该是："与幼儿园教师专业发展的外在目标所一致的机构组织及其运行规则体系"，而以教育法律、规章等各类政策文本为典型代表的组织运行规则由于其曝光率高、更新速度快而占据更显眼的位置。需要注意的是，多数组织机构都是兼备多维目标的存在，即使是教师专业发展学校也有在促进教师专业发展之外的使命与追求，因此，从组织机构的层面理解幼儿园教师专业发展制度只能是从现有教育机构中筛选与幼儿园教师专业发展目标"较为一致"的对象予以探讨，如高等师范院校的相关系科、幼儿园及教师进修学校等。相比而言，各类具体存在的规章制度则更可能在不断更新与完善中而显著地指向幼儿园教师专业发展，如《幼儿园教师专业标准（试行）》的颁布就明确了对幼儿园教师专业深度发展的引领价值。

（二）马克思主义经典理论关于制度的基本阐释与现实启示

马克思是较早对制度展开理论分析的思想家，对制度的系统分析和深入探讨事实上也成为马克思主义重要的内容构成，是马克思宏大的批判理论叙事的一大重要主题。马克思不仅系统探讨了关于制度起源、本质、结构、功能和变迁等系列问题，且其理论以独到的视角和强大的解释力深刻影响到随后对制度的社会科学分析。对此，斯科特（W·Richard·Scott）提出："欧洲的制度分析传统最早是由卡尔·马克思开创的，他的影响已经广泛渗入到经济学、政治学以及社会学中。"而新制度主义代表人物道格拉斯·诺斯（Douglass C.North）同样认为"马克思的分析框架是最有说服力的，这恰恰是因为它包括了新古典分析框架所遗漏的所有因素：制度、产权、国家和意识形态。"

马克思关于制度起源与构成的分析不仅具有原创价值，且对于理解幼儿园教师专业发展制度具有启发意义。

首先，在马克思主义创始人的著作中并未对制度范畴给予明确的定义，但对制度范畴的使用却十分广泛，其中包括经济、政治、法律等各种具体的制度内容。马克思主义经济学说中事实上包含了两种制度，一种是指作为经济制度存在的生产关系，其具有原生性，而另一种则是作为上层建筑存在的且与前者相适应的政治、法律等制度体系，其具有派生性。两个层次（或两种类型、两个阶段）的制度结构是马克思关于制度本质与构成的重要创见。

其次，为更好理解马克思关于制度的两层构成，必须追溯到其关于制度起源的解释。区别于西方制度经济学从孤立个人之间自由契约的逻辑起点展开制度分析的旧有传统，马克思基于历史唯物主义的理论基础，坚持从生产这一人类最基本的实践活动出发展开对制度分析的宏观理论架构。具体表现为：马克思从人类改造自然界的努力带来的生产力的进步出发推测了制度起源的第一个阶段，即制度是生产过程中形成的人与人之间的生产关系的形成过程；基于这种生产关系，马克思又从不同利益集团和阶级矛盾中得出制度起源和发展的第二个阶段，即包括政治制度、法律法规、道德习惯等在内的上层建筑。综上，初始阶段生产力的发展及由此导致的生产关系的形成产生了第一层次的制度，第二阶段生产力的持续发展及随之带来的交往扩大最终催生了第二层次的制度。因此，制度起源的两个阶段与制度构成的两个层次是紧密相连的。

马克思关于制度起源及构成的研究从性质上而言仍是一种整体研究、一种系统研究、一种历史研究，因此对于理解社会制度的根本性问题具有针对性价值，而对于本书中具体的幼儿园教师专业发展制度，则可能更多仍是提供一种理论框架与分析视角。基于马克思对制度起源及构成的研究，对幼儿园教师专业发展相关制度的界定和理解应关注如下问题：

首先，坚持历史唯物主义的基本立场，重视以生产为基本表征的人类实践活动是展开系统有效制度分析的必然逻辑起点。幼儿园教师专业发展制度的理解应放置于整个制度体系之中，回归到制度生成与变革的深层动因考察与辨析。具体而言，即是以我国学前教育事业整体大发展的形势为背景，以经济腾飞对教育事业拉动的考察为起点，关注深层生产力发展对相关制度形成与完善的作用机制，以历史唯物主义的视角客观审视制度的缘起与发展。

其次，应秉持动态生成的发展观，用历史的眼光考察制度的变迁过程，关注制度形成的阶段性和制度结构的层次性。两个阶段的生产力发展催生了两个层次的制度结构是马克思关于制度研究的基本认识。幼儿园教师专业发展制度或许不如社会制度一样存在泾渭分明的原生制度和派生制度之别，但同样历经从制度酝酿探索到初创试行，再到深化完善和成熟变革的阶段式发展，并由此导致制度存在本体的差异性和结构的多样性。

最后，马克思关于制度来源于以交往为本质的物质生活及交往扩大催生制度生成的观点同样值得关注与思考。制度的本质在于对人与人之间关系的合理规训，搁置制度的功能性取向不论，制度具有社会交往关系结构的存在论价值。因此，幼儿园教师专业发展制度也内在地体现了多维主体之间的交往关系结构，从政府到学校，从教师到幼儿，不同主体之间交往的加深和利益诉求之间的碰撞，导致制度不断地趋于成熟、稳定与体系化。

（三）新制度主义视域下的幼儿园教师专业发展制度诠释

围绕制度问题的研究不仅诞生了系统化的制度流派和制度理论，且具体从旧制度主义演进到新制度主义，并继而分化为以历史制度主义、理性选择制度主义和社会学制度主义为主要代表的各种派别，彰显出制度研究的复杂性、广泛性与深刻性。从另一方面而言，新制度主义与其说是理论，不如说是一种分析视角或分析框架。对正在着手进行制度问题研究的政治、经济、社会等不同学科的学者而言，除了共同将"制度"确定为分析的核心概念之外，很难发现其观点上的一致性。而即使是对"制度"概念本身，新制度主义的不同学者也秉持各有侧重的学科观点。但无论如何，厘清制度的概念仍然是研究的第一步，也是关键的一步。

旧制度主义很早就开始关注制度问题，并尝试对制度本身进行概念界定。如凡勃伦（Thorstein B Beblen）是旧制度经济学中最早给制度下定义的人，其在 1899 年将制度定义为："制度实质上就是个人或社会对有关某些关系或某些作用的一般思想习惯，而由生活方式所构成的是在某一时期或社会发展的某一阶段通行的制度的综合，因此从心理学的方面来说，可以概括地把它说成是一种流行的精神态度或一种流行的生活理论。"而旧制度学派的另外一位代表人物康芒斯（John Rogers Commons）则指出："如果我们要找出一种普遍的原则适用于一切所谓属于制度的行为，我们可以把制度解释为是集体行动控制个体行动。……它们指出个人能或不能做，必须这样做或必须不这样做，可以做或不可以做的事，由集体行动使其实现。"总体而言，旧制度主义对制度概念的研究还处于探索阶段，而从新制度主义经济学开始，才正式形成对制度问题的深入研究。

新制度主义推进了对制度概念的理解，并基于此完成了新制度理论的建构，但各具体学科视野下的制度概念仍存在较大差异。其中，新制度经济学家诺斯（Douglass C North）在其著作《制度、制度变迁与经济绩效》中曾开宗明义地将制度界定为："制度是一个社会的博弈规则，或者更规范地说，它们是一些人为设计的、形塑人们互动关系的约束。"受其影响，其他社会科学领域在对制度内涵的探讨时，已逐渐突破将制度视为纯外部法令或静态规则规范的局限，而进一步扩展到制度形成的动态机理研究及主体内部利益追求，使制度成为一个动态且丰富的概念。

在众多对制度进行重新界定的概念丛中，以新制度社会学家詹姆斯·C.斯科特（James C. Scott）的研究最具代表性，也取得了最为广泛的认同。斯科特秉持"理顺众多讨论之间的脉络，提出一个广义的制度界定，以尽可能包括大量主张"的预期设想，对制度概念做出了一个综合性定义：制度包括为社会生活提供稳定性和意义的规制性、规范性和文化—认知性要素，以及相关的活动和资源。在这个定义中，制度具有多重的面相，是由符号性要素、社会活动和物质资源构成的持久社会结构。而规制性、规范性和文化—认知性系统分别构成了制度的三大基本要素。斯科特认为这三大基本要素不是截然分开的，而是构成了一个连续体，"其一端是有意识的要素，另一端是无意识的要素；其一端是合法地实施的要素，另一端则被视为当然的要素"。同时，斯科特系统探讨了制度三大基本要素的相关区别维度，详见表9-1。

表9-1　斯科特关于制度三大基本要素的多维探讨

	规制性要素	规范性要素	文化—认知性要亲
遵守基础	权宜性应对	社会责任	视若当然、共同理解
秩序基础	规制性规则	约束性期待	建构性图式
扩散机制	强制	规范	模仿
逻辑类型	工具性	适当性	正统性
系列指标	规则、法律、奖惩	合格证明、资格承认	共同信念、共同行动逻辑、同形
情感反应	内疚/清白	羞耻/荣誉	确定/惶惑
合法性基础	法律制裁	道德支配	可理解、可认可的文化支持

规制性要素是所有学者普遍强调的制度层面，其聚焦制度的制约、规制和调节作用，重视明确、外在的各种规制过程，且主要以经济学领域学者为主。规范性要素则着重强调从评价性、说明性、义务性等维度理解社会生活中的制度，凸显其价值构成与意义存在。关注文化—认知性要素的学者则认为其构成了关于社会实在的性质的共同理解，以及建构意义的认知框架，具有更加稳固和关键的潜在价值，主要以社会学家为主。显然，在旧制度分析中，"制度"被定位为围绕某种社会功能的实现而产生的社会行为规范在某个领域内的集结和体系化，"规范"是旧制度主义中"制度"的最基本构成，而新制度主义拓展了制度的含义，不仅向上拓展了其法令的层面，且向下拓展了其认知的层面。

以斯科特为代表的新制度主义学者对"制度"概念更准确、更深入的界定为全面理解幼儿园教师专业发展制度提供了理论支撑。

首先，对幼儿园教师专业发展制度的认识应该秉持一种更加开放包容的视野，怀有一种广义制度的理解，而不应仅仅局限于正式颁行的政策文件或具体实施的运作规范。从公众对幼儿园教师专业发展的文化认知到具有强制性的法律法规是构成制度的一个连续体。单一独立的制度基础要素起作用在日常生活中是不常见的，更多是三种基础要素有机组合，共同发挥作用，而要素组合方式的不同也客观导致了制度发挥作用的现实差异。概言之，真正推动幼儿园教师专业发展需要谋求三种制度基础要素之间的一致性，弥补其差异性。

其次，重视新制度主义所拓展出的文化—认知性要素对于幼儿园教师专业发展所具有的独特意义。幼儿园教师专业发展制度的文化—认知性要素即是社会公众对幼儿园教师专业发展本身的理解、认同和支持程度问题，是大多数个体都会无意识中遵循的行为惯例。假如公众都高度认同幼儿园教师的专业性和权威性，并自觉主动地给予其更多尊重和支持，则匹配制度的落实便会水到渠成，否则，即使是以权力为后盾的法律规章也只能换取公众表面的不反对。现实中，幼儿园教师专业发展确实面临着公众认可度低、认同感不强等问题，幼儿园教师自身也存在专业发展意识淡薄、主动性差等问题，并由此深层制约着幼儿园教师专业发展。

最后，积极看待制度所具有的支持意义和导引作用，最大程度发挥制度对幼儿园教师专业发展的正向价值。鉴于很多学者在研究制度时都特别强调制度对于行为的控制与制约力量，关注制度通过界定法律、道德与文化的边界，而对行为施加严格制约的一面，斯科特提醒应认识到，制度不仅仅具有禁止和制约等功能，且具有正向支持功能和导引价值，能对个体具体行动产生有效引导和支持，提供必要的方向和资源。因此，探讨制度对幼儿园教师专业发展的支持作用既具有理论上的可行性，也具有实践中的重要性。而这种支持既可能是通过指导行为、提供资源的方式呈现出正向性，也可能是通过控制行为、制约活动的方式呈现出反向性。

（四）幼儿园教师专业发展的制度体系结构

外部环境提供了幼儿园教师专业发展制度的现实存在基础，而内部体系构成则具体地表明了相关制度的结构与内容。探讨幼儿园教师专业发展制度体系结构即是从内部、微观的视角审视制度的具体内容。对于制度的类型划分，目前学界比较具有代表性的观点主要有：以柯为澳、史为德为代表的经济学家将制度分为组织内在制度和外在制度两种形式；美国经济学家道格拉斯·诺斯（Douglass C.North）根据外在形式将制度分为正式制度和非正式制度；英国物理学家卢瑟福欧内斯特（Ernest Rutherford）根据制度所具有社会意义的广泛性将其分为个人规则和社会规则；此外，根据制度的约束是否具有强制效力可分为非强制性的制度和强制性的制度。其中，以诺斯的正式制度与非正式制度划分最为被认可，前者包括政治规则、经济规则和契约，而价值观念、意识形态、道德规范等则隶属于后者。本研究将基于诺斯的制度类型划分，并兼顾幼儿园教师专业发展的阶段性特征进行相关制度体系结构的具体阐释。

整体而言，幼儿园教师专业发展的制度体系结构是一个类金字塔形框架，底层以非正式制度为主，且以社会文化认知性要素为核心构成，具体而言就是社会对幼儿园教师专业发展的文化性认同和传统认知，是公众对幼儿园教师专业发展的群体期待和潜在理解。幼儿园教师专业发展的非正式制度某种程度上类似于弗洛伊德的潜意识，同时体现为一种群体性潜意识，其具有牢固的传统文化基础和强大的外部社会影响，而与幼儿园教师专业发展相连接的利益相关者同样秉持这种群体性文化认知，但由于其对幼儿园教师发展有更准确的理解和更深入的认识，因此其又充当着引领文化认知变革的使命，是重塑有关幼儿园教师专业发展非正式制度的骨干力量，而重塑与变革的主要方式即是正式制度的完善建立与不断健全。正式制度坐落于非正式制度之上，二者并非完全一致，但时刻处于相互影响与作用状态。非正式制度经沉淀与提炼而产生正式制度，而正式制度又无疑总是基于必要的非正式制度而建立，另一方面，非正式制度以其牢固而强大的影响力而制约或促进着正式制度的有效实施。具体而言，幼儿园教师专业发展的正式制度建立是政府相关部门在综合考虑学前教育大环境和教师教育大背景下有序推进。

对于幼儿园教师专业发展相关正式制度的分析可以模块化的形式展开，具体结合我国现实状况主要包括五大基本模块。

模块一是学前教育事业发展乃至整个教育事业发展政策规划及相应制度，涵盖我党历次全国性代表大会对教育事业发展的最新表述、我国国家教育事业发展的五年规划、国家中长期教育改革和发展规划纲要、中共中央国务院关于基础教育改革与发展的决定、国务院关于当前发展学前教育指导意见、国家学前教育重大项目、学前教育三年行动计划、幼儿园工作规程、幼儿园教育指导纲要等内容，以上有关学前教育事业发展的顶层制度设计通常会对具体制度的建立健全与变革完善给予方向性指导和规范化引领。

模块二是有关教师队伍建设尤其是学前教育教师队伍建设的规范性文件。教师队伍建设是与教师教育密切相关的基本概念，其包括但不局限于教师专业发展。概言之，幼儿园教师队伍建设实际上包括了幼儿园教师专业发展问题。我国围绕教师队伍建设的基本规范性文件包括：《国务院关于加强教师队伍建设的意见》《关于深化教师教育改革的意见》《关于加强幼儿园教师队伍建设的意见》等，其中又具体涉及教师身份、教师标准、教师培养、教师培训、教师待遇、教师管理等一系列问题，其统合于教师教育工作之下，并最终服务于我国教育事业整体发展大局。

模块三是幼儿园教师专业发展相关机构建立与完善的政策性文件。机构建立与组织完善是幼儿园教师专业发展的重要依托，新制度主义同样高度重视制度与组织之间的内在关系。就幼儿园教师专业发展而言，其主要与相关教育部门、高等师范院校、幼儿园、教育科研单位、教育培训机构等内在相关联，具体体现为政府成立相关工作领导小组（如学前教育三年行动计划推进工作领导小组等）、推进高等师范院校学前教育学院及学前教育相关专业设置与变革（如实施师范类专业认证及幼儿园教师培养国家级精品课程等）、基于园本培训理念强化幼儿园科研管理、加强县级教师培训机构建设、组织遴选承担幼儿教师国家级培训的机构等。以上均是着重从组织建立与功能完善视角谋求幼儿园教师专业发展的重要举措。

模块四是具体与幼儿园教师职前培养、职业准入和在职培训密切相关的制度，是幼儿园教师专业发展正式制度的主要构成。从职前培养到职业准入，再到在职培训的系统化制度设计符合幼儿园教师专业发展的阶段性特点。具体而言，幼儿园教师的职前培养主要与我国师范教育体系密切相关，其制度涉及幼儿园教师教育机构认证制度、幼儿园教师教育课程标准制度、幼儿园教师教育者队伍建设制度、卓越教师培养计划、教师教育国家级精品资源共享课建设制度、本科教学质量评估督导制度等。幼儿园教师的职业准入主要与教师资格认证制度、教师资格定期注册改革制度、教师聘用制度等密切相关。幼儿园教师的在职培训则集中体现为幼儿园教师继续教育制度的建立与完善，其中又以幼儿教师国家级培训计划最为显著，并配合有各级各类幼儿园教师职后继续教育项目以及幼儿园教师专业发展评价制度。同时，幼儿园教师专业标准、幼儿园教师职业道德建设等制度则贯穿于幼儿园教师专业发展的整个过程。

模块五则是与幼儿园教师的身份地位、职务职称、编制待遇等紧密相关的具体制度设置。从 1994 年《教师法》对教师专业身份的确认到教师专业标准制度的建立，专业身份和专业地位是构成幼儿园教师专业发展的深层性基础。同时，我国自 1986 年起初步建立涵盖幼儿园教师在内的职务职称制度，2009 年启动职称制度改革试点，2011年扩大试点范围，2015 年全国范围推开，由此完善建立了幼儿园教师职务职称制度。编制待遇同样是影响幼儿园教师专业发展的重要因素，国务院 2001 年颁布《关于制定中小学教职工编制标准的意见》，着力建立健全教师编制设置与管理工作，而对幼儿园教师待遇的关注则同样广泛分布于各类教师教育政策文件中。除以上制度设计外，我国围绕幼儿园教师专业发展进行的制度安排还包括：教师荣誉制度、教师定期流动制度、教师考核奖惩制度、免费师范生制度、中西部偏远地区学前教育巡回支教制度等，其中虽不乏以促进教育均衡发展为主要指向的制度安排，但其仍部分触及幼儿园教师队伍建设及幼儿园教师专业发展等问题，某种程度上可视为是与幼儿园教师专业发展存在弱相关的制度设计。

二、幼儿园教师专业发展具有强烈的制度依赖

探讨幼儿园教师专业发展的制度支持，其隐性的前提即是幼儿园教师专业发展与制度之间存在的关系，且应是一种偏于密切的相互作用关系，否则，风马牛不相及的两个概念很难谈得上有支持之说。同时，本研究认为二者的关系可以简单概括为：幼儿园教师专业发展具有强烈的制度依赖，制度又反之持续推动着幼儿园教师专业发展进程。前者侧重从幼儿园教师专业发展对制度的期待和需求入手，是探讨制度支持的必要前提。后者侧重从制度对幼儿园教师专业发展的影响和作用入手，是构建制度支持的事实依据。本节将着重对幼儿园教师专业发展的制度依赖进行分析，其主要体现为：幼儿园教师的专业身份和地位依赖于制度的确认，幼儿园教师的专业理念与师德

依赖于制度的引领，幼儿园教师的专业知识和能力依赖于制度的塑造。

（一）幼儿园教师的专业身份与地位依赖于制度的确认

当前，对于幼儿园教师的角色身份与职业定位，我们普遍认同是履行幼儿园教育教学工作职责的专业人员，如此表述，并不是我们在看过无数幼儿园教师工作后的理性反思结果，也不全是来自所谓专家学者的研究结果，而更主要是《中华人民共和国教师法》和《幼儿园教师专业标准》等政策文件的确认结果，这种制度确认从根本上赋予了幼儿园教师无可置疑的专业角色、确保了幼儿园教师实至名归的专业地位。

事实上，幼儿园教师专业身份和专业地位的取得经历了一个漫长的博弈与建构过程，最终制度以一锤定音的方式给漫长的争论画上了句号，肯定了幼儿园教师是履行教育教学工作的专业人员。理论工作者是这场争论的发起者和先锋军，在世界局势的动荡中和教育环境的变革中，他们最先敏锐地意识到确认幼儿园教师专业身份的必要性和可能性，由此著书立说，积极推动公众对教师专业身份的认可和政府对教师专业地位的保障，从成立组织以谋求教师专业整体社会地位的提升，到聚焦专业发展强调教师入职的高标准严要求，他们面对的不仅是传统教师观念的羁绊，更是旧有教师制度的阻力。然而，随着一线教师作为盟友的逐渐加入和国际竞争日益聚焦于教育领域的人才培养，合流的队伍借着利好的时代终于将教师作为专业角色的理念推向顶峰，在公众日益认可教师专业角色的同时，政府以政策的形式将教师的专业身份确定了下来。就我国而言，《教育法》《教师法》率先确认了教师的专业身份，《幼儿园教师专业标准》则再次强化了幼儿园教师的专业地位。因此，可以认为制度的确认标志着幼儿园教师最终取得了专业身份和专业地位，并由此拉开了关于专业发展的激烈讨论。

同时，制度不仅仅是确认了幼儿园教师的专业角色和专业身份，且以系统完善的配套政策确保了幼儿园教师的专业地位与专业权利。任何制度都是处在相互联系之中的，并由此构成了制度生态圈，孤立的制度设计既不科学合理，又难以真正落实。因此，确认幼儿园教师的专业角色只是制度起点，与之相匹配，教师资格认证制度、教师编制管理制度、教师在职培训制度、教师教育机构评价制度等则全方位地确保了幼儿园教师的专业地位与专业权利，从入职资格、职业准入、福利待遇、责任义务、权利保障等各个维度推动了幼儿园教师专业性的实现。另外，幼儿园教师专业发展的制度依赖具有必然性、现实性和客观性。虽然制度也依赖于具体个人，但本研究更侧重于由幼儿园教师专业发展的制度需求所导致的制度依赖，而不主要探讨制度对人的依赖。同时，幼儿园教师专业发展的制度依赖从程度上而言是一种强制度依赖，从范围上而言是一种全制度依赖，从个体的人准备成为幼儿园教师到其专业发展的过程、评价、管理各个阶段，制度无所不在，并形成对幼儿园教师专业发展的高度规约。

最后，本节首先探讨幼儿园教师的专业身份与专业地位依赖于制度确认是由于幼儿园教师专业发展的所有相关内容都必须以专业身份的取得为前提，否则便如空中楼阁。反之，幼儿园教师专业身份一旦确立，如何使幼儿园教师个体匹配其专业身份，如何有效保障幼儿园教师的专业待遇，如何考核幼儿园教师专业责任的履行等相关问题便接踵而至，而这些问题本质上即是幼儿园教师专业发展问题。

（二）幼儿园教师的专业理念与师德依赖于制度的引领

　　幼儿园教师的专业理念与师德是幼儿园教师专业发展的核心构成，其从形式上包括理念与师德两方面，而实质上则均是幼儿园教师内在持有的对于保教工作的思想认识与价值观念，尤其是具体保教实践逐渐消解了专业理念与师德的明显边界，使二者共同从思想认识层面支配着幼儿园教师的行为。幼儿园教师应秉持何种专业理念、应坚守哪种职业道德，对此最适切的回答，不是来自幼儿园教师，也不是来自传统文化，而是来自《中华人民共和国教师法》、来自《幼儿园教育指导纲要》、来自《幼儿园教师专业标准》。一言以蔽之，幼儿园教师的专业理念与师德源自政策的规定，更依赖于制度的引领。

　　幼儿园教师的专业理念与师德依赖于制度的引领是指对赋有专业角色的幼儿园教师而言，其所秉持的基本观念和职业道德，政府会以政策文件的形式予以明确，而得以明确的专业理念和师德也就作为幼儿园教师专业发展中必须追求的目标和内容。传统文化对幼儿园教师的职业认识、社会公众对幼儿园教师的专业期待都会以相对正式的制度予以规范，继而塑造着幼儿园教师整体的专业性形象。我国历来重视对教师职业道德的规约，尊师重教的文化传统不仅是教育绵延不绝的密钥，且整体塑造着教师群体的道与德，但对传统师德的要求较少以正式制度的形式流传，而绝大多数以非正式制度的形式保存和承袭。伴随着改革开放和教育法制化的推进，将传统师德以成文形式固定下来，继而引导整个教师队伍建设日益成为教师专业化的重要部分。与此同时，幼儿园教育事业的飞速发展也对传统幼儿教育理念提出了挑战和要求，教育理念的更新成为教育变革的先导，树立教师的专业理念渐趋成为专业化教师的内在要求，而专业理念虽主要源自借鉴比较、理性反思，但其最终仍需要通过制度化的形式予以提炼和公示方能真正起到改造教育实践、推动教育变革的预期目的。另外，当前频发的虐童事件也触动着社会敏感神经，更加速推动以制度形式规范和引领幼儿园教师的专业理念与师德。因此，幼儿园教师的专业理念和师德依赖于制度的引领恰是反映了幼儿园教师专业发展内在对制度的高度依赖。

　　同时，深入理解幼儿园教师专业理念与师德对制度的依赖关系不得不提到幼儿园教师作为制度人的形象，并具体探讨"人"与"制度"的多重关系。制度人是对人的形象或属性的一种重新界定，是对以往人性假设的补充与拓展。一方面，社会的急剧变化和人学的蓬勃发展极大地冲击着旧有对人形象的基本假设，催生了制度人的诞生。另一方面，制度以其坚实的人性基础和厚重的人学底蕴，丰富着制度人的内涵。制度人简而言之即是人不是以抽象的方式生活在真空中，而是以具体的方式生活在现实中，制度是构成现实的重要因素，制度既营造了个体人生存的环境，也赋予了个体人应有的社会分工与角色。幼儿园教师即是人的一种职业角色身份，对幼儿园教师而言，社会制度规定了其应遵守的道德要求、应秉持的专业理念，不论个体是否愿意、是否有意识，在其投身幼儿园教师职业之前和之后，制度都稳定地规定着这份职业应有的基本理念和责任权利，而政策也会以成文的形式予以明确。个体在选择幼儿园教师职业之时，即选定了以其职业的要求为要求、以其职业的道德为道德。因此，幼儿园教师的专业理念和师德依赖于制度的引领又可以认为是幼儿园教师自身作为制度人，其思想观念应符合制度的预设。

鉴于幼儿园教师专业理念与师德对制度的高度依赖，部分学者开创性地提出了制度育德的主张与观念。制度育德表面上与中国传统的道德教育理念略有出入，因道德多强调自发、内生，尤其是师德，人们多愿意相信为师者多能遵守其职业道德、秉承其应有之教育理念，但愿望不等于事实，良好师德的形成和专业理念的塑造仍离不开制度引领，制度通过将内在的思想观念显性化而有助于教师更好地习得与养成。因此，幼儿园教师的专业理念和师德终究离不开制度。

（三）幼儿园教师的专业知识与能力依赖于制度的塑造

专业知识和专业能力是体现幼儿园教师专业性的关键要素，也是幼儿园教师谋求专业发展的重要内容，其中尤其是理智取向的幼儿园教师专业发展理论更是将教师专业知识的增加以及专业能力的提升直接等同于专业本身的发展，由此足见专业知识和专业能力的重要地位。当前，强调幼儿园教师专业发展对制度的强烈依赖也集中体现在专业知识与专业能力对制度的依赖，制度不仅在静态上规定了幼儿园教师应具备的专业知识和能力，且动态上通过系统完善的制度设计推动着幼儿园教师专业知识的习得和专业能力的培养。

幼儿园教师所应具备的专业知识和专业能力在形式上主要是由制度予以塑造。制度在最初确认幼儿园教师是履行教育教学职责的专业人员之时，便开始对教师所应具备的知识和培养的能力进行持续性塑造。不论是《中华人民共和国教师法》，还是《幼儿园教育指导纲要》，或是《幼儿园教师专业标准》，其中都不乏对教师专业知识和专业能力的规定，且呈现出逐步成熟、渐趋完备的特点，尤其是专业标准中分领域、分条目地对幼儿园教师的专业知识和能力进行了详细陈述，无疑成为评判幼儿园教师是否具有专业性的重要指标。虽然学界对幼儿园教师专业知识和专业能力的讨论精彩纷呈、热火朝天，但制度仍是掷地有声地给这类讨论画上了阶段性句号，人们也乐于以制度的标准来要求自我、衡量自我。因此，最集中体现幼儿园教师专业性的知识与能力首先是由制度构建的。

幼儿园教师专业发展的具体推进是由制度主要提供动力和保障。幼儿园教师专业发展从观念到实践需要历经诸多阶段和流程，从教师的职前培养到教师的职业准入，从教师的在职培训到教师的发展评价，制度一以贯之地作用于其中。制度不仅静态地构建了幼儿园教师专业发展内容和标准，且动态地持续推动着幼儿园教师专业发展的进程。具体而言，幼儿园教师的职业准入依赖于国家教师资格证书制度和聘用制度。我国教师资格证书制度是教师专业发展最有力的保障制度。鉴于教师资格证书制度的门槛性意义和国家性强制，可以认为幼儿园教师的职业准入同样高度依赖于制度。同时，幼儿园教师专业发展的具体实现依赖于系统化的教师培养培训制度。从职前教师教育机构认证制度、教师教育课程设置制度到职后教师继续教育制度等，幼儿园教师专业发展的实现充分依赖于相关培养培训制度的建设与完善。此外，幼儿园教师专业发展的评价依赖于有效的教师考核评价与监督保障制度。最后，幼儿园教师专业发展还高度依赖各种非正式制度，如传统文化对幼儿园教师的职业定位与期待、现实社会对幼儿园教师的专业认同与支持、幼儿园教师个人所秉持的专业发展意识与观念等。总而言之，脱离制度作用和影响的幼儿园教师专业发展在当下是难以想象的，幼儿园教师专业发展对制度的依赖既具有全面性，更具有深刻性。

幼儿园教师专业发展对制度的强烈依赖具有多重成因，并主要可从教师个体的制度人角色和幼儿园组织的制度化环境两个维度解读。

教师个体层面，幼儿园教师作为一种职业身份，是社会交往扩大和社会分工细化的具体产物。不仅作为个体的人处在复杂多样的制度规约之中，具有特定职业身份的个体更有适应于其职业特点的特殊制度体系，即个体不仅受到一般化制度的普遍规约（如适用于全体公民与组织的《中华人民共和国宪法》等），且受到基于其角色、身份与行为的特殊性制度的有效规约，而教师的职业身份尤其受到制度的密切关注，是结构化程度较高、制度化要求较严的典型职业之一。究其原因主要是由教育与国家政治之间的密切关系所决定，且受到我国尊师重教传统的深刻影响，内含着公众对于教师职业的文化认知和社会期待。因此，从个体职业身份角度而言，幼儿园教师是肩负公众期待与国家使命的教育教学专业人员，其专业发展高度依赖于国家正式制度体系和社会的非正式制度环境。

组织环境层面，新制度主义关于学校制度环境的分析和组织趋同的研究具有重要的借鉴意义。幼儿园教师的专业发展总是倾向于依托高等院校或幼儿园等各类教育机构，而相比企业，学校是典型的强制度环境和弱技术环境，即学校作为典型的制度化组织，有着与内部运作不相关，但与学校的社会合法性身份相关，因而有利于组织生存的大量象征性制度和结构。学校的强制度环境加速其服从"合法性机制"，并从而为置身其中的幼儿园教师营造了专业发展的强制度环境，导致幼儿园教师专业发展经由组织形成对制度的高度依赖。概言之，学校的强制度环境映射到幼儿园教师身上，使其依托于学校的专业发展形成对制度的高度依赖。

三、制度持续推动幼儿园教师专业发展进程

就制度影响力而言，制度并非中性存在，更非无关紧要，事实上，对于制度重要性的认识也经历了一定的发展阶段。在发展理论研究中，从"假定制度中性、重视要素价值"到"重视制度结构、兼顾要素价值"是一个外显的演进过程，制度的价值和意义是被逐渐发掘和赋予的。当前，制度也同样深刻影响着幼儿园教师专业发展的具体进程，不过这种影响并不总是表现出正向激励和促进作用。

制度对幼儿园教师专业发展的影响表现为一定的模式与机制，新制度主义关于制度化组织"合法性机制"理论可借鉴以具体分析制度对幼儿园教师专业发展的影响。合

法性机制是探讨制度环境对组织影响的一个关键概念，基于对教育社会学的考察，制度环境与技术环境同等重要，其同样是组织存在必不可少的环境构成，制度环境表现为法律制度、文化期待、社会规范、观念制度等为人们所"广为接受"的社会事实。制度环境通常要求组织服从"合法性"机制，采用那些在制度环境下"广为接受"的组织形式和做法，而不管这些形式和做法对组织内部运作是否有效率。同时，合法性机制导致的后果是组织趋同现象和组织间相互模仿学习。

合法性机制虽是着重探讨制度环境对组织的影响，但鉴于幼儿园教师专业发展对于制度的强烈依赖，以及教师个体与组织之间的密切关系，我们依旧可以借助合法性机制粗略勾勒制度对幼儿园教师专业发展的具体影响，其影响从总体上表现为制度多形式地持续推动幼儿园教师专业发展进程，具体层面表现为制度强硬地规制幼儿园教师专业发展内容以及制度柔和地诱导幼儿园教师专业发展过程。

（一）制度强硬地规制幼儿园教师专业发展内容

合法性机制本质上是制度力量或制度影响力的作用机制，其主要有强意义和弱意义两个层面的体现。前者以人类学家玛丽·道格拉斯（Dame Mary Douglas）的阐述为代表，探讨以正式制度为主的法律规章通过强迫性的外在形式深刻影响组织思维和行为的过程。后者以迪玛奇奥（DiMaggio）和鲍威尔（Powell）的研究为代表，聚焦制度通过影响资源分配或激励方式来影响人的行为，并导致组织趋同现象，概言之，合法性机制的强意义即是制度的强迫性力量实现机制，而弱意义则是制度的诱导性力量实现机制。二者在影响程度上和作用机制上有所差异，但本质都是制度对组织的影响作用发挥。因此，探讨制度强硬地规制幼儿园教师专业发展内容事实上是聚焦制度的强意义作用机制，是剖析制度作为一种强迫性力量存在的影响。

制度强硬地规制幼儿园教师专业发展内容是指制度以其特有的强制性力量和广泛性意义而明确对幼儿园教师的行为做出要求或禁止的规定。其中，强硬地规制是正式制度发挥作用的主要方式，而正式制度又主要以各种法律法规、行政条例等形式予以呈现，以制度的约束力为基础、以制度的强制力为后盾，进而明文规定幼儿园教师的具体行为。以《中华人民共和国教师法》为例，其中除了明文规定教师可享有的权利和需履行的义务外，还规定"国家实行教师资格制度""取得幼儿园教师资格，应当具备幼儿师范学校毕业及其以上学历""教师的平均工资水平应当不低于或者高于国家公务员的平均工资水平，并逐步提高"等。从其表述方式上即可看出，在幼儿园教师资格制度实施及工资待遇层面，相关规定以其言简意赅的用词、无可争议的口吻进行了论断式规定，对于幼儿园教师而言，这些规定具有强制性力量，是其追求专业发展的坚实基础。同时，强硬地规制除了表现为幼儿园教师应当采取的措施和行为外，还对其有禁止性规定，即幼儿园教师专业发展必须不能出现怎样的行为，其集中体现在关于幼儿园教师师德建设的有关规定中。如在《中小学教师违反职业道德处理办法》中，第四条明确规定了教师不应具有的十种行为，包括"体罚学生的和以侮辱、歧视等方式变相体罚学生，造成学生身心伤害的"等，此即是反向体现了制度对幼儿园教师专业发展的强硬性规制。

（二）制度柔和地诱导幼儿园教师专业发展过程

正如制度环境对组织影响具有强意义和弱意义两个层面的体现一样，制度对幼儿园教师的专业发展同样有强迫和诱导，或强制与激励之分。其中，法律规章及政策文件为主要表现形式的正式制度主要发挥强制性力量，而传统文化、社会认同等非正式制度则主要起到诱导性作用。但这种区分又不完全绝对，事实上，正式颁布的政策文件中也有很多制度性规定更多是以激励诱导的方式发挥柔性的作用。

制度柔和地诱导幼儿园教师专业发展过程主要是指制度通过设置一些必须条件或进行一些必要的资源分配而发挥对幼儿园教师专业发展相关行为的引导性作用。此处所用诱导一词更多是作为中性词使用，或可理解为引导、激励，主要是凸显制度的作用方式不再是强制性的规定，而是一种方向性的引领，具体如部分地区或园所会具体规定幼儿园教师每学年必须参加够一定研习或培训，获得相应的培训学分才能参与职称晋级，或幼儿园将教师参与教研活动的表现等作为评优评选的重要参照。基于此，幼儿园教师在表面上是拥有参加或不参加的自由，但由于资源分配的倾斜及门槛条件的设置，幼儿园教师同样会自觉自发地遵循制度的指引，积极投身专业发展的进程。因此，可以认为除强制性规定外，各种正式制度也以显性或隐性的资源分配、政策引导等方式激励或诱导着幼儿园教师专业发展的具体过程，这是制度在弱意义上对个体专业发展的影响力作用。此外，幼儿园教师处于高度的文化期待和社会规范环境之中，传统文化对幼儿园教师的职业定位、现代社会对幼儿园教师的专业认同等非正式制度也都影响着幼儿园教师专业发展，并且这种影响原则上不具有强制力和强迫性，但其无疑对幼儿园教师专业发展又具有诱导性或引领性。

总之，制度以显性或隐性、强迫或诱导、鼓励或禁止、奖励或惩罚、正式或非正式等多种形式深刻影响着幼儿园教师专业发展进程。这种影响在作用形式上主要有强制和诱导两种，而制度影响力的根源又主要是幼儿园教师专业发展对制度的强烈依赖和与组织的密切关系。当前，与幼儿园教师专业发展密切相关的两大组织——高校和幼儿园都是强制度依赖组织，更是高度符合合法性机制理论的典型组织，由此，两大组织在发展思维和行为上都会高度需求制度认可，并建构完善的象征性制度，置身其中的幼儿园教师会强烈地感觉到制度的存在及制度的束缚，由此奠定幼儿园教师专业发展与制度密不可分的相互作用关系。

此外，制度与幼儿园教师专业发展之间呈现出高度的相关性（涵盖本章论述的强烈依赖和持续影响），但这种相关性并不必然表现为因果关系，即制度是影响幼儿园教师专业发展的重要因素，但其影响力强弱及具体影响机制则需进一步深入探讨。同时，在对幼儿园教师专业发展问题的现状分析中，制度究竟占有怎样的比重，哪些问题是由制度因素造成的，哪些问题更多是非制度因素，同样有必要辨析与廓清。过于强调制度因素的影响力和忽视制度对幼儿园教师专业发展的影响，二者都容易导致短视与偏见。

第二节　支持取向的幼儿园教师专业发展制度构想

幼儿园教师专业发展是当前推进教师队伍建设、促进学前教育发展的关键性命题，而相关制度的科学设计和完善建立均指向并切实服务于幼儿园教师专业发展的目标实现。从对幼儿园教师专业发展理论的系统建构到制度的逐步完善，其作为一种学理概念正渐趋成为一种行动逻辑，而实践的不断探索更日益丰富着理论自身。同时，就幼儿园教师专业发展的制度设计而言，前文的制度变迁系统性梳理也概括出其体系的逐步健全、模式的本土构建和形态的危机预防等基本特点。然而，从职业准入到角色身份，从培养培训到评估督导，相关制度又不同程度上存在滞后、失衡与低效等现实性问题。问题的本质是制度功能的发挥存在抑制和制度属性的定位存在偏差。因此，回归制度功能、明确制度定位是相关问题探讨的逻辑起点和前提基础。

基于对幼儿园教师专业发展的制度问题梳理，构建支持取向的幼儿园教师专业发展制度，以切实有效地提升制度对幼儿园教师专业发展的支持力度。理论构建将从基本内涵、设计理念和构建逻辑展开，与此同时，实践推进将兼顾探索健全内部制度和改革完善外部制度。

一、支持取向的幼儿园教师专业发展制度内涵

支持取向的幼儿园教师专业发展制度是指基于专业发展的基本内容，遵循专业发展的阶段特征，以幼儿园教师专业发展与制度间的相互作用关系为前提，超越专业发展的技术取向以及同质视角，凸显制度作为外部环境和教育资源的重要意义，且以制度支持功能为核心价值定位，聚焦制度支持在幼儿园教师专业发展中的功能统整作用，以最终实现以专业发展推进制度完善，以制度完善支持专业发展。

对于支持取向的幼儿园教师专业发展制度可以从"幼儿园教师专业发展"和"制度功能"两个基本维度进行解读，前者的核心在于基于已有关于幼儿园教师专业发展的成熟研究，超越专业发展的技术取向和同质视角，后者的焦点在于推进制度的功能转向与聚焦，以更具包容性的支持理念实现对幼儿园教师专业发展的现实引领。其具体表现如下：

一方面，支持取向的幼儿园教师专业发展制度是以专业发展为起点和目标，但凸显了专业发展的制度环境，且更强调制度对专业发展的积极性作用，而非局限于传统的技术取向和同质视角。具体而言，幼儿园教师专业发展是制度设计与构建的中心，制度改革必须以专业发展的现实为基础，制度完善必须以专业发展的实现为目标。此外，鉴于幼儿园教师专业发展对制度的强烈依赖和制度对幼儿园教师专业发展的持续影响，制度有其凸显的价值和必要性，制度既是作为环境存在，更是作为资源存在，

且支持取向的幼儿园教师专业发展制度尤其强调制度的资源属性。相比于传统研究聚焦幼儿园教师专业发展的概念内涵、现状问题、原因因素、途径策略等，虽成果数量较多，但研究视域偏狭、成果同质严重，对制度的关注和理解相对有限。支持取向的幼儿园教师专业发展制度不仅推进制度研究的显性化，且匹配我国教育发展对制度趋于关注和逐渐强调的现实需要。当前，我国的学前教育发展已整体度过早期的分散摸索与自然自发状态，而逐步转向到标准引领与政策驱动阶段。于此，制度的强大功能与关键作用正逐步显现并备受关注，幼儿园教师的专业发展同样依托于教师教育制度的不断制订与完善，而我国民主集中制的教育管理体制也为制度功能的最大化发挥提供了良好的政治环境。从制度层面推进教师专业发展、加速教育改革进程日益成为基本共识。因此，支持取向的幼儿园教师专业发展制度一定程度上通过引入并显化制度研究而推进传统的幼儿园教师专业发展研究。

另一方面，支持取向的幼儿园教师专业发展制度是以"支持"为导向推进制度的功能转向与聚焦，支持既是制度构建的价值期待，又是制度落实的功能定位，更是制度评估的必要标准。事实上，鉴于制度生成与存在的人为性、社会性与后天性，以工具主义思维辨析与定位制度的基本功能是相关制度研究的重要构成，对于制度功能的一般性认识，目前学界已开展了必要的探究，如董建新提出：静态维度上，制度具有规则约束功能、激励功能、配置资源功能、保障完全功能、信息传递功能、传递文化功能和认识功能；动态维度上，制度功能存在从无到有，从不健全到健全，从不合理到合理，从不合法到合法，从不完善到完善等一系列过程。围绕并服务于幼儿园教师专业发展的是一种被界定为教育制度的具体制度，教育制度除具有制度的一般性功能外，更多地担负着道德教化与支持服务的使命，而本研究即是凸显教育制度的支持功能，着力以支持为导向统整制度的多样功能。相比于传统语境下对制度保障、激励、约束、配置、传递等功能的表述与阐释，支持既具有更丰富的内涵和更包容的外延，且更多地聚焦并回归于教育制度的应有意涵，即为幼儿园教师专业发展的实现提供一种强有力的外部支撑性力量。从词源学的角度而言，《说文解字》："支，去竹之枝也。从手持半竹。"支有支撑、调度、领取等多重意涵，而支持作为其词源的核心具有不可替代的重要价值。支持是对制度功能的一种整合思维和基础观念，即在观念上应首先确立制度的支持价值核心。支持也是对制度功能发挥的一种实践定位和行动逻辑，即在制度实施中渗透支持的功能实现。支持更是评估制度实效性的一种客观标准和重要参照，即在制度实施后以支持为依据不断调适与改进制度，并最终指向幼儿园教师专业的可持续性发展。

综上所述，支持取向的幼儿园教师专业发展制度在其内涵上是强调专业发展的本体性，是凸显制度功能的支持性，是推进专业发展与制度运行之间的互动性。此外，支持取向的幼儿园教师专业发展制度在其基本形态上应集中表现为自主性教育制度。积极推进强制性教育制度向自主性教育制度转变同样是支持取向的幼儿园教师专业发展制度的内在要求和进取之路。

二、支持取向的幼儿园教师专业发展制度设计理念

幼儿园教师专业发展的制度改革与设计必须以支持为功能导向，强化支持的引领性、评估支持的有效性，进而通过系统化的构建以最大程度实现对专业发展的支持与保障。在聚焦支持功能的必要前提下，制度设计还必须遵循科学的理念指导，概言之，支持取向的幼儿园教师专业发展制度设计需以关注幼儿园教师的全人发展为基本前提，以尊重幼儿园教师的主体地位为重要核心，以树立制度建构的系统思维为必要基础，以强化制度设计的精准适切为关键所在，以促进人与制度的交互协同为调适机制。具体而言，五种基本理念中，"关注教师全人发展""尊重教师主体地位"主要是从教师维度探讨提升支持实效的基础，而"树立制度系统思维"和"强化制度精准适切"则主要是从制度维度落实支持功能的关键。最后，人与制度需在实践中得以互动与磨合，进而使制度支持得以不断调适与优化。其中，人与制度的交互协同是制度支持功能实现的内在核心与重要体现，交互协同肯定了人与制度的平等对话关系，回应了人与制度的动态更新关系，并从本质上是制度支持的具体呈现方式。

（一）关注幼儿园教师的全人发展

关注幼儿园教师的全人发展是制定支持取向的幼儿园教师专业发展制度的基本前提。幼儿园教师首先是作为个体人存在的，人的发展具有客观性、内在性、必然性和多面性，专业发展既是由幼儿园教师的职业角色所决定的一种义务所在，也是幼儿园教师作为专业人谋求个体持续成长的一种权利所系。总之，由幼儿园教师内外部力量所共同决定和生成的专业发展只是其发展的一个特定面向，支持取向的幼儿园教师专业发展制度设计虽集中指向幼儿园教师的专业能力提升，但全人发展不仅是专业发展的理论背景，更是专业发展的基本前提。专业发展只有深度嵌入并高效匹配于幼儿园教师的全人发展才能高质量地予以实现，基于此，制定支持取向的幼儿园教师专业发展制度必须高度关注幼儿园教师的全人发展，有效服务幼儿园教师的全人发展。

全人发展的本质是扎根马克思主义基本原理的人的全面而自由的发展学说，是针对人的发展的片面性、工具性和有限性，而提出的一种人的全面发展、自由发展和充分发展理论。全人发展绝不仅仅局限于概念表面人的纵向时间维度上的终身发展和横向内容维度上的全面发展，更深入到个体人发展的充分性、目的性和意义性，具有更丰富的内涵和意义。自由的有意识的活动是人类的特性，一定程度上，人是社会的存在物，是完整性的存在，也是其所处社会关系的总和，具有客观性和现实性。"人的发展是一个扩大向个人提供的可能性的过程。原则上讲，这些可能性也许是无限的，而且随着时间的推移可能发生变化"。同时，在马克思看来，人的发展就是"人以一种全面的方式，就是说，作为一个总体的人，占有自己的全面的本质"，是"人的本质客观地展开的丰富性"。也就是说，人的发展其实就是人的本质力量的发展。全人发展是在尊重人的发展的整体性和历史发展的客观性基础上做出的重要论断，专业发展则是在全人发展的基本前提下展开和推进。全人发展提供了专业发展的背景，而专业发展又

是全人发展的重要构成，尤其是对作为专业角色的幼儿园教师而言，专业发展占据着显要的位置。

在关注幼儿园教师全人发展的基本前提下制定支持取向的幼儿园教师专业发展制度不仅具有现实可能性，且具有客观必然性。某种程度上，关注全人发展正是支持型制度设计的内在要求与核心要义。制度支持的焦点虽然是幼儿园教师专业能力，但幼儿园教师作为整全式个体存在的属性前提必须得到尊重与关注，而制度在促进幼儿园教师专业发展的同时也必将对幼儿园教师的全人发展发挥决定性影响作用。具体而言，以对幼儿园教师全人发展的关注为基本前提以制定支持取向的幼儿园教师专业发展制度需有效做到以下三点：其一，理论层面明确全人发展的基本内涵，着重辨明全人发展与专业发展的内部联系，尤其是应基于幼儿园教师职业特殊性和复杂性探讨其专业发展的独特内涵和全人发展的丰富意义。其二，由外而内以一种逐步聚焦的内向式思维推进制度设计从全人发展到专业发展的演进，即支持型的制度设计应首先关注人的整全式发展，尊重人全面而自由的发展，然后逐渐聚焦到对专业发展的有效支持和保障。其三，由内而外以一种渐趋开放的发散性思维推进制度设计从专业发展到全人发展的蔓延，即指支持型的制度设计应在聚焦和支持幼儿园教师专业发展的基础上拓展到对全人发展的关注和支持，以专业发展支撑和服务全人发展。

（二）尊重幼儿园教师的主体地位

尊重幼儿园教师的主体地位是构建支持取向的幼儿园教师专业发展制度的重要核心。从制度基本属性而言，教育制度具有鲜明的内生性，即制度不是先天存在，更不是取决于不以人的意志为转移的某种外部客观社会力量，而是由制度利益相关者基于个体的理性算计和相互间的不断博弈而生成并变革。因此，制度在形式上提供了个体行为的整体框架和基本规范，而在内容上则源于行为主体的积极参与和主动投入。具体到幼儿园教师专业发展的制度而言，幼儿园教师无疑是制度最重要且最核心的利益相关者，除此之外，教育行政部门、师资培养高校、家长及社会公众也都以各自不同的形式参与着制度的博弈与生成，对个体利益的追逐使制度的博弈变得复杂、制度的生成变得烦琐，期间，幼儿园教师作为核心利益相关者的地位也由于制度多元主体的参与而受到冲击削弱，加之幼儿园教师原本相对弱势的经济地位和社会地位，直接导致幼儿园教师在制度生成中的核心地位难以得到保障，幼儿园教师参与制度设计和制度变革的积极性持续弱化。

构建支持取向的幼儿园教师专业发展制度必须首先明确并尊重幼儿园教师在制度设计、实施与变革中的主体性地位，其既是由幼儿园教师作为制度最核心利益相关者的角色身份决定，也是由制度具体发挥作用的机制决定。作为规范与规则意义上的制度，其功能即是对人的社会行为进行控制和引导，且制度更多的是作为一种外控系统而存在，与此对应，人的社会行为是由内控指令和外控系统相互作用而展开。教育制度作为人的社会行为的外部控制力量，只有且必须转换为幼儿园教师个体的内控指令，制度方能真正对教师行为产生作用和影响。一定意义上，教育的目的是强化内控，而制度的目的是强化外控。因此，构建支持取向的幼儿园教师专业发展制度必须重视制度从外控力量到内控指令的转化，其中尊重幼儿园教师的主体地位、强化幼儿园教师的制度参与是有效发挥制度作用、切实促进教师发展的应有之意。尊重幼儿园教师主体地位契合幼儿园教师在制度体系中的核心利益相关者身份，符合教育制度具体发挥作用的机制，是构建支持取向的幼儿园教师专业发展制度的重要核心。

幼儿园教师是自我专业发展的主体，也是支持取向制度构建的主体，然而，当前幼儿园教师专业发展制度的建设却不仅未能充分发挥其主体作用，且对教师主体地位的认识存在偏差，具体体现为教育制度生成与幼儿园教师生活的疏离与对立。首先，鉴于幼儿园教师在制度利益相关者博弈中的弱势地位，导致其先天主体地位受到削弱。其次，幼儿园教师普遍学历水平有限、知识能力匮乏，内在缺乏积极参与制度设计与实施的能力和动力，即使是密切关系自身专业发展的制度也倾向于习惯性缄默。最后，传统文化和现实社会在切实推进幼儿园教师专业发展的制度设计时偏好高校专家引领、重视社会现实需要，而给予幼儿园教师的话语权相对有限。基于以上原因，制度设计的潜在前提是幼儿园教师不能清晰地了解自己的专业发展需要、难以有效的提升自我的专业发展能力，将幼儿园教师专业发展视为制度发挥作用的客体，幼儿园教师在关系自我专业发展的制度设计中存在先天与潜在的身份梳理和角色对立。为此，构建支持取向下的幼儿园教师专业制度即是要打破制度与教师的本体梳理、缓解其根本对立，将制度主体地位归还幼儿园教师，并充分尊重幼儿园教师的主体作用发挥。

（三）树立制度建构的系统思维

树立制度建构的系统思维是支持取向下的幼儿园教师专业发展制度设计的必要基础。教育制度本质上是发挥调整社会关系、规范社会行为的功能，其制度本身也处在复杂的社会网络中，并构成相对稳定的制度生态圈。强调制度构建的系统思维即是要以普遍联系的哲学观点指导制度结构的完善和制度要素的协调。系统思维的基础是对幼儿园教师专业发展历程和阶段的整全式把握，系统思维的核心是关注制度要素间及不同制度间的有效组合与优化，系统思维的关键是不断调整制度结构、持续提升制度实效。虽然目前我国已在幼儿园教师专业发展制度构建层面取得跨越式发展，不论是制度数量还是制度品质均有较大幅度提升，但总体而言，制度生成模式还偏于事后补救，制度完整体系仍亟须建立健全，制度设计的系统性思维未能得以根本确立，并由此制约着制度功能的现实发挥。

树立制度建构系统思维的首要前提是对幼儿园教师专业发展历程和阶段的整全式理解和尊重。幼儿园教师专业发展具有整体性、阶段性、动态性、持续性等基本特点，从职前的学习与培养到入职的调整与适应，再到在职的培训与成长，幼儿园教师专业能力处于持续发展状态，而幼儿园教师自身始终以全人属性参与其专业发展。相对而言，制度的构建与完善总是具有滞后性，受到来自多方面要素的交织影响。任何制度虽然都力求成为当时情境下的最优选择，但从幼儿园教师全人发展的角度和制度自身体系完善的角度而言，体系化的制度构建始终是一个有待完成的命题。处于不同发展阶段的幼儿园教师有其独特的专业发展需求，而支持取向的制度构建正在于有效满足其个性化的需求，为此，树立制度构建系统思维便成为支持型制度构建的应有之意。在系统思维的统摄指导下，不同阶段的幼儿园教师专业发展制度内容与目标如下表所示：

表9-2　不同阶段教师专业发展制度的内容与目标

维度	职前学习保障				入职资格确认	职后发展保障	
具体制度	教师专业标准	教师教育机构认证制度	教师教育课程设置制度	教师教育者队伍建设	教师资格认证制度	继续教育制度	专业发展评价制度
制度目标	明确教师专业发展的目标	规定什么机构有资质培养教师	说明教师职前培养的过程应当怎样	规定教师培养者的组成结构问题	对教师职前学习结构的评价	为教师提升专业水平提供物质和智力资源支持	帮助教师确认自身专业发展的阶段

　　不同阶段的幼儿园教师专业发展支持型制度有其特定的制度内容和目标，其共同构成体系化的制度结构与框架，并最终统一指向幼儿园教师专业能力的提升。其中，职前阶段的制度支持主要包括教师专业标准、教师教育机构认证、教师教育课程设置、教师教育者队伍建设四个方面，其对明确教师的职前学习目标、机构与过程保障具有决定性作用，直接影响教师的职前发展方向和效果，并持续影响教师专业发展的后续过程。入职资格确认阶段的制度支持主要是教师资格认证，而职后阶段的教师专业发展支持制度则包括继续教育和专业发展评价。除此之外，非正式制度也制约并影响着幼儿园教师专业发展的进程。总之，支持取向的制度设计最终是为了实现幼儿园教师专业发展的终身性、可持续性和高质量，为此，制度应充分尊重幼儿园教师作为整全式个体存在的前提基础，着力从观念上树立制度构建的系统思维，增强制度设计的前瞻性，提升制度建设的实效性。同时，从制度构建的内部视角而言，不同类型的制度必然建立于不同的历史阶段，即使同一制度也会历经不同阶段的调整、变革与完善。因此，围绕幼儿园教师专业发展的支持型制度构建应明确制度在整体体系中的恰当定位，使制度结构不断趋于科学合理，使制度实效得以最大程度发挥。

（四）强化制度设计的精准适切

　　强化制度设计的精准适切是构建支持取向幼儿园教师专业发展制度的关键所在。教育制度总是处于特定的时空维度和社会关系中，且有其具体的适用对象和适用范围，制度的有限性是先天存在的，有限既体现在制度适用范围的有限，也体现在制度功能的有限。因此，为在有限的时空情境中最大程度地发挥制度的功能与价值，必然需要不断提升制度的精准度与适切性，即使制度能够最大化地满足幼儿园教师专业发展的需求和期待，最大程度获取幼儿园教师的认同与支持。一定程度上，教育制度的有限性反而提供了其功能发挥的现实基础，放之四海的制度设计往往最终流于文本。在制度的功能发挥中，幼儿园教师的需求和认同是至关重要的存在，强调制度设计的精准适切是要准确把握幼儿园教师的专业发展需求，满足幼儿园教师的专业发展期待。支持型的幼儿园教师专业发展制度设计内在地含有对制度与专业发展需求间契合度的敏感把握，甚至制度设计精准适切成为其制度评价的重要指标参照。同时，幼儿园教师专业发展的多变性、复杂性等特点也为精准适切的目标实现带来较大的挑战。

支持取向下的幼儿园教师专业发展制度建设必须将制度的精准适切提升到关键位置，强化制度与教师专业发展需求之间的匹配性和契合度，而精准适切的制度设计前提基础则是对幼儿园教师专业发展需求的准确把握。总体而言，教师专业发展需求在多变的基础上具有某些共性，在共性的同时又呈现出差异性，其可从内部和外部两个维度理解：其一，内部层面，作为个体存在的幼儿园教师有其个性化的专业发展需求，这种绝对差异化的发展需求与幼儿园教师的教育背景、职业生活、工作经历、年龄职位等均存在相关性，其中不同的教师专业发展阶段是形成幼儿园教师差异性发展需求的决定性因素。彭兵基于对幼儿教师专业发展阶段的系统研究，提出以初任期（入职1—3 年）、探索期（入职 4—9 年）、成熟期（入职 10 年以上）和学者期（入职 15 年以上）为阶段划分的幼儿教师专业发展研究，并着重探讨了四个阶段各自独特的专业特点、发展规划、专业发展重点和专业发展建议，其中可显著地体认到处于不同发展阶段的幼儿园教师在专业发展需求上的差异性和多样性。基于此，支持型制度设计必须匹配于科学分层以及分阶段的差异化幼儿园教师专业发展策略，以幼儿园教师切身真实的专业发展需求为逻辑起点建构和完善制度体系。其二，外部层面，置身于不同的位置区域、园所属性，且秉持特定的身份角色的幼儿园教师同样有其个性化、差异化的专业发展需求和期待。具体而言，幼儿园所处的地理位置会影响幼儿园教师专业发展资源的获取和使用，在已有基本国情下，偏远乡村、民族地区、西部农村、山村等幼儿园教师的专业发展需求明显不同于城市幼儿园教师，确保基本的保教品质是薄弱地区幼儿园教师的核心需求。同样，在现有的制度环境下，民办和公办的幼儿园教师、有编制和无编制的幼儿园教师、有职称和无职称的幼儿园教师均有其差异化的发展需求。因此，充分尊重并明确幼儿园教师差异化的专业发展需要是构建支持取向制度的关键所在，而其实现路径或评判标准即是强化制度设计的精准度和适切性。

强化制度设计的精准适切是最大程度发挥幼儿园教师专业发展制度实效的必然要求。幼儿园教师只有在个体差异化的专业发展需要被准确理解和有效满足基础上才能充分调动自我的制度参与主动性和积极性，贯彻执行制度的相关要求。因此，支持取向下的幼儿园教师专业发展制度建设必须持续挖掘幼儿园教师切身真实的专业发展需要，必须始终强化制度设计的精准适切。

（五）促进人与制度的交互协同

促进人与制度的交互协同是支持取向下的幼儿园教师专业发展制度建设的调适机制。正如马斯洛所建构的人的需求层次理论，幼儿园教师的专业发展需求同样具有层次性、多样性及变动性，相比之下，制度总是存在滞后性和局限性。因此，制度自构建之初就必须具有高度前瞻性和适度变通性，而制度从制定出台起就面临着修订调整与改革完善任务。人与制度的交互协同不仅是制度具体发挥作用的现实机制，更是促进制度变革完善的重要基础。幼儿园教师在与制度博弈碰撞中得以理解和认同制度、执行和服从制度，同时也基于真实具体的个体经验为制度变革提供反馈意见和修订建议。因此，促进人与制度的交互协同是支持型幼儿园教师专业发展制度建设的调适机制。

相比于尊重幼儿园教师在制度构建中的主体地位而言，促进人与制度的交互协同更多是以动态发展的视角审视人与制度的关系。制度是由人构建的，制度也提供了个体活动的基本准则和行为框架，但制度的本质是属人的，制度的运作和完善都离不开人的主动参与和积极投入，其中幼儿园教师作为支持型制度构建的核心主体更是占据至关重要的位置。然而，反观当下幼儿园教师专业发展的制度构建现状可发现，幼儿园教师一定程度上是被排斥在制度构建和制度实施之外的，幼儿园教师对制度实施和运作的参与是被动低效的，幼儿园教师与制度之间磨合碰撞的现实并未为制度更新完善提供足够有效的事实基础。支持取向下的幼儿园教师专业发展制度建设本质上是一种开放性、对话性、自我更新的过程，幼儿园教师不仅在制度之初即占有核心位置，且在制度实施中与制度之间始终处于交互对话的状态，由此奠定了制度调适的机制与保障。

三、支持取向的幼儿园教师专业发展制度构建逻辑

（一）重视制度建设的意义，强化政府的责任主体地位

制度建设既表征着教育发展的进程与阶段，又内在地驱动和保障教育改革的持续性推进。制度建设历来受到教育部门的高度重视，以教师专业发展为主体的教师教育制度也始终处于不断变革与完善之中。同时，对于以制度人身份存在的幼儿园教师而言，以不断优化的制度建设全面支持其专业发展既具有内在必然性，又具有外在必要性。当前，我国幼儿园教师专业发展的进一步推进亟须科学完善、适宜适切的制度性支持，传统仅局限于理论层面的论证和技术层面的探究已不足以支撑幼儿园教师专业发展的持续性推进。制度建设以其内在的规范性、先天的逻辑性和必要的强制性而具有更突出的理论价值和更关键的实践意义。事实上，中共中央办公厅、国务院办公厅于 2017 年 9 月印发《关于深化教育体制机制改革的意见》，已充分认识到制度建设的意义和价值，并从顶层设计的维度对教育体制机制改革进行了全面部署。

以支持幼儿园教师专业发展为指向，逐步建立健全制度内容、优化完善制度结构具有多重意义和价值。一方面，制度建设原本即是对已有教师教育实践经验的萃取与提炼，已经历了实践不断检验的经验有其自身存续和推广的内在价值。另一方面，以制度建设的形式保存和固化已有经验有助于支持后续教师专业发展，毕竟教师专业发展一定程度上有其内在相似性与共同性。除此之外，制度建设也是教育行政机构有效发挥其教育指导与规划职责的重要载体。因此，强化对制度建设重要价值的理解和认识离不开落实政府主导的责任主体地位。教育行政机构既是制度建设的行为主体，又

是幼儿园教师队伍建设的责任主体，以制度建设推进教师队伍建设、支持教师专业发展是落实其主体地位，发挥其主导作用的必然选择。以《中华人民共和国教师法》的颁布为起点，以教师资格认证制度建设与改革为基础，以各类教师教育机构建设、职称制度建设、课程制度建设、教师培训制度建设等为支撑，幼儿园教师专业发展得以实现跨越式推进，也由此印证了制度建设的重要价值和政府主体地位发挥的关键意义。然而，制度同样有其内在演进逻辑，其是多元主体互动博弈的动态平衡，同时也受到历史的影响和现实的制约，但其并不妨碍对制度建设重要价值的体认和重视，而各级政府也应以更加积极负责的心态正视制度建设的现实问题与未来走向。

意识主导行为，地位决定行动。支持取向的幼儿园教师专业发展制度建设应以重视制度建设的意义为先导，以落实政府主导的责任主体为前提，从意识观念和地位角色层面夯实基础。其中，对制度建设的意义认识不仅是对制度本身价值的认识，也包括明确制度建设的支持取向和重视制度建设的支持功能。同时，从教师职业准入制度到教师身份制度，从培养培训制度到非正式制度，各类制度在幼儿园教师专业发展进程中有其特定的功能角色定位，对制度建设的意义认识也应包含对不同类型制度作用的认识和理解。

（二）遵循制度建设的基本逻辑，强化制度的伦理导向价值

制度建设本质上是一项系统性工程，而对制度建设进程的考察与反思有必要同时从科学性与人文性两个维度切入和展开。科学性即是强调制度建设的逻辑与理性，强调对制度生成、变革与完善等过程内在规律的尊重与遵循。人文性则是强调制度建设的伦理与德性，强调制度应凸显的道德关切。基于支持取向的幼儿园教师专业发展制度建设，遵循制度建设的必要逻辑、尊重制度变革的内在规律具有关键意义。首先，支持幼儿园教师专业发展的制度建设应正视制度生成背后多元主体的利益博弈，对复杂的社会互动关系和多样利益相关者之间的交际予以理解和尊重。事实上，制度建设的权力博弈背景既不可能被消除，又不能被回避，而从正视到理解，从尊重到遵循则是一条必由之路。其次，制度建设应深度嵌入其时空结构中，在制度的延续与变革之中寻求恰当的平衡点，既不必过分保守，拘泥于历史的窠臼，又不应过于激进，脱离于现实的情境。秉持科学理性的基本准则、坚守适度适切的价值认同是构建支持取向幼儿园教师专业发展制度的核心。同时，遵循制度建设的逻辑不仅体现为正视各项制度自身的内在规律性，且体现为制度之间的有效衔接与基本一致，体现为以一种更为系统宏观的视角审视制度关系，进而提升制度合力，共同指向幼儿园教师专业发展。

制度建设同样绕不开伦理问题，作为独立概念出现的制度伦理及其衍生出的教育制度伦理和教师制度伦理等议题同样对支持取向幼儿园教师专业发展制度建设具有借鉴意义。首先，目前学术界对制度伦理的主流理解即是伦理的制度化与制度的伦理化的统一，而其本质则是对制度的伦理分析，目的在于揭示制度的伦理属性及其伦理价值，并基于对制度的伦理考察以更好发挥制度的积极指向性功能。然而，就教育制度应坚守的具体价值而言，不同的学者有不同的理解侧重，其中涉及"善""正义""关怀"

等多个主题。支持取向的幼儿园教师专业发展制度建设同样应凸显并强化制度的伦理导向价值，但就本研究而言，核心任务并非论证制度伦理的必要性与可能性，而是进一步廓清支持取向的制度建设应坚守何种伦理价值、应发挥何种伦理导向。具体而言，以支持为取向建设和完善教师专业发展制度体系应着重凸显其公正诉求、强化其关怀导向、坚守其责任伦理。以公正德性审视制度即是强调制度建设应提供所有幼儿园教师公平的发展机会与可能，而不以幼儿园教师所处的园所属性、园所区域或幼儿园教师自身的发展阶段或身份角色为区别化对待的理由。同时，公正伦理所蕴含的无差别化对待又不同于一刀切的行政指令，某种程度上，差异化的制度设计体现的恰恰是真正的公正。强化制度建设的关怀导向则是尊重幼儿园教师的制度建设主体地位，强调制度建设对幼儿园教师个体专业发展的切实关注和关怀。关怀彰显出制度的温度，既是教师专业发展制度建设的内在要求，也有助于制度的深度内化和贯彻落实。

（三）探索差异化的制度设计，科学构建系统适宜的制度体系

支持取向的幼儿园教师专业发展制度建设指向的是每一位幼儿园教师，针对的是幼儿园教师专业发展的各个面向。因此，从外部角度而言，公平公正是制度设计的首要原则，制度应能全面覆盖到每一位幼儿园教师，切实提供每一位教师平等的发展机会与可能，充分彰显支持的全面性与公正性。同时，公平公正并不意味着一刀切式的制度设计，而是应有效地基于幼儿园教师专业发展的个体需要和期待进行差别化的制度设计。从内部角度而言，适宜适切的差异化制度设计是真正落实公平原则、提升制度实效的必然选择。一定程度上，幼儿园教师并不是一个抽象的群体，而是一个又一个具体而生动的个体，不论是从生存的需求还是发展的需要，以鲜活的个体形式存在的幼儿园教师都不可能千人一面。差异化的专业发展需求和多样化的专业发展需要是支持取向的制度设计的逻辑起点，探索差异化的制度设计是为了更好地满足和实现幼儿园教师专业发展的价值性期待，并提升制度的针对性和实效性。

就差异化的幼儿园教师专业发展制度设计而言，幼儿园教师个性化的专业发展需求是最核心的参考依据和制度基点。同时，具体的制度设计过程中需要兼顾各类制度的外部差异和个别教师的需要差异。制度的外部差异是强调各类别制度有其自身的功能定位和价值导向，如幼儿园教师资格认证制度和幼儿园教师聘任制度更多是以职业准入制度的形式存在，其主要用以表征幼儿园教师已具备相关专业发展的起点，而包含教师教育机构认定制度、课程设置制度等在内的幼儿园教师培养培训制度则主要是为幼儿园教师专业可持续发展提供驱动和保障，此外，以职称制度、编制制度形式存在的幼儿园教师身份制度则标识出幼儿园教师专业发展的基本阶段和相应地位。因此，差异化的制度设计首先是要明确各类别制度功能属性定位的不同，并遵循其应然功能进行针对性的制度设计。另外，幼儿园教师个性化的专业发展需求是切实进行差异化制度设计的重要起点。其中，个性化的专业发展需求不可能也不必要被真正分解为无数个散点式存在的需求，而以教师专业发展阶段、园所属性与区域、教师角色身份等类别进行的需求划分同样具有现实参考价值。具体而言，处于适应阶段的初任教师、

处于成熟阶段的合格教师和处于变革阶段的资深教师都会面临截然不同的发展困境与问题，也因此对专业发展的外部支持有差异化的期待和需求。此外，公办幼儿园教师和民办幼儿园教师、城市幼儿园教师和乡镇幼儿园教师、有编制幼儿园教师和无编制幼儿园教师、高职称幼儿园教师和低职称幼儿园教师等同样具有差异化的专业发展需求，有效的制度设计应尊重并理清幼儿园教师专业发展需求中的相同与不同，进而为适宜适切的制度设计提供现实性依据。

支持取向的幼儿园教师专业发展制度设计应具有差异性和适宜性等基本特点，差异性是制度设计的外部特征，体现出对个性化幼儿园教师专业发展需求的尊重，适宜性是制度建设的内部要求，以进一步提升制度实效、支持幼儿园教师专业发展。科学构建系统适宜的制度体系是支持取向幼儿园教师专业发展的关键。

第三节　支持取向的幼儿园教师专业发展制度实践

基于对支持取向下幼儿园教师专业发展的制度内涵界定、制度理念明确和制度逻辑梳理，本章将聚焦从实践层面优化制度体系、推进制度变革。其中，关键制度缺失和现有制度支持度不足是制度问题的集中表现，其在现实层面又具体体现为职业准入制度滞后导致专业发展起点偏低、身份制度失衡导致专业发展内在动力不足、培养培训制度低效导致专业发展支持乏力等。专业发展是制度设计和构建的核心基础，而强化支持是制度改革与完善的重要目标。为此，支持取向的幼儿园教师专业发展制度实践需于内部制度与外部制度两个层面同时推进，并切实包括逐步探索健全内部制度支持体系和积极改革完善外部制度保障系统。内部制度指教师资格认证制度、教师职业准入制度、教师聘任制度、教师专业标准制度和教师培养培训制度等，而外部制度则指教师制度身份、教师编制、教师职称评定制度和各种起阻碍作用的非正式制度。内部制度与外部制度是一种相对意义上的概念区分，前者主要是指与幼儿园教师专业发展直接相关的制度设计，而后者则更偏于与幼儿园教师专业发展间接相关的制度内容。

一、逐步探索健全幼儿园教师专业发展的内部制度支持体系

幼儿园教师职业准入制度是作为幼儿园教师正式入职的第一道门槛，是确保幼儿园教师队伍专业化发展起点的重要基础，其对于确认幼儿园教师的专业地位、保障幼儿园教师职业专业性具有关键意义。目前，以幼儿园教师资格认证制度的逐步完善为标志、以幼儿园教师专业标准的颁布为契机，幼儿园教师的职业准入制度正趋于健全。同时，鉴于我国幼儿园教师职业准入标准缺位、教师聘任制度相对薄弱等现实问题，导致幼儿园教师准入制度建设整体仍处于起步阶段，不仅相关准入内容零散分布于各种法律、条例与政策中，尚未形成一套专门针对教师制订的职业资格准入制度，且已有规定也面临着要求偏低、标准笼统、认定办法欠科学、资格准入缺监管等各种现实

问题，为此，完善幼儿园教师职业准入制度建设成为构建支持取向的幼儿园教师专业发展制度体系的首要任务。其中，具体建设内容包括：完善幼儿园教师资格认证制度、制定幼儿园教师职业准入标准、强化幼儿园教师聘任制度管理、落实推进幼儿园教师专业标准等。以幼儿园教师资格认证制度的改革完善为例，应着重打通资格认证制度与专业发展理念之间的界限，在已有制度改革基础上凸显认证制度对幼儿园教师专业可持续发展的引领与促进作用，初步探索幼儿园教师资格分级认证制度，同时强化教师资格与相关福利待遇及职称晋升等之间的密切关系，真正实现以幼儿园教师专业发展为主线，串联重构制度体系，以制度间高效衔接一致为基础形成支持幼儿园教师专业发展的强大合力。

（一）探索教师资格分级认证制度，激发幼儿园教师专业发展动力

在幼儿园教师资格制度构建的若干问题中，多数为制度管理与实施中存在的表面性问题，而与幼儿园教师专业发展理念的不匹配则深层制约着教师资格制度的功能发挥。一方面，幼儿园教师资格制度过于重视和突出甄别功能，相对忽视与淡化了促进幼儿园教师专业发展的功能。另一方面，我国幼儿园教师资格制度设计并没有用不同的资格发展水平来表征幼儿园教师专业发展阶段和水平，而是仅解决了教师的准入问题，对入职后专业发展的促进和表征作用有限。因此，很多幼儿园教师在取得教师资格证之后便不再关注有关资格认证的议题。一次性、终结式的教师资格认证难以有效发挥对教师专业发展的持续激励作用。针对此类问题，定期注册制度应运而生。现实中，幼儿园教师对定期注册制度也存在较大质疑。

访谈中，相关园长和教师指出："定期注册推行中最大的困难可能是学前教育是非义务教育，整个市场比较混乱，国家对民办教育关注也不够，教师流动性太大。"（民办园，大班老师）

"定期注册当然是有利于教师专业发展的，但从操作性上也存在很多困难。听说是要修够一定学分，参加一定培训，相对而言，公办园可能更容易达成，而对我们民办园来说还是比较困难。"（民办园，园长）

以上质疑预示着定期注册的开展将面临很多复杂而未知的问题，但并不能从根本上否定定期注册所具有的积极性意义。此外，幼儿园教师资格制度与教师的职后待遇联系不大，也导致教师获得资格证书的政策动力不足，难以真正发挥教师资格制度对专业发展的持续性促进作用，而教师资格制度以及相关的法律法规体系及制度体系不够完善，也难以真正形成系列化互相联系的教师专业发展制度。

访谈中，有园长直言："是否有幼儿园教师资格证，在教师薪资上并没有差别，虽然政策上要求要具备幼儿园教师资格证，但幼儿园教师没有资格证，或持有其他类别的资格证等现象仍非常普遍。"（民办园，园长）

幼儿园教师资格认证制度的相对滞后导致幼儿园教师专业发展的起点偏低，而资格认证制度与教师专业发展理念的脱节则严重制约其应有功能的发挥。因此，幼儿园教师资格制度改革除了在打破终身制、推行定期注册制度和考虑幼儿教育特点、改革向下融通的相关规定外，最重要的是制度要匹配并服务于幼儿园教师专业发展，其在具体政策改进措施上主要包括：改变以往教师资格制度过于重视甄选功能的弊病，着重突出制度对促进幼儿园教师专业可持续发展的核心功能；参照心理咨询师等行业的分层分级考试制度，有条件地设立推进多层级的幼儿园教师资格证书制度，有效表征教师专业发展的不同阶段，现实激发幼儿园教师的专业发展积极性；强化幼儿园教师资格制度与教师职后福利待遇、职称晋升等的相互联系，改变幼儿园教师获得资格证书内在动力不足的问题；以幼儿园教师的专业发展为核心目标，串联包含幼儿园教师资格制度、教师聘任制度、职称晋升制度、福利待遇制度、在职培训制度、教师教育机构资格认证制度等系列化教师管理制度，以制度间密切的衔接和高度的一致实现合力支持教师专业发展。

在确保顺利推进定期注册制度改革的基础上，探索幼儿园教师分级认证制度将是未来资格认证制度变革的基本趋势，也将由此激励幼儿园教师持续谋求个人专业成长。幼儿园教师分级认证制度是将当前定位于职业准入门槛的资格认证制度改造为具有表征和激励作用的专业水平资格层级制度。基于幼儿园教师工作年限，综合考察幼儿园教师在师德、专业理念、专业知识和专业能力层面的发展水平，将当前幼儿园教师资格证分为具有初级、中级和高级之别的专业能力证书。不同层级的专业能力证书不仅真实对应于幼儿园教师的专业发展水平，且应与其薪资待遇硬性挂钩，由此，幼儿园在选拔合格教师时将多一个重要参照指标，而幼儿园教师为谋求更高的薪资待遇，也将持续不断地追求专业发展和晋级认证。

（二）建立系统明确的幼儿园教师职业准入标准制度

幼儿园教师职业准入标准的缺位对幼儿园教师专业发展进程的影响是全面且深远的，而完善建立幼儿园教师职业准入标准制度则有助于在起点和根源层面促进幼儿园教师专业发展。从职业到专业，严格的准入门槛和明确的准入标准是其必要构成，某种程度上正是高标准、严要求的职业准入才成就了职业的专业化转向，也奠定了职业的专业性基础。因此，职业准入标准对幼儿园教师专业发展的影响是首要性的，更是深远性的。目前学界对幼儿园教师职业准入标准的探讨和研究还相对有限，已有的研究未能明确辨析职业准入标准、教师资格认证以及教师专业标准之间的联系和差异，由此导致实践层面对相关概念的混淆和误读。在现有政策制度条件下，制定幼儿园教师职业准入标准的时机较为成熟，其中以幼儿园教师资格认证制度改革和幼儿园师资队伍建设最为显著，其为准入标准的研制提供了事实基础，而国外相对成熟的幼儿园教师职业准入标准制度也提供了有效参照。

幼儿园教师职业准入标准的建立应凸显系统性、明确化、可操作、分层次的基本原则。系统性是强调在明确辨析职业准入标准与教师资格认证、教师专业标准等相关政策差异的基础上，以幼儿园教师专业可持续发展为主线，完善构建囊括具体标准和科学流程的制度体系。明确化是要求准入标准的表述应具体科学，避免笼统和模糊，以便给相关工作开展提供针对性要求。幼儿园教师职业准入标准的建立不是无中生有，更不是空中楼阁，其应对幼儿园教师的具体选拔、招聘以及任用起到切实有效的辅助作用，因此，可操作也是职业准入标准制定的重要原则。同时，为兼顾幼儿园教师的群体差异性和幼儿园工作的动态复杂性，幼儿园教师职业准入标准的具体建构应遵循分层分级、循序渐进的基本原则。另外，访谈中，个别民办园园长也对制定幼儿园教师职业准入标准抱有观望和质疑态度，其根源在于对职业准入标准效用的怀疑和落实方式的隐忧。幼儿园在具体的教师聘任中主要考虑的仍是工作岗位需要，而非外在的职业准入标准。但从整个行业管理的视角，制定职业准入标准有助于长远优化幼儿园教师队伍、提升幼儿园教师专业发展能力。因此，相关部门在实际构建幼儿园教师职业准入标准时应兼顾标准本身的科学合理性和具体执行的灵活变通性，以最大化提供对幼儿园教师专业发展的支持和保障。

除此之外，与职业准入标准的缺位相伴随的是职业准入标准的适切性问题和执行性问题。我国虽然整体上已走过了幼儿园教师短缺的历史阶段，但不均衡的发展现状使西部、农村及偏远地区仍存在幼儿园教师短缺问题，因此，职业准入标准的制定既不宜过低，以避免其不能发挥筛选或选拔的价值，同时也不宜过高，以避免人为加剧薄弱地区师资短缺问题。相反，充分的现状调查研讨是制定幼儿园教师职业准入标准的必要途径，而差异性推进、灵活性执行、试点化开展也是制定幼儿园教师职业准入标准所应秉持的基本准则。至于幼儿园具体理解与实际执行职业准入标准中可能存在的问题则需要在实际工作开展中针对性分析解决。

（三）推进幼儿园教师聘任制度的规范化管理和支持性保障

幼儿园教师聘任制度实施成效决定了幼儿园教师的专业发展起点，建构规范有效的聘任制度有助于从源头把控幼儿园教师质量，从长远支持幼儿园教师专业发展。就当前而言，幼儿园教师招聘存在明显的公办园和民办园割裂状态，公办园教师招聘因为纳入主管教育部门工作范畴，由其统筹推进，因此得到的支持和保障还相对充分。民办园教师招聘则完全由园所自行开展，主管教育部门的参与主要停留在纲领性的政策规定和结果的监督把控上，其支持力度和规范性相对不足。因此，幼儿园教师招聘制度的规范建立与逐步完善应聚焦于民办幼儿园，集中于支持的有效性和管理的规范性。

事实上，在访谈中，部分园长也对可能出现的聘任政策指导提出了自己的价值期待。例如，个别园长谈到合格幼儿园教师的供不应求是教师招聘的主要困难，希望政府更多从扩大合格幼儿园教师数量，建立幼儿园教师流动信息即时共享平台着手支持幼儿园教师招聘。有园长谈到幼儿园教师招聘工作具有时间性特点，每学期末和学期初是幼儿园教师流动的高峰期，也是招聘工作的主要开展期，可尝试多在学期末和学期初固定开展集中性的教师招聘会议。而学期中的幼儿园教师招聘虽然需求量小，但供给量更明显不足，建议可建立期中教师流动的应急方案，避免期中教师招聘碰运气的窘态。除此之外，个别园长还对政府介入幼儿园教师招聘的必要性和可行性提出了思考，坦言政府是否有必要介入幼儿园教师招聘完全取决于政府到底能给幼儿园教招聘提供怎样的支持和辅助，虽然目前幼儿园教师招聘存在些许困难，但政府的不合理介入可能会导致好心办坏事，建议政府应选择谨慎合理的介入方式，切实有效地支持幼儿园教师招聘工作。

此外，对幼儿园教师聘任制度关注不足、重视不够是其问题产生的根源，而具体教师聘任制度不能针对性指向与服务于教师专业发展则是其问题核心所在。基于幼儿园教师职业准入制度体系框架，着力推进建立完善指向幼儿园教师专业可持续发展的聘任制度体系具有现实迫切性与客观必然性。同时，从幼儿园教师职业准入开始，从幼儿园教师聘任管理切入，加强对幼儿园在实际聘任管理工作中的科学化指导和规范性引领有助于从根源上保障幼儿教育质量，促进教师专业成长。事实上，导致教育主管部门对幼儿园教师招聘制度关注不足的部分原因也在于幼儿园和政府在教师招聘中利益诉求的错位。幼儿园首要关注的是满足岗位需求、胜任岗位工作，因此教师招聘更多是一种实践导向或岗位中心的模式。而政府则更强调招聘教师的资质及质量，关注幼儿教育的长远性发展，因此是一种质量中心或发展导向的招聘模式。为此，政策制定既应坚守必要的质量底线，从师资队伍建设角度长远保障幼儿教育发展，也应兼顾幼儿园教师招聘的现实需要，着力扩大高质量幼儿园教师的培养与供给，有效规范和引领幼儿园教师招聘行为，切实通过质量把控和规范建立支持幼儿园教师专业发展。

在完善建立幼儿园教师聘任制度体系基础上，各级教育行政部门还应对聘任制度落实执行情况进行常规化督导检查，以确保聘任制度切实契合幼儿园教师发展需要，同时对幼儿园教师聘任后的试用情况及在职培训权利予以制度化保障。聘任行为的发生只是聘任制度实施的起点，而双方契约式合同的履行与完成则需要更多后续制度的保障，从受聘教师试用期间的管理与考核到教师正式履职期间的责任落实与权利保障等均需要对聘任制度的执行进行规约。聘任制度无疑是最核心的幼儿园教师职业准入制度，政府的制度建设与完善应超越纲领性的指导和结果性的把控，应逐步渗透和介入招聘的多个环节和流程，其中尤其是以聘任合同为标志的权利保障和责任落实。同时，政策制定也应给予幼儿园较多的决定权和自由度，支持幼儿园选好教师，监督幼儿园用好教师，鼓励幼儿园培养好教师。

合格幼儿园教师的供不应求是当前幼儿园教师招聘中面临的主要困难，通常幼儿园教师在具有两到三年的工作经验之后便不甘于从事一线教学工作，而教师居高不下的流动率也加剧了教师的匮乏。目前，以幼儿园教材教具供应商为主体的个别第三方机构也开展幼儿园教师猎头工作，通常是由幼儿园与第三方机构签订合约，约定一定时期内幼儿园如果出现教师离职，则由第三方机构提供教师人选，由此缓解了教师招聘的压力。基于此，政策制定应适当鼓励此类探索，规范相应合约行为，使教师聘任真正朝着有序、有效的方向发展，将幼儿园教师专业可持续发展明确为幼儿园教师招聘的基本理念。

（四）增强幼儿园教师专业标准实践性，适应不同阶段教师专业发展差异性

幼儿园教师专业标准具有多方面的功能与价值，其既是培养和选拔教师的依据，

也是考核与评价教师的指南，更是有效指引着幼儿园教师专业发展，对提高教师素质和水平具有整体性影响。专业标准的研制不仅始终坚持和体现了科学化的指导思想，且彰显出专业性的基本特点。专业标准的最终目的是为了建设一支专业化的幼儿园教师队伍。然而，专业标准内容本身的实践性不足、操作性不够、针对性不强等问题则深层制约了其功能发挥，且专业标准难以兼顾不同区域及属性园所的教师专业发展需求、难以体现不同发展阶段的幼儿园教师专业发展期待，使其难以真正在幼儿园落地、在教师心中扎根。访谈中，园长和教师不仅提出了进一步细化专业标准的要求，且建议将专业标准与指南挂钩，以实现在儿童的具体学习与发展中提升教师专业能力、在教师专业的持续发展下追求儿童的学习与成长，这无疑是必要且可行的。教师的专业发展终究离不开现实的工作情境，具体而言就是幼儿园工作和儿童成长。幼儿园教师专业标准是实现教师专业发展的重要参照和依托，理应同儿童学习与发展指南建立更为密切的互动协作关系。

幼儿园教师专业标准对多个行为主体的实践具有参照价值与意义。其中，各级教育行政部门应具体结合当地教育实践，有效依据专业标准设定幼儿园教师准入、聘用、资质考核、职称评聘、退出和质量监督等各个环节的相应标准；幼儿园教师教育机构应将专业标准作为幼儿园教师培养培训的依据，科学设置课程，改革教育教学方式，重视社会实践和教育实习；幼儿园管理者应依据专业标准完善教师岗位职责和考核评价制度，制定和实施本园教师专业发展规划；幼儿园教师应将专业标准作为自身专业发展的基本依据，积极进行自我评价，大胆开展保教实践，主动参加教师培训和自主研修，逐步提升自身专业发展水平。同时，专业标准本身具有多重功能定位。其表层功能是准入、规范、发展功能，深层功能则是幼儿园教师专业发展唤醒功能，推动幼儿园教师从专业茫然到专业觉醒，再到专业自觉。专业标准的颁布使专业化、专业性、专业发展等主题再次成为幼儿园教师队伍建设的核心议题。伴随着我国幼儿园教育事业急速发展，从数量补充到质量提升是幼儿园教师队伍建设的基本取向，而通过专业标准的制定和实施管控教师质量、促进教师发展既是国际通行做法，更契合我国现实需要。政策文本对专业标准的多重价值期待只有在专业标准获得幼儿园教师最大程度的理解与认同的基础上才能得以实现。因此，聚焦凸显幼儿园教师专业标准的层次性和差异性，着力增强幼儿园教师专业标准的实践性和操作性是必然要求。

增强幼儿园教师专业标准的实践性，根植于充分了解幼儿园一日生活的复杂性和琐碎性，并主要通过细化表述、具象要求等使幼儿园教师能够切实运用标准。凸显幼儿园教师专业标准的差异性在于有效分析不同发展阶段幼儿园教师专业需求和期待，研究不同区域和属性园所具有的独特性，并由此分层建构指标，以尽可能提升专业标准的针对性和适切性。最后，除了对幼儿园教师专业标准制度本身的调整与完善之外，还应加强对制度落实执行情况的督导检查，尤其是调查幼儿园教师对专业标准的理解与认同情况，分析执行中存在的困难与问题，以为后续专业标准的修订工作提供现实基础与事实依据。

（五）健全教师教育机构认证与质量评价制度，推进高品质课程建设与管理

鉴于教师教育机构完善和教师教育课程改革对于幼儿园教师专业发展的重要意义，当前需积极正视相关问题，深入分析内外部原因，进而着力推进机构改革与课程建设。同时，机构与课程都是在制度与政策的有效指导下进行，而相关制度的完善也标志着改革的切实推进。因此，针对幼儿园教师教育机构与课程中现存问题，应突出从制度切入，建立健全教师教育机构认证与质量评价制度，持续推进课程改革与审核制度，以规范化的幼儿园教师教育课程标准为指导，实现高品质课程的完善建设与有效管理。

目前，我国已初步探索尝试建立师范类专业认证制度，教育部 2017 年 10 月印发《普通高等学校师范类专业认证实施办法（暂行）》的通知，明确指出要以"学生中心、产出导向、持续改进"为基本理念，推进师范类专业认证制度实施，推动师范类专业人才培养质量持续提升。同时，实施办法从认证原则与体系、认证标准与程序、认证组织实施、认证结果使用以及认证工作保障等维度对认证工作进行了规范化部署，拟在三级认证监测的整体结构框架下展开对学前教育专业的认证工作。专业认证是机构认证的重要一步和关键构成，在此基础上，相关配套制度建设应进一步加速推进，从而完善构建幼儿园教师教育机构的质量保障体系，促进幼儿园教师专业可持续发展。但是，专业认证并不能等同或替代机构认证，专业认证是机构认证的核心，专业认证主要从课程与教学、合作与实践、师资队伍以及支持条件等维度展开，而机构认证应具有更广泛的外延。机构认证的对象是办学主体的资质与实力，机构认证包括幼儿园教师教育培养培训的各项准则、机构的评估督导、资质考核、动态管理等诸多内容。机构认证的目的在于评估办学主体的资质与能力，通过严格的机构认证和质量监控以有效确保师资培养的基本质量。同时，机构认证和质量评价还是一种分层、分类认证，也是一种发展性评价，通过制度的合理设置积极引导机构的发展与完善，着力提升人才培养质量和水平。

课程与教学是幼儿园教师实现个体专业发展的重要载体，通过研修相关课程、参与师生互动，幼儿园教师能够较高效地提升个人专业能力。然而，当前课程建设还存在诸多问题，不仅整体课程设置滞后于教育实践需要，且课程结构不合理、课程类型单一、课程内容陈旧、实践课程薄弱等问题较突出。基于幼儿园教师教育课程目前存在的突出性问题，未来相关制度建设应着重健全并逐步规范不同层次的课程决策权，规范制定不同类型层次的课程准入标准，确保幼儿园教师教育的基本质量和专业水准。同时，教师教育机构的主管部门应进一步完善课程的鉴定与审核制度，定期对教师教育机构的课程设置、教学大纲等进行审核。此外，就具体课程设置而言，各类幼儿园教师培养培训机构应着力落实课程改革、优化课程机构、彰显专业特色，突出对实践能力和应用能力的培养。高品质课程建设是专业化教师培养的有力支撑，从机构的改革完善到课程的优化管理，制度的建立健全都势在必行。

（六）提升幼儿园教师培养、培训制度实效，推进制度的评价与督导

幼儿园教师专业可持续发展需要幼儿园教师职前培养制度和职后培训制度的支持

和保障。传统意义上对幼儿园教师专业发展的研究也主要集中于教师的培养和培训维度，且更多是理论分析和实践总结，对制度性问题的关注度有限。事实上，制度对幼儿园教师培养培训的影响是根本性、全方位的。就幼儿园教师职前培养阶段而言，相关制度建设主要涉及教师教育机构的评估与认定、教师教育课程教学的指导与评价、教师教育队伍的建设与完善等内容。故提升幼儿园教师培养制度实效首先应强化招生培养机构的评估与认定，针对教师教育机构鱼龙混杂的现状予以规范治理，通过设置认证标准、建立评估制度等以有效筛选教师教育机构，在切实关停不合格培养机构的基础上从源头上确保培养质量，并着力构建一套动态、竞争的幼儿园教师培养培训机构资质考核评估和动态管理制度。其次针对教师教育机构课程结构不合理、课程设置随意性大、理论与实践脱节、教材使用混乱等情况逐步健全并严格落实幼儿园教师教育课程标准，逐步规范不同层次的教师教育课程决策权，进一步完善对核心课程的审核制度。此外，幼儿园教师在职培训制度同样面临诸多困难与挑战，从培训经费投入体制不明确到培训与培养的现实割裂，从培训缺乏有效的评估与监管到培训内容陈旧、方式方法单一等系列问题均严重阻碍了幼儿园教师专业发展的目标达成。因此，提升幼儿园教师在职培训的制度实效性将同样主要从培训机构的准入标准和质量标准制订、准入制度的逐步健全、考核评估的制度完善、课程教学的制度改进和奖惩激励制度的落实推进等维度展开。

制度评价与督导是系统化制度建构与实施的关键一环，也是确保制度实效的必要构成。支持取向的幼儿园教师专业发展制度建设虽然在制度设计之初即经历科学论证、试点推行、调整完善等必备阶段，但现实的复杂与多变仍对制度运行提出了诸多未知的挑战，需要制度在实际运行中进行不断调整与应对。评价督导旨在构建一种闭环式的制度体系，旨在切实提升制度对幼儿园教师专业发展支持实效。目前，从《学前教育督导评估暂行办法》的颁布实施到国家督导督学制度的体系完善，制度层面的评价与督导已提上日程且稳步推进。同时，本研究强调推进制度的评价与督导主要是围绕幼儿园教师专业发展而展开，强调在确保制度实施内部协调与高效的基础上最大程度发挥制度对教师专业发展的外部支持。而从制度评价与督导的机构建设、标准确立、具体实施、结果反馈等又需要科学合理的设计与组织。

二、积极改革、完善幼儿园教师专业发展的外部制度保障系统

支持取向的幼儿园教师专业发展制度建设旨在实现的是一种全方位、立体式制度支持，其面向的是全体幼儿园教师，着眼的是幼儿园教师专业发展的各维度需求。然而，目前我国对幼儿园教师实行的是"身份管理"，而非"行业管理"，由此导致同等履行幼儿园教师保育教学职责的个体之间存在较大的制度性差异，尤为明显地体现为歧视性身份制度，即非公办园教师和农村幼儿园教师面临制度瓶颈，在教师专业发展的各个面向上均处于相对弱势地位，不仅难以享有平等的法律地位，且专业发展的正当需求难以受到保障。当前，学术界已形成对民办园教师、农村幼儿园教师及非在编

幼儿园教师的研究热潮，相关研究成果不断涌现，且政策制度层面也开始向处于弱势地位的幼儿园教师倾斜。但是，以歧视性身份制度为标识的身份管理制度却具有某种不可逾越性，局部政策完善难以真正有效破解幼儿园教师专业发展中的管理制度难题，为此，打破幼儿园教师的身份制度壁垒则具有迫切性和重要性。与此相伴随，支持取向的幼儿园教师专业发展制度建设还应关注和破解与身份制度相联系的编制制度和职称评定制度，适当地补充幼儿园教师编制总额、推进编制配置的区域性均衡、关注非在编教师的职业生存和专业发展、探索独立的幼儿园教师职称评定体系和晋升渠道、改进职称评定的内容标准模糊和实施程序不合理等相关问题。概言之，以幼儿园教师专业发展的身份管理制度改革为契机，整体性推进包含编制配置、职称评定在内的管理制度创新，以最终形成支持幼儿园教师专业发展的管理制度体系。

（一）有侧重地逐步打破制度身份，确保幼儿园教师专业发展机会平等

制度身份在当前我国幼儿园教师管理中具有根深蒂固的影响和作用。事实上，教师拥有制度身份本身可能并不一定会产生恶性后果。但如果只是基于制度身份进行"身份管理"，而不是采用更为开放公平的"行业管理"，则必然会导致身份制度中的弱势群体在专业发展机会上的不平等，其从长远角度也不利于幼儿教育质量的持续提升。或者可以进一步认为，存在问题的并不是教师拥有的制度身份，而是基于歧视性制度身份所导致的不公正、不平等现象。因此，打破幼儿园教师的歧视性制度身份是改进与完善当前幼儿园教师教育政策的当务之急。构建合理的幼儿园教师制度身份本质上有多重选择，具体如规范幼儿园教师人事制度，构建幼儿园与教师之间平等、合理的劳动关系，或将幼儿园教师纳入"体制内"，赋予其受公共财政保障待遇的"单位人"身份等。

歧视性制度身份的问题破解应遵循稳步推进、有所侧重的基本原则。其中，稳步推进即是强调要尊重我国长久以来存在的二元对立式的教师管理体制，并以复杂的社会现实为基础，试点先行、鼓励探索，积极总结经验，不可一刀切式地冒进，以规范标准的行业管理为导向，逐步改造目前幼儿园教师存在的身份管理问题。有所侧重即是强调在难以彻底摒弃制度身份和保证绝对公平的情况下，紧紧围绕幼儿教育事业长远发展大局，以幼儿园教师专业发展的机会均等为切入点，首先保证不同办园体制下的幼儿园教师享有绝对公平的发展机会，尤其是应适当倾斜非在编幼儿园教师、民办幼儿园教师和农村幼儿园教师，通过推进专业发展机会公平逐步探索其在工资薪酬、福利待遇等层面的公平与公正。

同时，部分学者提出建立教育公务员制度以重新为教师身份予以角色定位，其对于重构幼儿园教师专业身份同样具有启发借鉴意义，其中华中师范大学周洪宇教授多次公开呼吁建立教育公务员制度，对取得教师资格证书并获得教师职位的公立普通中小学教师身份确认为教育公务员，明确其"公务性"与"专业性"的双重身份。教育公务员的制度设计虽大胆，但具有探索尝试的价值，对改善幼儿园教师目前歧视性身份制度不啻为一种创新。制度身份虽然目前已成为制约幼儿园教师专业发展的深层原因，但对幼儿园教师身份是该彻底破除还是重新建构，或是另行赋予，则需要更进一步分析与探讨。

（二）基于科学合理的编制管理，确保幼儿园教师发展的专业身份

幼儿园教师编制的总量相对不足、制度身份排斥和区域结构失衡是目前编制管理中突出存在的问题，其问题根源是多方面的，既有传统身份管理和城乡二元分化的历史原因，也有当前多方博弈、利益纠缠的现实原因。低效的幼儿园教师编制管理标志着不同身份、不同区域幼儿园教师可获得资源的差距，更导致教师现实专业发展机会的不均等。相关研究均证实，编制作为幼儿园教师专业身份与地位的重要标识，对幼儿园教师专业发展与个体生存具有关键性作用。如：魏勇刚基于对45位有编制幼儿园教师和57位无编制幼儿园教师的问卷调查显示：有编制的幼儿园教师主观幸福感指数要显著高于无编制的幼儿园教师。何婷婷等通过对杭州市6所幼儿园的167位教师进行调查发现：无事业编制教师的工作倦怠水平高于有事业编制教师，特别是个人成就感更低。杜屏等人基于对幼儿教师流动与流失的实证研究发现：编制对幼儿教师流动、流失具有显著影响，没有编制的幼儿教师流动倾向发生比相对于有编制的幼儿教师来说要高。以上研究均证实了编制对幼儿园教师而言具有决定性的意义与价值。因此，科学合理地进行编制管理，既是对幼儿园教师专业身份与地位的根本性确认，也将有助于推进教师专业发展的机会均等。

科学合理的编制管理首先是要确认幼儿园教师的专业身份和专业地位，相比于教师法或幼儿园教师专业标准之类政策的身份确认，编制不仅停留在文本上，更与幼儿园教师的切身利益密切相关，尤其是工资薪酬的提升与福利待遇的完善有助于教师安心从教、积极发展。相比而言，因为缺乏根本的身份保障和足够的待遇支持，民办幼儿园教师流动性很大，教师自身难以专心教研、持续追求专业发展，幼儿园也不愿在教师队伍建设和教师专业发展上过多投入。其次，合理的编制管理应能不断激发幼儿园教师追求专业成长。在不断增加幼儿园编制总量、合理配置幼儿园编制名额基础上，以支持和促进教师专业发展为指向，积极探索动态化、差异性的编制管理模式同样必要且迫切。

为持续提升编制管理对幼儿园教师专业发展的支持力度，需针对当前编制管理中存在的显著问题予以改革施策，具体包括：明确幼儿园教师核编标准、适当补充幼儿园教师编制总额、探索幼儿园教师独立的核编机制模式、逐步破解教师编制管理中的制度身份排斥、持续推进幼儿园教师编制的区域均衡、关注非在编幼儿园教师基本生存、保障非在编幼儿园教师专业发展机会等。

（三）提升职称评定的标准化与规范化，促进幼儿园教师专业持续性发展

幼儿园教师职称是教师专业发展水平的直接表征，不仅应真实反映教师专业发展水平，且应能持续激发幼儿园教师的专业发展热情。事实上，由于缺乏独立职称评定体系，加之职称评定的内容模糊、标准笼统和程序不合理等诸多原因，导致目前幼儿园教师职称现状普遍不理想，不仅幼儿园教师中未评职称者比例长期偏高，且较高职

称（小学高级、中学高级）者比例持续走低。幼儿园教师不仅在客观上缺乏参与职称评定的政策保障与制度支持，且主观上参与职称评定的意向逐步降低。同时，歧视性的身份制度以及城乡二元发展格局等又进一步导致职称评定的机会不均等问题。2015年教育部主导的中小学教师职称制度改革纵向推进与全面铺开对于破解幼儿园教师职称评定问题具有重要意义。同时，在现有职称评定体系下，着力提升职称评定的标准化和规范化是首选方向。

现状调查中，多数幼儿园园长和教师也对改革当前职称评定体系提出了合理建议。具体如个别老师提出要重点关注青年教师的职称评定工作，通过职称评定鼓励和激发青年教师的专业发展热情，让职称评定真正和教师专业发展能力挂钩，而不是单纯考虑工作年限和资历。有老师提出要完善职称评定过程，增加透明度，提升公平性，使评定标准更加科学合理，使评定内容更加具体明确，尤其要能让民办园教师真正公平地享有职称评定的机会。此外，有园长提出民办幼儿园教师流动性大是不争的事实，要理解民办园担心教师评职称后的流动问题，同时应在政策上加大扶持，使民办园更有积极性去支持教师参加职称评定。也有园长坦言，其虽然较少参与政府组织的职称评定，但也会在园所内部组织星级教师评比，并通过评比带动教师晋级、促进教师专业成长，也是一种变相的人才激励制度。

因此，基于职称是衡量幼儿园教师专业发展水平的重要参考，处于改善幼儿园教师职称评聘比例过低、职称层次不高的现状，应推进制定全国统一、独立的幼儿园教师职称评定制度，去除在人事档案所在地、幼儿园性质和类型等方面为幼儿园教师职称评定人为设置的诸多不合理限制性条件，为各类型幼儿园教师自主谋求专业技能提升、谋求专业身份认证提供制度性支持与保障，从根本上激发幼儿园教师追求专业可持续发展的内在动力。

（四）积极有效地应对非正式制度的潜在影响与现实阻碍

相比旧制度主义对正式制度作用机制的强调和重视，新制度主义则突出关注非正式制度的潜在影响，同时也更为关注制度的生成性、过程性与历史性。事实上，以传统认知、社会观念、价值信仰、基本态度为代表的非正式制度不仅现实存在，且对正式制度的作用发挥具有深远而持久的影响，而正式制度的有效落实也很大程度上依赖于非正式制度的建立和完善。然而，如前文所述，虽然以促进幼儿园教师专业发展为目标的正式制度正趋于健全与完善，但根深蒂固的非正式制度却深层制约乃至阻碍了幼儿园教师专业发展的进程，且集中体现为传统文化对幼儿园教师职业定位偏低、现实社会对幼儿园教师专业认同不高、幼儿园教师专业发展的自我意识淡薄。非正式制度作为制度的重要构成，其生成具有长久性和持续性，其影响具有自发性和深远性，而扭转不利的非正式制度同样需要足够耐心和智慧。目前，教育部已明确指出将逐步建立完善国家教师荣誉制度，其对切实提升传统文化对幼儿园教师职业定位具有参考意义。同时，各级教育部门应充分整合已有资源、有效利用宣传媒介，在从正式制度建设层面强化幼儿园教师专业身份与专业地位，保障幼儿园教师专业权利和待遇的同时，有意识地重视对幼儿园教师职业的正面宣传工作，以教师节和学前教育宣传月为契机大力弘扬幼儿园教师立德树人的奉献精神，树立其专业尽责的正面形象。

现实社会对幼儿园教师专业认同度不高是目前非正式制度建构中显著存在的问题，基于历史的原因和现实的考量，社会公众不仅对幼儿园教师职业的专业认同不高，即质疑幼儿园教师职业作为一种专业的可能性，且对幼儿园教师群体专业性评价偏低。专业身份和专业地位是支撑幼儿园教师专业发展的必要基础，目前社会整体偏低的专业认同是促进幼儿园教师专业发展的现实阻碍，其中虽然存在幼儿园教师队伍整体专业性本身相对不足的现实原因，但公众的传统偏见和过高期待也相应反衬出教师专业发展的巨大差距。为此，根本提升社会公众对幼儿园教师的专业认同需要内外并举、协同施策，内部要强化完善幼儿园教师培养培训体系、提升培养培训质量，真正使幼儿园教师成长为具备专业知识和技能的专业人员，外部要加大宣传、明确立法，根本保障幼儿园教师的专业身份和地位。此外，从主体性角度而言，我国幼儿园教师专业发展同时普遍存在自主发展意识薄弱、积极性不高、主动性不强等问题，其与幼儿园教师自身的职业认同和专业认同存在密切关系。已有研究普遍反映幼儿园教师存在对自我角色身份认同困惑，其中不仅对幼儿园教师作为专业人员的身份定位存疑，且普遍缺乏主动追求自我专业发展的积极性。为此，社会需要为幼儿园教师专业发展提供更为积极正向的外部条件，同时进一步完善幼儿园教师专业成长的支持保障体系，从根本上增强幼儿园教师的职业自豪和专业自信，继而有效激发其专业发展的积极性和主动性。

第十章　教师文化支持幼儿教师专业发展

第一节　幼儿园教师文化及特点

以往的许多研究都把教师文化看作是一种群体文化，是人类文化传统和文化成果在学校情境中，教师集体在教育教学实践中形成和发展起来的、成员间共享的教育理念、价值观念和行为准则规范等。而且，许多研究也指出，价值观是教师文化的核心要素。

一、幼儿园教师文化

基于人们对文化、教师文化以及对于幼儿园教师文化的定义，可以看出，这个定义的确定不超乎教师这一群体的价值观念、思维方式、行为方式，本研究结合已有相关概念的界定给予本研究的幼儿园教师文化概念界定。套用教师文化的大概念，幼儿园教师文化即幼儿教师作为一个群体，在幼儿园的环境里，通过教育教学的过程所体现出来的区别于其他教师群体的价值观念、思维方式和行为方式的总和。幼儿园教师文化可以分为"文化的内容和文化的形式两个方面"，从内容上看，表现为幼儿教师成员之间所共享的实质性的态度、价值、信念和处事方式等，比如幼儿教师对教学理念的认可度、儿童中心的观点、师幼关系的态度等，它反映在教师所思、所想、所做中。从形式上看，表现为文化范畴内幼儿教师成员之间所具有的典型的相互关系的类型和联系的方式，具体体现在是合作型关系或者是封闭型关系的形式上。

本研究中，幼儿园教师文化特指幼儿教师群体在幼儿园这一环境中里，通过教学活动所体现出来的各种教育教学价值观念、教育教学思维方式以及教育教学行为方式的总和，通过幼儿教师的儿童教育观、教学观、儿童观、教学思维方式、教学行为方式等一系列教师文化的范畴得以反映。

幼儿园教师文化在幼儿教师的日常生活、幼儿园教学、教学外工作处处得以体现，其外延范围较广泛，鉴于研究能力的有限，本研究主要从幼儿教师日常教学的视角来谈及，外延至幼儿园教师的整个教育教学工作，反映当前幼儿园教师文化现状及存在问题。

二、教师文化的构成要素

"良好的教师群体文化是教师教学专长发展的支持性环境"，幼儿园教师文化反映的是幼儿教师的思想价值观念、思维方式以及行为方式，它在教师生活、工作、学习等方面处处得以体现，而在教学工作中体现最为明显。教师文化为教师教学工作的顺利进行以及教学专业的发展产生积极或消极影响。幼儿园教师文化在幼儿园教学中的构成要素主要从以下几点体现：

（一）教育价值观念

从广义上讲，价值观念是指一个人对周围的客观世界（包括人、事、物）的意义、重要性的总评价和总看法，而就幼儿教师的价值观念则主要从幼儿园教育的角度出发来进行诠释。对于观念系统的研究，已有相当研究理论基础，在易凌云的《教师个人教育观念》著作中，将教师观念分别从横向、纵向两方面进行了分析，并给予结构图剖析，本研究主要从其横向结构分析中借鉴相关要点，对幼儿园教师价值观念系统进行分析。具体结构如图 10-1。

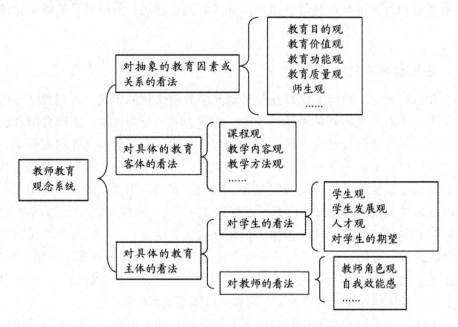

图 10-1　教师个人教育观念横向结构图

借鉴上述结构图中对教师观念的剖析，本研究主要从幼儿园教师个体延伸至教师群体对具体的教育主体（幼儿）、抽象的教育因素（幼儿园教育）、具体的教育客体（幼儿园教学）三方面所拥有的基本看法和认识来分析，具体是指幼儿教师的儿童观、儿童教育观、幼儿园教学观。

1. 儿童观

儿童观是人们对于儿童的总的看法和基本观点，或者说是人们在哲学层面上对儿童的认识，受人类主体发育水平以及时代发展的影响，儿童观的发展到今天，体现出一定的时代性、地域性特点。

儿童观主要涉及儿童的特性、权力与地位、儿童期的意义以及教育和儿童发展之间的关系等问题。通过儿童观的发展历程，可以透视出一段历史、一个时代、一种文化对作为个体和群体的"人"的地位和价值的基本看法，也从另一个角度透视出对儿童之教育的认识。"儿童就是小大人"的古典时期儿童观，到中世纪的儿童生而有罪之"原罪论"，体现出这一段人类历史中对人们儿童认识的蒙昧，原始性质的儿童观引导下的儿童教育，也呈现出野蛮、荒谬等的特点，体罚、鞭笞儿童被视为合情合理，儿童仅仅被视为父母、国家的私有物品。但也不容否认人类正是在这种儿童观基础上萌发出改革旧儿童观的意念。直至14世纪后文艺复兴运动中人文主义者对人性、人权的肯定，从而对儿童这一人的个体和群体产生重新认识，开始尊崇儿童的自然本性。启蒙时代彻底对儿童有了"发现"，卢梭更是在《爱弥尔》这本著作中发表了其令世人瞩目的关于儿童和儿童教育的独特见解，他认为儿童存在有其存在的自然规律，"大自然希望儿童在成人以前要像儿童的样子""儿童有其特有的看法、想法和感情，如果想用我们的看法、想法和感情去替代他们的看法、想法和感情，那简直是最愚蠢的事情……"发展到卢梭时代，儿童的存在终于被认识到，由此也称这个时代为"发现儿童"的时代。20世纪开始，将教育与心理联系起来，促使儿童教育完全成为人类儿童教育的"特权"，人们开始了解儿童具有的特性、发展潜能，"教育心理学化"将儿童教育推向人文与科学的首次"合作"。直至今天的儿童教育，亦是在儿童心理学研究的成果基础上逐渐完善、发展起来，今天的儿童才可以称得上为"真正的儿童"，正如爱伦凯曾呼吁的"儿童的时代"来了。幼儿教师所持有的儿童观，往往决定着其从事幼儿教育的成败，决定着其在幼儿园教育教学过程中对幼儿的基本态度，隐性制约着其教育教学思维方式及教育教学行为方式。

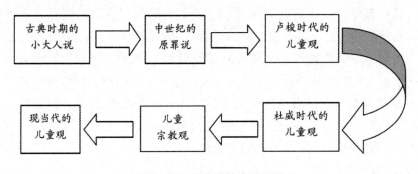

图 10-2　儿童观的发展历程

2.儿童教育观

对儿童教育的考察，有助于发现儿童教育的本质、儿童教育的目的、儿童教育的功能、儿童教育的价值与使命。儿童教育观是对儿童教育性质的一种基本认识、见解，它是建立在人们的儿童观基础之上的，往往有什么样的儿童观，就有什么样的儿童教育观。儿童教育观首先是在建立在对儿童教育的认识基础之上的。何为儿童教育？儿童教育的本质是什么？儿童教育就是使儿童辩证地重演文化史以便使儿童逐步地占有人类文化，并使得儿童在儿童期即将结束时达到与现代文化水平相对应的主体发育程度，一句话，"儿童教育就是把儿童养大成人，使其全方位地适应成人生活，这种适应不仅仅是顺应，而且是同化和创造"。现代社会对儿童教育给予了肯定，并力图通过儿童教育为一个民族、国家、社会的发展创造最根基的保证，但就对儿童教育的实施方式、实施过程、实施目的，不同的人给予不同的价值取向和态度。

当代人们的儿童教育观，不再绝对化，幼儿教师的儿童教育观也随时代变化、儿童发展心理的研究而逐步走向成熟，科学化、客观化的儿童教育目的、价值、功能在幼儿园教育教学中得以体现。在儿童已有生理、心理发展差异的前提下，如何最大限度地、有效地挖掘每一个儿童的发展潜能，日益成为儿童教育、幼儿园教育的方向标，也是幼儿教师从事教育教学工作的价值、意义所在。

3. 教学观

仅从字面意思来讲，教学规则指人们对教学的看法、认识。但从其内涵来讲，教学观不仅仅是对幼儿园教学的认识，它还包含更广泛的外延内容，幼儿教师所持有的儿童观、知识观、课程观、游戏观等都应包含其内。教学的本质既是教学过程的实质，教师的"教"和幼儿的"学"以一种特殊的方式交织，在一定的教学课程安排下，实现幼儿园教学活动的完成。可以说，教学过程本质的不同认识反映了教师不同教学观的根本差异。本研究则侧重于幼儿教师对幼儿园教学过程本质的认识与看法。

张华在其《课程与教学论》一书中对教学过程的本质进行了概括，他认为"教学过程是教师与学生以课堂为主管道的交往过程""教学过程是教学认识过程与人类一般认识过程的统一""教学过程是教养与教育的统一"，这种对教学过程本质认识的概括，应用于任何阶段的教学，当然，也涵盖基础性质的幼儿园教学。但因幼儿园教育对象的特殊性，它的教学不仅仅体现的是教师"教"与幼儿"学"的过程，更体现为一种教学中对幼儿保育的关注，可以说，幼儿园教学过程是教育与保育的统一。

在幼儿园教学中，教师与幼儿的关系甚是微妙，单纯、绝对化的定义幼儿园教学的本质，往往走入极端。从卢梭的"自然主义"教育，到福禄贝尔、蒙台梭利的教育教学观，都在试图调节师幼二者之间的关系，对于幼儿园教育给予各自独特的见解，定义了教师"导师""园丁""促进者"等角色，也是我们今天幼儿园教育一直追求的教育境界，幼儿教师不断学习、追寻的角色目标。

（二）教学思维方式

思维本是指对待外界事物的一种逻辑思维，而思维方式是人们大脑活动的内在程序，它对人们的言行起决定性作用。幼儿教师的教学思维方式无疑是对日常幼儿园教学而言，它对幼儿教师的教学行为起到了决定性作用。就整个幼儿园教育教学来讲，幼儿教师这一职业的教学思维方式，本研究试从以下四点进行概括，即教学目标设计的思维方式、教学内容选取的思维方式、教学过程开展的思维方式以及教学评价模式的思维方式。

1. 教学目标设计的思维方式

教学方案的设计的实质就是教学思路的设计，而教学思路设计过程中，居于核心位置的就是对于整个教学所要达到目标的制定，即教学目标的制定。从定义来看，教学目标是指教学活动主体在具体的教学活动中所要达到的预期效果或者目的。美国学者麦克唐纳（J.B.Macdonald）曾经指出，通过教学活动的目标，提示旨在达到目标的最优内容和方法，并且成为评价教育教学活动结果的一种标准。

在幼儿园教育教学过程中，教学方案中教学目标的制定往往决定、引导着整个教学过程的进展。在日常教学方案的设定，尤其是在教学目标的制定中，或隐或现地表现出前面提到的四种教学目标取向。《幼儿园教育指导纲要》中，对健康、语言、科学、社会、艺术五个领域的教学目标给予了方向性指导，它是对幼儿教师在日常教学活动中教学目标制定的指导。目标制定中能够灵活考虑幼儿情感、态度、能力、知识的发展，能否从幼儿发展实际需要出发来制定教学目标，能否将教学目标具体至幼儿能力、情感、知识的提高，能否发挥各种教育教学资源来达成教学目标，成为教师教学所追求的宗旨。久而久之，幼儿教师如何看待教学目标在整个具体的教育教学过程中的价值成为一种幼儿教师特有的思维方式，进而影响、作用于各个学科领域教学的质量，最终落脚于幼儿的发展。

2. 教学内容选取的思维方式

教学内容这种说法实质是课程内容的一种"白话"表达。泰勒（Ralph W.Tyler）曾在《课程与教学的基本原理》一书中阐述了关于教学内容的基本观点，教学内容是完成教学目标的基本手段，能够选取最佳、最切实际的内容来进行教学，是教学目标能否顺利达成的重要制约因素。幼儿园教学内容相对划分为健康、语言、社会、科学、艺术五个领域，同样属于分科教学内容，但其本质不同于中小学的绝对分科，它的每一个领域的内容较之中小学教学内容显得更为灵活、宽泛，各个领域之间的内容是相互囊括的。幼儿园教学内容的选取在很大程度上依赖于教师对各领域知识的熟练掌握，以及对本园、本班幼儿实际发展水平的了解。教学内容的选取需要有一定的整合性、系统性和连续性，这是应教学知识自身的逻辑性特点而言；同时，在选取内容时必须切合教学现场中的幼儿的现有水平，维果斯基提出的"最近发展区"理论是对教学内容选取的方向性指导。与教学目标的基本取向相适应，教学内容的基本取向也相应地来源于"教材""学生经验"和"社会生活"。《幼儿园教育指导纲要》中指出，各领域的内容要有机联系，相互渗透，注重综合性、趣味性、活动性，寓教育于生活、游戏之中。在幼儿园日常教学中，内容的选取往往来源于三个方面，即教材、教师和儿童，不管从哪个方面来确定教学具体内容，都需要幼儿教师具有较高的内容整合能力，具有灵活的教学内容选取思维。教师对教学内容的观点以及如何选取教学内容的态度，对接下来的教学目标的达成以及教学效果的优劣产生直接的影响，观点和态度往往决定着实际的教学行为，决定着其教学现场所选取、所运用的教学内容，最终决定一堂教学活动是否达到了其最初的目标和价值。

3. 教学过程组织的思维方式

目标确定、内容选定之后，即是教学过程的逐步展开，幼儿教师对教学的展开过程持以何种观点和态度，关乎教学目标的最终达成以及教学的有效性。"教学过程是以师生相互作用的形式进行的，以学生为主体，以教师为主导，以教科书为主要认识对象的，实现教学、发展和教育三大功能和谐统一特殊的认识和实践活动过程"。教学过程展开的过程中涉及教学主体和教学客体两方面。就教学主体来讲，主要是教师和幼儿两大主体，他们处于教学过程开展中的主宰位置，缺一不可。其中，教学中师幼关系如何，教师如何让把握良好师幼互动，成为教学目标达成与否的关键因素之一。而就教学客体来讲，主要是针对"人"之外的辅助教学过程开展的手段，最为关键的、基本的就是游戏教学方法是看法和运用，以及现代科学环境下教学多媒体的认识和使用。

李忠忱在《论幼儿园教学方法的创新》中提到特殊教学法在幼儿园教学中的使用，"特殊教学法"是围绕教学中某些关键性问题的解决而构建的方法体系；或者是"依据某种心理学原理和教学原理在教学中的具体运用而构建的方法体系"。无论何种教学方法，其宗旨离不开幼儿"学"这个主题，教学的目的就是幼儿的"学"，而最适合幼儿学习的方式就是游戏，如何看待游戏教学方法的选取和运用，并在教学实践中把握尺度、合理运用，形成了幼儿园教师一定的思维方式。在教学过程中，单纯的说教是绝对不适合幼儿的生活学习方式的，所以，多媒体教学应运而生，尤其是在公开课的评比中，我们往往会看到无比丰富吸引人的教学课件。能否合理利用教学多媒体，在教学过程组织中调动起幼儿的学习兴趣，考验着教师的综合教学技能素质。

4.教学效果评价的思维方式

对教学活动的评价是幼儿园教育工作中最为普遍的一种评价活动，它是诊断教学活动中存在的问题，检查和改进教育教学工作，提高教育教学质量的重要手段。在现实幼儿园教学活动中，对教学活动的评价因教师不同的儿童观、教育观、教学观而不同，也间接体现出外界对教师教学的期待和要求。理想的教学评价的基本价值取向应该是：教学应促进幼儿认识、学习策略及情感等多方面的全面、和谐发展；教学应尽可能引发幼儿多感官的参与，体验、尝试和发现等是幼儿重要的学习方式；适宜的目标和内容才能引发真正有效的教和学；教学应当具有开放的、能激发幼儿探究欲望和思考的环境；产生问题、引发互动是有效教学的重要特征。幼儿教师能否重视教育教学活动结束后的评价，能否对教学活动进行及时、有效的评价，能否从合适的角度进行自身教学效果评价，体现出他们的一定的教学评价思维方式。作为专门的教育教学职业来讲，教师不仅仅要顺利、有效地进行完教学活动，更应该重视自身教学的评价，从教学活动中及时汲取经验，不断完善教学经验。

现代社会关注的是人的全面发展，在幼儿园教育教学中，亦是幼儿的全面发展，幼儿教师能否一改传统的单向性教学评价关乎教学的基本质量。以往对教学活动效果的评价往往定格于教师的"教"上，而忽视幼儿的"学"上，由于外界以此来评价教师教学，从而极易导致教师自身刻意从教学结果和教师表现来评价教学活动，走上形式化的评价模式。

（三）教学实际行为方式

所有思想价值观念与思维方式只有通过教师实际行为方式得以落实。幼儿教师的实际教学行为方式在本研究中从两个角度进行考虑，首先是教师的教育教学价值观念与教学行为方式的相互对应关系，其次是针对教师个体与教师群体之间的合作关系的考察、研究，教师群体之间属于何种教学工作关系，本身就是幼儿园教学正常进行的必要提前。

1. 价值观念引领下的教学行为方式

一个人外在的行为如何往往受到一种内在的价值观念的指引，幼儿教师在幼儿园教育环境中的教学行为亦为其所拥有的教育教学价值观念所指引、"左右"。教育教学行为必然会或多或少地"服从"其所拥有的某种儿童观、儿童教育观，当然，这种"服从"现象，有时会出现"错位"，导致价值观念与实际教学行为方式的不一。具体而言，价值观念与行为方式的对应关系可以表现为四种形式，一是先进教育教学价值观念下固有的教学行为方式；二是固有教育教学价值观念下欲挣脱其束缚的行为方式；三是保守的教育教学价值观念支配下的保守行为方式；四是先进教育教学价值观念引领下的先进、科学教育教学行为方式。价值观念与行为方式的第四种匹配关系必然是我们的教育所极力探索、发展的，也是整个学前教育界一直欲想达到的状态。

幼儿园教师文化最外在的体现就在其教学行为方式。具体而言，幼儿园教师教学行为方式可以从教学目标的设置、教学内容的选取、教学过程的组织以及教学评价模式的制定等几个方面来进行考察、研究。教学目标的设置本身是对幼儿园教育教学目的的具体执行，能否适应于幼儿身心发展规律、幼儿园教育指导纲要、幼儿园园本教育教学目的以及世界学前教育发展趋势，将教学目标恰到好处地贯穿于幼儿园日常教学中，就显得格外重要。教学，是一种技术，亦是一种艺术。教学组织过程中的师幼关系的把握、幼儿差异性发展的平衡，都在此过程中考验着每一位幼儿教师，其儿童观、儿童发展观、教学观隐形地影响着整个教学的进行，影响着其实际教学行为方式恰当与否。每个幼儿的身心得到锻炼与发展，是幼儿园教育的目的，也是幼儿园教学的目标。如何正确评价整个教育教学活动，需要幼儿教师慎重考虑与反思，教学评价模式如何具体到实际教学中，并能将这种评价的价值化最大化，亦对每一位幼儿教师提出挑战。

2. 日常教学中的"合作主义"与"个人主义"

朱智贤的《心理学大辞典》中认为"合作是由为了某个共同的目标而由两个以上的个体共同完成某一行为，是个体间协调作用的最高水平的行为"。"教育从本质上说是一种合作的事业，而教师从本质上讲说是一种合作性的职业，教师发展的一个重要过程就是与同事进行共同合作"。从生物学的角度看，人是一种"自私"的物种，包括最基本的生存工作关系。幼儿园是一个竞争力相对小、环境相对单纯的地方，幼儿教师之间的人际关系也相对单纯，但其之间的教育教学关系人就摆脱不了几种形式。加拿大教授哈格里夫斯（A.Hargreaves）列举了教师文化的四种主要表现形式：个人主义文化（individualism）、派别主义文化（balkanization）、自然合作的文化（collaboration）和人为的合作文化（cotrived collegiality）。他认为当前的教师文化基本属于个人主义文化、派别主义文化范畴，合作性质教师文化也是人为的外界因素促成，而真正的自然合作的教师文化还是欠缺的，也正是教师文化今后建构的方向。

幼儿园教师文化不外乎以上四种形式，在学前教育日益发展的当今时代，唯有"合作"才是幼儿教育走向成熟的关键，这才是最基本的"软条件"。"合作"是一个具有广泛意义的词，在幼儿园教育教学领域，它包含了教师与幼儿、家长、同事以及上级教育管理者等的合作，覆盖各个层面的合作，各个方面的合作。在本研究中，它则专指在幼儿园教学过程中，幼儿教师之间在教学层面上的合作，它涉及了教师的观念及行为两方面，当然，也涉及了幼儿园中的教师合作管理。在幼儿园日常教学工作关系中，教师之间"合作"关系较多表现为"人为"性质，幼儿园硬性的工作规章制度以及教学成果的展示往往需要教师之间的合作，这种合作在一定程度上为幼儿园教育教学的顺利进行起到助推作用。除却"人为"合作关系，隐性却占据绝对地位的当属教师个体的"个人主义"观念，由于工作环境、竞争压力等原因，在幼儿园日常教学工作中体现明显，从备课到活动开展，再到教学评价与反思，时时处处看到教师个体忙碌的身影，合作甚少。我们的教育需要真正的合作——自然合作，也正是幼儿园教师文化建设中关键环节，这需要过程，需要幼儿园管理者的管理智慧，需要幼儿教师的反思意识。

三、幼儿园教师文化的特征

相对于其他教师文化的特征，幼儿园教师文化必然应该有自己的特征，久而久之，这种特征就内化为幼儿园教师文化的一种属性。

（一）情感性

每个人既有感性的一面，也有理性的一方面，而女性较之于男性又偏向于感性化的一面。较为理想的男女教师比例基本保持在各 50%，但在中国内地，女教师占专任教师总数的比例分别为：幼儿园 93.72%，小学 50.63%，普通中学 41.38%，普通高校 38.24%。就幼儿教育这个职业，由于其服务、教育对象的特殊性，女性教师的比例占据绝对比例。如此，相对于中小学教师文化而言，幼儿园教师文化更体现出一种明显的感性化特点。幼儿园教师多由女性群体组成，她们生而具有的温柔、细腻的母性特点更加适合幼儿教育，能够给予年幼的幼儿以类似母爱的安全感，往往具有教师和"妈妈"两种角色。反之，正是这种情感性特点，又促使幼儿园管理者更多倾向于选择女性来作为其幼儿教育工作者。幼儿园教师的这种女性化特点，在其教育教学价值观、思维方式、行为方式中时时、处处得以体现，进而形成了幼儿园教师文化的感性化的特点。幼儿园教师文化的这种感性化特点，是历史与教育筛选的结果，它符合幼儿特有的年龄特征及身心发展需求——对母性的依赖。当然，对于幼儿园女性教师"一统"一线幼教事业的利弊，存在着不同的认识，有人从幼儿性别角色发展的角度，认为男性幼儿教师更能够培养幼儿理性、刚强等气质，也有人支持女性幼儿教师的绝对地位，针对这个问题我们必须从社会整体的幼教职业供需及文化氛围总体来看待。但是，不能否认的是，感性化的特点促成了特色的幼儿教师专业和幼儿教师文化，促成了幼儿教师丰富的情感投入，在幼儿园教育教学发展中起到了潜移默化、不可小视的作用。

（二）反思性

幼儿园教师文化的反思性特征表现，主要在于幼儿园教学活动中。有效地提高教育教学质量，提高幼儿教师教育教学水平，促进幼教队伍专业素质，必须重视教育教学反思能力的培养。杜威曾经说过："教师是反思性实践者。"新《纲要》解读中冯晓霞指出"反思性教学是指教师在先进的教育理论的指导下，借助于行动研究，不断地对自己的教育教学实践进行反思，积极探索与解决教育实践中的问题，努力提升教育实践的科学性、合理性，并使自己逐渐实现专业成长的全过程"。反思性教学可以从纵向和横向两个维度进行划分，教育教学活动前、教学活动中、教学活动后的反思，以及横向的教师团体合作、专家引领下的反思。反思性教育教学必然要求幼儿教师具有基本的反思能力，包括其教育教学价值观、教育教学思维方式、教育教学行为方式等方面的洞察能力、反思能力。反思性在其他教师文化中也存在着，但就幼儿园教师文化来讲，这种反思性特点更加凸显，因为幼儿教育、幼儿教师面临的是人生观、世界观、价值观尚待定格的幼儿，教师个体、教师群体的思想价值观、思维方式、行为方式容不得马虎，需要不断反思、探索、总结，将反思性教育教学内化为幼儿园教师文化的内在特征。

（三）生成性

"生成"是在执行教学过程中的"变化"，通常是指教师与幼儿在活动过程中，由于教师的"教"与幼儿的"学"双向互动而随机产生出来的新的活动信息，根据新信息调整以前的"预设"；而"预设"就是教学"计划"，一般是指在教育教学活动前，教师对幼儿可能经历的过程和自己所要达到的教学活动目标的预测。生成性是与预设性在教育教学相对应的，亦是相辅相成的。生成性特点在幼儿园日常教育教学活动的组织过程中，体现最为显著。幼儿园教师面临的教育对象是尚处于身心发展稚嫩期与关键期并存的幼儿，受制约于幼儿年龄阶段特征表现，幼儿园教育教学工作表现出显著有别于中小学教育教学的生成性特点。教师在幼儿园一日教育教学活动中，其对教学目标的确定、教学思路的整理、教学过程的组织、教学效果的评价都需要在预设前提下进行随机生成和调整，以期达到预设与生成的平衡。针对教育教学活动的生成性特点，幼儿园教师文化也相对应地表现出生成性特征，他们的教育价值观、教育教学思维、教育行为时时刻刻处于生成状态，以求抓住一切教育时机，创设相应的教育教学环境，应对幼儿身心发展、变化的需求。

第二节　教师文化对幼儿教师专业发展的影响

教师的工作有其自身的特征，这些特征派生出独特的教师文化，教师文化对教师的专业发展又有着巨大的影响。

一、教师文化对教师专业发展的影响

教师工作是以回归性、不确定性、无边界性为特征的，教师工作的这三种特征派生出来的教师文化及其特征，对教师的专业发展有着直接的影响。

教师工作的第一个特征，是它的回归性，如埋头道德说教的教师从事着使自身"道德权势化"的伪善教育，教育学生顺从和忍耐的教师从事着使自身卑屈地服从权势的人格教育。这种回归性在教育责任方面的表现，如教师埋怨学生不好、家庭不好、社会不好，把责任通通推到课堂之外，然而这种批判犹如飞镖那样回归，使教师责任"无所不在"，也使教师职业成为众目睽睽的工作，处于谁都能够批判的防不胜防的状态。受到无理批判的教师把原本是"公共空间"的课堂转化为"私人领域"，并予以封闭。但教师工作的回归性在另一方面又赋予了教师成长的反思性格。事实表明，促进教师成长最强烈的动机力量，来自教师对其自身实践的"省察"与"反思"，来自教师同事的建议。教师工作的回归性是在课堂内外文化的交织中综合地发挥作用的。教师只要紧闭自己的教室，不同课堂之外的文化沟通，就不可能变革自己的实践，实现自己的成长。同时，即便拼命学习，汲取课堂之外的文化，但倘若不在课堂内部把这种文化同具体的实践挂起钩来，也不可能使自己成长。因此教师工作的回归性，要求教师在自己的成长中同心圆式地、螺旋式地展开"反思性实践"。

教师工作的第二个特征——不确定性，也赋予了教师文化以特殊的性格。在教学中，虽说要求许多教师钻研教材要达成共识，要编制同样的教案，然而课堂教学中发生的事件是各不相同的，即便是教育科学的理论与技术，好多与课堂的具体问题是无缘的；在教学工作的评价中，能够客观地评价教师实践的稳定的标准是不存在的。这种不确定性派生出种种特征的教师文化，诸如对于理论与学识的不屑一顾、教育实践中的经验主义与技术主义、崇尚显性价值的测验等。当然，教师工作的不确定性并不仅仅生成教师文化的消极侧面，它在另一方面引出了教育实践的创造性与探究性。教师职业的确定性所表明的教育实践的依存性、价值多元性与理论复杂性，要求教师展开教育问题的多元的综合的探究。例如"反思性实践家"的教师的实践与文化，就表明了这种不确定性带来的教师职业的创造性与探究性。

教师工作的回归性与不确定性，大大扩展了教师的职业领域，提升了教师的责任境界，使教师的工作具有了它的第三个特征，即无边界性。例如，对于儿童问题行为的处置与帮助，在几乎所有场合，不能不牵涉到家庭与社区的问题。为了处理儿童的问题，教师不得不牺牲节假日，奔忙于日常公务之外的公共服务，而不像其他专业职务那样，当顾客提出的特定案例解决了，该工作也就随之结束了。教师工作的无边界性无限制地扩大了教师的职域和责任，同时也导致专业属性的空洞化，表现为有的教师认为俱乐部的活动价值高于课堂教学，有的教师热衷于社区里的足球指导，而无心于课堂教学，等等。

可见，这种无边界性使得教师工作繁杂，常常在远离专业的活动中消磨精神，同时，导致学校与课堂运营的规则主义与惯例主义，长此下去，会使教师的职业生涯充满无力感，使教师身心疲惫。

二、正确对待教师文化对教师专业发展的影响

教师工作的特征是无以回避的，由此带来的教师文化，对教师专业发展的影响也有积极、消极之分，因此，对教师文化及其影响，要持科学的态度正确对待。

首先，强化教师的公共使命感。教师职业直接关乎社会、文化、人类之未来，它与医疗、福利职业一样，都是在公共服务的领域里成立的职业，是以"公共使命"为核心的职业。人们选择教师职业，并不仅仅像人们一般认为的那样，是喜欢儿童、喜欢学科内容，而大多数教师之所以苦苦奋斗却还是执着于教师生涯，是因为教师工作可以为人类的幸福做出某种贡献，它是一种超越了个人利益，能够参与社会与文化之建设的职业。对于人类之"尊严"的情感和参与社会建设的责任感，即教师职业的"公共使命"的意识与情感一旦丧失，教师职业生涯就会立刻丧失其魅力、价值和意义，沦落为虚幻的"朦胧杂务"。比如，日本明治时期，教师的自豪和高度的自负精神，没有建设近代国家的使命感是无法理解的。

上述教师职业的三大特征——回归性、不确定性、无边界性，一旦丧失了"公共使命"这个大支柱，都会起着强化"朦胧的杂务"性质的功能。丧失了"公共使命"的回归性使得教师的职业意识封闭在纯粹主观的内在意识里而私事化；丧失了"公共使命"的不确定性使得教师的工作置换为谁都能从事的工作而非专业化；丧失了"公共使命"的无边界性使得教师的职业生涯变为琐碎事务的堆积。

而当今时代的学校，超乎人们的想象，公共的规范性与正统性已经式微；教师们已经丧失了把外界的批评作为自身反思与成长之契机，缺乏强烈的"公共使命"感。结果，教师对自身职业丧失了尊严与自豪感。此后，学生的尊严在学校丧失的事态不断出现并日益加剧。

其次，形成自律文化，走向专业共同体。20 世纪 80 年代的教师文化研究，是通过"反思性实践家"这一新型专家形象与专业文化，来把握教师文化的积极特征的。"反思性实践家"教师形象的提出，为教师文化的研究带来了新的领域与课题。"反思性实践"是复杂情境中的复杂问题的解决过程，因而反思性实践，首先把教师的知识教养从教育学、教育心理学领域扩展到了文学、政治学、社会学、文化人类学、认知科学、哲学、伦理学等领域，进而发展了有关教师在课堂教学中生成、运用的实践性知识与见识的研究。而这种实践性智慧和见识，是每一个教师在课堂里生成的，通过教师相互之间的实践与经验的交流，得以共享、积累和传承，形成了教师的专业文化。

具有上述特征的"反思性实践家"的专业文化，其生成基础是课堂教学实践中的反思性思考，它的目的则是形成自律文化，走向专业共同体。在把教师的职业领域功能性的专业化，限定每个教师的角色与责任，把学校组织作为分工明确的集合体来运营的同时，要尊重教师的自律性与专业属性，保障每一个教师在实践领域中的综合性和统整性，以在这个方向上，寻求作为自律性专家的反思性格和综合性格；寻求每个教师对于学校运营的主体参与和同事之间的合作，也就是寻求专业共同体的组织运营，

并寻求引导教师专业文化走向自律文化之创造的方向。这种自律性专业文化的研究，要求开拓诸如实践性知识与思维的研究、教师的同事关系研究、专业共同体中教师生涯与教师专业成长的研究等新的领域与课题。

第三节　教师文化促进幼儿教师专业发展的策略

一、优化学前教育"软硬"环境

（一）抓住学前教育发展机遇，转变幼儿教育理念

我国学前教育面临着改革发展的关键期，在此过程中，对幼儿园教师教育培训的力度也不断加强，以此来建立完备的幼儿师资队伍，促进整个学前教育的全面发展。伴随国家的教师教育改革不断深入，人们逐步认识到改革教师文化才是教师教育改革的关键，我国于 2009 年开始实施国家级培训计划政策（简称"国培计划"），教育部和财政部对这次"国培计划"项目投入了政策法规方面和专项资金方面的支持，使得"国培计划"成为具有国家形象的品牌。从中央教育部到地方教育部门，再到一线幼儿园，给予"国培计划"高度重视，力求在一定时间内对所有幼儿园一线教师进行理论培训和实践锻炼。

笔者多次参加教育部"国培计划"幼儿园骨干教师培训项目，深切体会到来自一线的幼儿教师对这种教师教育培训活动的渴望心情，观察到他们在培训学习过程中幼儿教育教学理念的微妙变化。

一位幼儿园教师这样写道：2021 年 10 月，我有幸参加了国培（2021）——幼儿骨干教师培训。弹指间，十天的培训即将结束。在这次国培中，由于国培领导的精心安排，让我们得以聆听众多幼教专家的悉心讲解，了解他们对幼儿教育教学的理解，培训活动安排合理，内容丰富。在培训中，大量的先进材料被我们阅读，先进的理论与方法也被我们一一记录。我们与专家老师的教学理念进行了一次亲密接触，听取了专家及各位同行的各种观点和见解，更进一步了解和掌握了新课改的发展方向和目标，反思了自己以往工作中的不足。我感到自己真是幸运者，感到自己的人生充满阳光、充满快乐。聆听专家的谈话，与特级幼儿教师及教学骨干教师近距离的对话，与学员之间的相互交流、切磋，使自己对教师这个职业进行了重新的认识，在教育科研的方法、课堂教学的艺术、教研活动的形式方面都获益匪浅。作为一线幼儿园教师，应该抓住此次教育培训机遇，将所学幼儿教育理论与切身教育教学实践结合起来，转变传统幼儿教育教学理念，转变自身职业规划模糊状态，成为一名真正的专业化的幼儿教育工作者。

（二）转变功利性教育导向，恪守幼儿园教学本质

"小学化"倾向是当前幼儿园教育教学中普遍面临的问题，信息化的知识爆炸

时代，使得人们急功近利的心态不断加重。某些幼儿园抓住了幼儿家长的"望子成龙""望女成凤"心理，将幼儿身心发展规律抛之脑后，实施超负荷的知识教学，以致识字班、幼小衔接班备受热捧，有的类似的培训班直接在幼儿园公开招生，以此谋利、谋名。曾有一名幼儿园教师说出了自己的心里话：我也不愿意教给孩子们那么多知识，到了一定年龄他们自然就会懂，我也知道孩子的童年是最可贵的。但是，我们不得不这么做啊，别的幼儿园都以孩子学到多知识、认多少字为招牌来抢我们的生源，我们领导也很头疼，也就暗地里规定我们教孩子识字、算术，其实我们都不愿这样的，可是又有什么办法呢？都这样。这位教师的话其实代表了绝大多数的幼儿教师的想法，幼儿教师们对此功利性的教育教学持反对态度，但在实际教育教学中，又不自觉地走入这种功利性的教育教学状态。

对此，教育部专门印发《3～6岁儿童学习与发展指南》(以下简称《指南》)，指导幼儿园和家庭实施科学的保育和教育，促进幼儿身心全面和谐发展。《指南》提出3～6岁各年龄段儿童学习与发展目标和相应的教育建议，帮助幼儿园教师和家长了解3～6岁幼儿学习与发展的基本规律和特点，从健康、语言、社会、科学、艺术五个领域描述幼儿的学习与发展。《指南》从科学教育的角度指导学前教育工作者、一线幼儿园教师进行教育教学。它要求幼儿教师关注幼儿学习与发展的整体性，尊重幼儿的个体差异，了解幼儿的学习方式和特点，重视幼儿学习质量的培养。幼儿教师所应遵循的教育教学原则应该是坚定的，应该恪守幼儿园教育教学的本质，遵循科学教育教学规律。只有恪守幼儿园教育教学本质，而非"无主见"的言听计从，才能使得功利性的幼儿园教育教学现象不再肆虐，不再剥夺每个幼儿快乐的童年。

（三）严把幼师资格标准关，创建合格幼教师资队伍

社会环境因素中的幼儿教师培养培训对幼儿教师文化建设也起到重要作用，培养专业的幼儿师资是学前教育教学质量的关键。被媒体曝光的幼儿教师"虐童"事件，时常牵动着人们的心，人们会不禁要问，我们的幼儿教师的良心哪里去了？幼儿教师的素质到哪里去了？幼儿教师的文化水平到底有多高？一系列问题拷问着我们的幼儿园教育，拷问着幼儿园教师队伍。一个人的学历高低与素质高低并非成正比例，"虐童"的幼儿教师或许有着出众的文凭、学历，而他们缺乏的正是爱心、责任心、耐心和细心，缺少正确的幼儿观和幼儿教育观。

对于幼儿教师合格师资的培养任务首先在于幼师培养院校、机构等，基本的学科理论、专业知识、技能技巧以及正确的教育教学价值理念、思维方式、行为方式等等正是在此打下基础的，这也打下了幼师资格培养的基本标准。接下来就是幼儿园对幼儿教师聘用资格的把关，不仅要有专业学科理论、专业知识、技能技巧等，具有基本的幼儿园教师资格，更重要的是具有爱心、责任心、耐心和细心的考验。国家颁布施行的《幼儿园教师专业标准》，是国家对合格幼儿园教师专业素质的基本要求，是幼儿园教师开展保教活动的基本规范，是引领幼儿园教师专业发展的基本准则，是幼儿园教师培养、准入、培训、考核等工作的重要依据。只有在师资培养培训、入职资格把

关上严格执行《专业标准》，才能将幼儿教师"虐童"事件扼杀在摇篮中，才能创建好合格的幼教师资队伍。

二、加强幼儿园园本文化建设

（一）优化幼儿园园本文化，激发教师教学智慧

幼儿园教师群体的教育教学价值观念、思维方式、行为方式逐渐打造出属于一所幼儿园特有的文化体系，即幼儿园园本文化，园本文化又反过来影响着教师文化的进一步发展，彼此作用。它包括基本的物质文化、制度文化和理念文化，幼儿园能否从物质、制度、理念上给予幼儿教师工作的基本保障，是促成良好的幼儿园教师文化建设的基本保障。

首先，幼儿园应该为每一位教师所从事的这份职业提供一个合乎人性化并具有一定美感的工作环境，一个舒适、美好的环境更能促进一个人的工作热情。这就需要幼儿园管理者尽量争取机会，创设良好的幼儿园教育教学环境，并从教师切身利益出发，为其尽力创设、提供良好的教育教学物质条件。其次，如果说教育政策是教师发展的大环境，"它为教师的基本生活、工作和学习条件提供保障，影响着教师的生存和发展"，那么，幼儿园制度文化则是教育政策的具体化。幼儿园具体规章制度的制定要考虑到幼儿教师的基本情况，幼儿教师在教育教学中的"权威""控制"观念、行为，很多时候是对一所幼儿园教师队伍管理过分"权威""控制"的反映。制度制定过程中应该采取"民主"的方式，激发幼儿教师教育教学智慧，使得每一位教师能够敢想、敢言、敢做，充分发挥教师教育教学个性，促进幼儿园教育教学发展。最后，在理念层面，则需要幼儿园领导有丰富的管理"智慧"，发挥教师民主管理的同时，还应该给予教师教育教学工作先进理念的指导，打造园本特色理念，发展园本研修，促进教师专业发展激发教师教育教学创造性和智慧，做到真正的敢想、敢言、敢做。

（二）完善幼儿园教师管理，构建学习型教师队伍

"营造民主和谐的对话氛围"，这是幼儿园管理者或者说幼儿园领导者与幼儿教师之间的理想关系。过分严格、权威的园所管理，往往会使得幼儿教师的教育教学思维陷入一种盲目跟风、顺从的状态。21世纪是学习化社会，彼得·圣吉（Peter M. Senge）在《第五项修炼》中强调"系统思维和创造性思维根源于知识及知识的灵活运用和潜能及智慧的开发"。但在知识运用及潜能、智慧的开发过程中，需要充分民主、和谐的管理氛围，如此，才能构建起学习型的教师队伍，形成"研究探索，教学相长"的教风，而不是单纯的"模仿""求同"。

笔者对某幼儿园教师团队管理进行了观察和调查，园长认为，"人的因素"是幼儿园管理过程中众多因素的核心因素，是解决幼儿园发展的关键，再进一步说"经营好人心"是管理的最高境界。在这个幼儿园进行的调查研究中，笔者发现，这里的幼儿园教师和领导之间的关系没有其他园所的那般权威，民主、和谐的理念是他们在教师团队管理和日常教育教学中的基本原则。幼儿园领导应该充分站在教师的角度，为他

们的生活、工作考虑，为他们的职业发展、专业发展提供机会，激发幼儿教师学习研究积极性，从根本上构建起学习型教师队伍。在幼儿园师资队伍管理中，师徒帮带、小组教研、参观培训等方式可以被灵活运用，不仅能够增强教师之间的团队合作意识，更能转变教师保守学习、成长的方式，使教师形成学习型教育教学价值观念、思维方式。

（三）改进教师教学评价机制，鼓励合作教研

人文管理是科学、人本和文化管理的融合，其管理机制渗透了文化管理的思想，是建构教师文化评价机制的优化理念。幼儿教师在教育教学思维方式上的"求同""保守"表现，究其根本原因，是幼儿园教师教育教学工作评价机制的"求同""保守"。诸多幼儿园是以统一标准、尺度来衡量幼儿教师的教育教学效果，评价的重点往往落在结果上，而过程却被忽视。在这种情况下，教师之间的教育教学合作也就缺乏实质性、成效性，走形式、走过场成为很多教师在日常教育教学工作中的"任务"。制度驱动人的观念、思维与行为，教师不良的观念、思维，尤其是行为，恰恰是不良制度、机制驱使下的结果。只有相应的评价制度、机制改变了，教师的教育教学价值观念、思维方式、行为方式才会随之改变。

研究中，笔者了解到，某幼儿园的教师团队合作教育教学教研工作井然有序，园长认为"凝聚人心是根本"，他们园所就采取了教师团队评价方式，在教师个体评价的基础上，进行团体评级，如此避免了教师的英雄个人主义。幼儿园教师团队管理不妨借鉴以上经验，一改单向性、封闭式、保守化的教师个人教育教学评价机制，从教师团队教育教学工作出发，鼓励不同年级、不同班级、不同学科、不同层级之间教师之间的教育教学合作教研。在合作教研的实施过程中，关键是有相关制度的保障，制度并非只有强制性作用，强制性的制度带来的合作也会局限在"人为合作"，不能充分提高教师的教育教学合作积极性。幼儿园相关制度的建立可以是在一定时间内幼儿教师合作教研的自然完成，注意听取、采纳教师在合作教研中的合理意见，并适时纳入教育教学评价机制，再以此评价机制作用于教师合作教研，验证机制的合理化程度，促进幼儿教师教育教学合作教研。

三、提升教师自身文化素养水平

（一）提高专业教学能力，变被动"求同"为主动"创生"

幼儿教师在踏入幼儿园教育职业之前，必须接受相关专业理念、专业知识教育，树立基本的教师观、幼儿观、幼儿教育观、教学观、知识观等，但这种理念和知识毕竟是相对固定性的，许多幼儿新教师在从事一段幼儿园教育教学工作后，觉得理论与实践的差距太大，觉得自己"无用武之地"，不仅需要听从上级领导的，还需要顺从幼儿家长的任何意见和建议。幼儿教师的消极教育教学观念背后的深层次原因之一就是教师自身专业教育能力缺乏，缺乏诸如医生的那种专业权威，缺乏专业教育教学能力。诸如看病需要专业医生来看，病人和病人家属需要听从医生的诊断，而并非病人或家

属指手画脚来诊断医治。对幼儿的教育教学主动权应该把握在教师手中，把握在具有一定专业权威、专业教育教学能力的幼儿教师手中。

只有专业化才有社会地位。顾明远曾说道："现代社会职业有一条铁的规律，即只有专业化才有社会地位，才能受到社会的尊重。如果一种职业是人人可以担任的，则在社会上是没有地位的。"专业权威、专业教育教学能力的前提要求教师具备最基本的、科学的幼儿教育教学价值理念、思维方式与教育教学能力。"教师要自觉确立'指导者'和'引路人'的教师观、建构主义的知识观、智能多元发展的学生观和主体人际交往的教学观"，同样，幼儿教师在踏入幼儿园教育教学工作岗位之前，也需要确立基本的幼儿教育教学价值观，具备基本的教育教学能力，这种能力包括组织能力、教学能力、科研能力、合作能力、"创生"能力等。对于幼儿园一线教师来讲，"创生"能力尤为关键，表现在"同堂异构"中教育教学目标设置、课程内容选取、过程组织和教学效果评价等方面的主动性，这些都需要幼儿教师不断从实践中积累经验，而并非简单被动性的"求同"观念、思维。

有学者说，课程是师生在教学过程中共同创制的鲜活的、过程性的、发展性的活动形态。"课程不仅是一种结果，而且是一种过程，更是一种意识"，这句话可以运用到幼儿教师的整个教育教学工作中，主动地把幼儿园教育教学视为一种享受学习的过程，转变为一种不自觉的"创生"意识，才能不会轻易感到对这份职业的倦怠，体会到自身的价值。

（二）转变自身孤立学习的方式，形成合作教研思维方式

由于受传统社会因素影响，幼儿园教育教学在行外人人，甚至幼儿教师自己看来，是一件毫无技术含量、毫无挑战性的烦琐工作，以至于有的幼儿教师一旦进入这个职业里，面对这件毫无技术含量、毫无挑战性的烦琐工作提不起精神，一味地一个人"埋头苦干"，久而久之形成固定、保守的教育教学思维方式。但在新时期的幼儿园教育教学中，这种"单打独斗"的局面必须被打破，从深层次、实质上进行教师团队合作，"这种开放合作首先表现为愿意接受新事物"。思维方式往往同行为方式结成相对应的状态。"马赛克式"的行为方式，往往表现为不愿接受新事物的保守思维方式，确切地讲是一种保守的学习方式。

幼儿园教师队伍中一个最为明显的现象就是女性占据绝对优势，她们在幼儿园教育教学中发挥了母亲和教师的双重角色，但不可否认，女性文化中"独""特"的弊病也不可避免地存在着。"独""特"的孤立学习方式，不再是这个时代、这个社会的教育所欣赏的，合作的学习方式才是促使教师成功、教育成功的前提。这就需要幼儿教师不断在教育教学实践中去体悟，要想在实践中不断成长，幼儿教师有三个去处：第一个是达成优秀教育教学的内心世界；第二个是由幼儿教师同行所组成的共同体，从同事那里我们可以更多地了解我们自己和我们的教学；第三个是在专业领域专家的引领下不断提升。而在这三者中，最为外显、切实的途径就是达成一个共同体，并非某个幼儿教师自己"单打独斗"的孤立学习方式，与同事之间形成一个自然合作教育教学的状态，打破教室之间的阻隔，打破保守的教育教学思维定式，互相学习，共同成长，形成合作教研思维方式，促进教育教学发展。

（三）反思教学实践行为，形成反思性实践行为方式

由公开课反思常态教学，反思价值观念；由日常教育教学思维方式，反思思维方式。《幼儿园教师专业标准征求意见稿》给出了高质量师资队伍的专业标准，其基本理念是"幼儿为本，师德为先，能力为重，终身学习"，其具体的三个维度是：专业理念与师德、专业知识、专业能力。其中提到幼儿教师的反思与发展能力，是针对幼儿教师教育教学、教育研究提出的要求。在幼儿园教育教学中，教师的价值观念与实际教育教学行为方式之间存在着显著的落差，尤其是在公开课、示范课与常态教育教学中的行为对比，落差更为明显。其中一个重要原因就是幼儿教师自身的教育教学立场的不坚定，缺乏对自身教育教学行为的深刻反思，缺乏对先进理念、理论的内化。

教育名家叶澜教授说："一个教师写一辈子教案难以成为名师，但如果写三年反思则有可能成为名师。"幼儿教师不仅要有反思的意识，更要有反思性的实践。"反思"并不能完全等同于"反思性实践"，反思性实践是指教师把反思作为一种教育教学生活方式，使教师自觉地、持续不断地对自己的教育教学的主动、自觉地探究。要形成反思性实践行为方式，首先，教师要拥有理性的专业发展意识，每个教师应清醒地意识到我们的教学实践是不完善的，因此也不可能总是正确的行动。其次，教师应自觉地把常规化和习惯性的行为作为研究对象，而不是仅仅把眼光盯在"公开课""优质课"上，这就需要教师有意识地将自己熟视无睹的典型的常态教学通过特定的方式呈现出来，进行暴露和澄清。

参考文献

[1] 包文婷.乡村幼儿教师专业发展刍议 [J].文教资料，2018（17）：119–120.

[2] 陈金菊.影响幼儿教师专业发展的幼儿园环境因素之研究 [D].广州大学，2007.

[3] 陈亚女.闲暇生活对幼儿教师专业发展影响研究 [D].广州大学，2017.

[4] 冯茜，张景美.幼儿教师专业发展及培养模式文献述评 [J].课外语文，2020（12）：91+93.

[5] 郭柯然.新任幼儿教师专业发展困境探析 [J].基础教育研究，2020（09）：14–16.

[6] 郝红翠，徐莹莹.游戏精神：幼儿教师专业发展的内在要求 [J].教育评论，2018（06）：123–127.

[7] 黄晓敏.新媒体视域下幼儿教师专业发展探析 [J].教育导刊（下半月），2018（12）：58–61.

[8] 姜辉.幼儿教师专业发展现存问题的生态学研究 [J].教育导刊（下半月），2019（04）：51–54.

[9] 连丽萍.在职培训对幼儿教师专业发展影响的研究 [D].福建师范大学，2017.

[10] 廖学春.幼儿教师专业发展路径探析 [J].教育导刊（幼儿教育），2009（07）：51.

[11] 刘军豪.幼儿园教师专业发展的制度支持研究 [D].华中师范大学，2018.

[12] 刘梅.幼儿园初任教师专业发展路径探析 [J].开封教育学院学报，2017，37（02）：226–227.

[13] 龙薇.校本培训对幼儿教师专业发展影响的个案研究 [D].西南大学，2006.

[14] 马丽红.幼儿教师专业发展困境及其出路 [J].科学咨询（教育科研），2020（01）：92.

[15] 施斌，陈嵘.园长在幼儿教师专业发展中的角色与职责 [J].教育参考，2015（04）：52–56.

[16] 孙树村.幼儿园骨干教师专业发展节点研究 [D].南京师范大学，2018.

[17] 万丹.幼儿园新教师专业发展路径研究 [D].南京师范大学，2017.

[18] 王亚芬.基于学习共同体促进幼儿教师专业发展 [J].教育界，2021（36）：68–69.

[19] 胥兴春.幼儿园教师专业发展的自我评价 [J].今日教育（幼教金刊），2016（11）：8.

[20] 晏红.园本培训促进幼儿教师专业发展 [M].北京：中国轻工业出版社，2015.

[21] 臧明娟.情感管理对幼儿教师专业发展的应用研究 [D].鲁东大学，2013.

[22] 张立新.幼儿园初任教师专业发展问题与对策研究 [D].东北师范大学，2014.

[23] 张绵绵."熟手型"幼儿教师专业发展的路径探析 [J].江苏幼儿教育，2018（03）：84–87.

[24] 张淑敏.以教育科研助力农村幼儿教师专业发展 [J].山东教育，2021（12）：11–12.

[25] 杨香香，杨永霞等.幼儿教师专业发展 [M].长春：东北师范大学出版社，2014.